서비스
디자인

실무에서 들춰보는 인사이트

SERVICE DESIGN
From Insight to Implementation

서비스 디자인

실무에서 들춰보는 인사이트

SERVICE DESIGN
From Insight to Implementation

앤디 폴라인 · 라브란스 로이빌 · 벤 리즌 지음
배상원 · 임윤경 · 정은기 옮김

카오스북
CHAOS BOOK

옮긴이

배상원

현재 카네기멜론대학 인간-컴퓨터 상호작용연구소(Human Computer Interaction Institute)에서 박사후 연구 과정 중으로 헬스케어 서비스에 관한 연구를 진행하고 있다. 삼성전자 외 다년간 대기업에서 사용자 경험 디자인 연구를 수행한 바 있다.

임윤경

현재 KAIST 산업디자인학과 부교수로 재직 중이며, 사용자 중심 디자인 방법론, 사용자 중심 서비스 디자인 등을 가르치고 있다.

정은기

카네기멜론 대학 디자인 학교에서 인터랙션 디자인을 공부하고, 동 대학 인간 컴퓨터 상호작용연구소(Human Computer Interaction Institute)에서 박사 과정을 밟고 있다.

서비스 디자인

발행일 | 2016년 2월 29일   초판 1쇄 발행
지은이 | 엔디 폴라인, 라브란스 로이빌, 벤 리즌
옮긴이 | 배상원, 임윤경, 정은기

발행인 | 오성준   **발행처** | 카오스북
주소 | 서울 서대문구 연희로 77-12, 505호(연희동, 영화빌딩)
전화 | 02-3144-3871~2   **팩스** | 02-3144-3870
등록번호 | 제25100-2015-000038호
디자인 | 디자인 콤마
인쇄 | 이산문화사
웹사이트 | www.chaosbook.co.kr
이메일 | info@chaosbook.co.kr

ISBN | 978-89-98338-91-6 93320
정가 | 23,000원

이 책을 집필하는 동안, 일하는 뒷모습을 묵묵히 지켜봐 준 나의 아내 케린 과 딸 알름츠헤이에게
— 앤디 폴라인

나의 원동력과 영감이 되어준 아내 브리짓과 나의 아이들 라스와 엘라에게
— 라브란스 로이빌

케이트, 오토와 리베르티에게, 사랑한다.
— 벤 리즌

추천사

최근 몇 년 들어 디자인 환경은 급격히, 그리고 역동적으로 변하고 있다. 디자이너들의 다양한 전통적 핵심역량이 급격히 민주화되어 가고 있고, 하나의 개체보다는 다양한 개체들의 집합인 융합적 체계로 그 디자인 대상이 변화되고 있고, 촉각적 물건보다는 무형적인 정보의 흐름, 경험 등으로 변화되고 있다. 이들 모든 변화의 집합체가 이 책에서 다루는 '서비스 디자인'이다. 서비스 디자인은 서비스 경제가 도래하면서 제조업의 쇠퇴와 더불어 나타난 경제 패러다임적 현상이다. 새로운 경제 패러다임에 대응하여 디자인 분야에서도 신속히 서비스 디자인이 하나의 최근 키워드로 급속히 자리 잡아가고 있다. 하지만 아직 서비스 디자인과 경험 디자인의 차이라든지 고객여정지도customer journey map로 대변되는 서비스 디자인을 위한 디자인 방법 외에 다른 서비스 디자인 특화된 디자인 방법, 프로세스 등에 대해 디자인 실무나 교육에서 모두 혼란이 있는 것을 볼 수 있다. 이 책은 서비스 디자인에 대해 '왜' 서비스 디자인인지? 서비스 디자인의 본질은 '무엇'인지? 서비스 디자인을 '어떻게' 해야 하는지를 구체적인 사례와 함께 제시한 교과서적 책이다. 자칫 책이 너무 본질을 이야기하면 실무를 벗어난 이론서가 되기 쉽고, 너무 사례 중심의 실무적 핸드북이면 본질을 놓치기 쉬운데 이 책은 본질을 탄탄하게 다루기도 하면서 또한 응용을 쉽게 할 수 있을 만큼 현장 실무적이다. 더욱이 책을 번역한 임윤경 교수는 일찍이 카이스트, 일리노이 공대에서 인간 중심 디자인에 대한 선진 학문을 습득하고 인디애나 대학의 교수를 거쳐 현재 카이스트 산업디자인학과의 교수로 재직하며 많은 경험을 쌓아온 교육자, 연구자이다. 배상원 박사와 정은기 박사과정 학생은 HCI와 인터랙션 디자인 분야에서 세계 최고 대학인 미국 카네기 멜론 대학에서 각각 박사 후 연구 과정과 박사 과정을 밟고 있을 뿐 아니라 서비스 디자인에 대한 연구 및 강연을 다수 수행한 경력을 가지고 있다. 흔히들 번역은 저술보다 어렵다고들 한다. 하나의 단어, 단어 선택, 이의 맥락적 의역 등이 쉽지 않았으리라 본다. 매우 훌륭한 책의 내용을 훌륭하게 번역한 책으로 대학이나 디자인 실무자에게 적극 추천하고 싶다.

— 이건표/한국과학기술원(KAIST) 산업디자인학과 교수, 세계디자인학회
(International Association of Societies of Design Research) 사무총장

이 책의 영문판을 연세대학교 MBA 과정의 '서비스 디자인' 수업 교재로 사용했었다. 이 책을 교재로 선택한 이유는 크게 세 가지였다. 첫째, 이론과 실무의 적절한 밸런스이다. 시중에 나와 있는 서비스디자인 교재들이 너무 실무적인 내용만을 강조하거나 너무 이론적인 내용을 강조하는 반면에 이 책은 이론과 실무를 적절하게 밸런스를 주었다. 둘째, 저자들이 직접 수행한 실제 프로젝트를 가지고 풍부한 사례를 제공하고 있다는 점이다. 기존 교재들이 단순하게 방법론적인 내용을 드라이하게 이야기하는 것과 대조가 된다. 마지막으로 이 책은 서비스 디자인의 본질인 사용자 및 제공자의 경험을 중점적으로 다루고 있다. 서비스의 본질은 사용자와 제공자의 경험이 적절하게 조화를 이루었을 때에 최적의 결과를 나타낸다. 이 책은 그 조화를 명시적으로 제시하고 있다. 아울러 이 책을 번역한 배상원 박사, 임윤경 박사, 정은기 박사과정은 모두 서비스 디자인을 직접 강의하거나 연구하는 이들이다. 서비스 디자인을 강의해본 사람들은 서비스 디자인이 얼마나 어려운 주제인지 잘 알고 있다. 그런 사람들이 노력을 기울여서 번역한 이 책은 그런 의미에서 이미 충분한 정당성을 확보하고 있다고 생각한다. 아무쪼록 이 책을 읽는 독자들이 서비스 디자인에 대해서 진정한 경험을 할 수 있기를 희망한다.

— 김진우 교수/ 연세대학교 경영대학 인간-컴퓨터 상호작용 연구소

서비스 산업이 더 발전함에 따라 단순히 잘 기능하는 것만으로 사람들을 만족시킬 수 없는 상황이 되었다. 따라서 서비스 디자인은 앞으로도 더욱 중요한 디자인 분야가 될 것으로 예상할 수 있다. 이 책은 서비스 디자인에 있어서 근간이 되는 이론, 방법론, 그리고 사례까지 모두 한 번에 잘 정리한 책으로 서비스 디자인을 입문하려는 사람이나, 좀 더 심화하여 공부하려는 사람에게 필수적인 책이라고 할 수 있다. 특히 사용자 경험(UX)에서 서비스 디자인으로 관심이 옮겨간 사람들이 전형적으로 많이 갖게 되는 질문 "UX와는 무엇이 다른가?" 등에 대해 잘 대답되어 있다. 역시 유사한 분야의 실무자가 자신이 갖고 있는 문제를 중심으로 저술했기 때문일 텐데, 이런 저런 면에서 유용하게 느껴지는 부분이 많다.

사례를 보다보면, 아직도 우리는 이러한 서비스 디자인 수준에 오르지 못했다는 느낌이 강하게 드는데, 서비스 산업의 경쟁이 치열해짐에 따라 자연히 우리나라 서비스 산업도, 또 서비스 디자인도 경쟁력이 더 올라 갈 수 있을 것이라고 기대하고, 그 과정에서 이 책이 매우 중요한 역할을 할 것이라 생각한다.

― 이재용/피엑스디 대표

이 책은 앤디 폴라인(인터랙션 및 서비스 디자이너, 강사, 작가), 그리고 서비스 디자인 회사 live|work의 설립자들인 라브란스 로이빌과 벤 리즌이 함께 쓴 책입니다. 과거 우리가 인터랙션 및 제품 디자이너로 함께 일하며 깨달은 것은, 인터랙션 및 제품 디자인은 큰 전체 중 일부이며, 복잡한 서비스 중 한 부분일 뿐이라는 사실이었습니다. 인터랙션 및 제품들이 각자의 역할을 잘하는가와 상관없이, 서로의 연결고리 중 다른 하나가 끊어지면, 고객의 관점에서는 전체가 망가지게 되는 것이나 다름 없습니다. 우리는 서비스 디자인이 이러한 문제들을 다루는 사고방식과 도구, 그리고 접근 방법을 제공해 준다고 믿습니다. 서비스 디자인을 통해 디자이너, 혁신가, 기업가, 관리자 및 운영자들이 시스템 전체의 연결고리를 디자인 해내는 데에 도움을 받을 수 있을 것입니다.

우리가 알기로, 지금까지 서비스 디자인에 대한 책들이 몇 권 있었습니다. 어떤 책들은 몇몇 논문의 합본이었고, 또 어떤 책들은 몇몇 방법론과 그에 대한 설명의 합본이었습니다. 이런 책들은 각각의 장점이 있습니다. 하지만 우리가 이 책을 쓴 이유는 '서비스 디자인'이라고 불리는 현상에서 우리가 배울 수 있는 철학과 사고방식을 포착하고, 이것을 다양한 디자인 실무에 현실적으로 연결시키기 위함입니다.

이 책은 지난 수 년간 서비스 디자인을 개발하고 실행하는 것은 물론, 고객사로부터 프로젝트를 확보하고 교육해 왔던 우리 live|work의 경험에 바탕을 두고 있습니다. 실질적인 현장의 사례들에 기반함으로써 이 책의 독자들이 관련 실무를 수행할 때, 도움이 되기를 기대하고 있습니다. 또한 우리는 독자들이 이 책에 쓰여진 것을 그대로 받아들이지 않고, 하나의 출발점으로 삼아주었으면 합니다. 그래서 독자들이 우리가 사는 세상을 조금 덜 성가시고, 조금 더

ix

풍요로운 그리고 조금 더 풍요로운 곳으로 만들어 주었으면 합니다.

누가 이 책을 읽어야만 할까요?

서비스 디자인은 웹 디자인, 인터랙션 디자인, 사용자 경험 디자인, 제품 디자인, 사업 전략, 심리학자, 인류학자, 서비스 기획, 시각 디자인, 프로젝트 관리 등과 같이 여러 분야에 의해 수행되는 활동입니다. 위에 해당되는 배경과 관심을 가진 분이라면 이 책을 통해 가치 있는 내용을 찾아가실 수 있을 것입니다.

인터랙션 디자인Interaction Design, 사용자 경험 디자인User Experience Design, 인간 중심 디자인Human-Centered Design 분야에서 활동해온 많은 사람들에게 이 책에 수록된 인사이트 수집 방법과 경험 프로토타이핑 방법들은 익숙하게 느껴질 것입니다. 반면 서비스 디자인의 역사, 서비스 청사진Service Blueprint 제작, 서비스 생태계Service Ecology, 서비스 제안Service Proposition 및 측정Service Measurement과 같은 내용들은 비교적 새로운 내용일 수 있습니다.

이렇게, 익숙한 내용, 그리고 서비스에 대한 내용 간의 연결고리를 설명한 점이 이 책의 장점이라 할 수 있습니다.

선임/수석 디자이너, 마케팅 관리자, 조직 변화Organizational Change 관리자, 그 외 임원급 관리자들에게는 사례 연구 및 전략적 사고에 관한 섹션이 영감을 줄 것입니다. 하지만 우리는 사례 탐구 및 전략적 사고에 더하여, 구체적 디자인 작업 실행과 추진의 중요성과 어려움을 강조할 수밖에 없습니다. 이 책에서 사례 연구 및 전략적 사고 외의 부분들은 그러한 디자인 작접 실행의 상세에 대해서 적고 있으며, 이는 상위 수준 전략 혹은 비전 수립만큼이나 중요한 부분입니다. 서비스 디자이너들이 그들의 이해관계자들에게 발표할 소재들을 어떻게 수집하고, 발표 후 그 소재들을 어떻게 다룰 것인가를 이해하는 것은 디자이너를 고용하는 사람들에게 중요한 내용이기 때문입니다. 이러한 이해를 바탕으로 더 좋은 서비스, 그리고 디자인을 만드는 데에 관심이 있는 여러 사람들이 함께 일할 때, 공통된 언어와 인식을 바탕으로 더 생산적으로 일할 수 있습니다.

마지막으로, 이 책은 서비스 디자인 교육자에게 좋은 프레임워크와 도구 및 사례들을 제공해 줍니다. 이들은 그 자체로 하나의 완전한 교육 프로그램이 될 수도 있고, 몇몇 부분은 실습에서 활용할 수 있는 모듈 형식이 될 수도 있습니다. 우리는 이 책이 이론과 실제가 잘 조합된 내용을 다루고 있다고 믿으며, 이 둘을 딱히 분리하여 기술하지도 않았습니다.

이 책에 담긴 내용들

제1장, "보험은 제품이 아니라 서비스이다"에서, 우리는 노르웨이의 가장 큰 보험 회사, Gjensidige의 사례를 다루며 시작합니다. 이를 통해 서비스 디자인이 작은 디테일부터 사업 전략에 이르는 모든 요소를 어떻게 다루는지에 대해 개괄하여 봅니다. 이 장에서는 이 책에서 상세하게 다룰 서비스 디자인의 전체 과정을 간략히 소개합니다.

제2장, "서비스 디자인의 본질"에서는 서비스 디자인의 발전을 불러온 역사를 살펴봅니다. 제품 중심 경제에서 서비스 경제로의 전환, 그리고 이 전환이 디자인과 비즈니스에 주는 영향들이 바로 그것입니다. 어떤 '것$_{thing}$'을 디자인하는 것에서 어떤 '서비스$_{Service}$'를 디자인하는 것으로의 사고 전환은 우리가 생각하는 것보다 거대한 변화입니다. 또한 우리는 왜 서비스가 디자인 되어야만 하는지를 설명하고, 서비스와 관련된 일부 용어들을 소개합니다.

제3장과 4장은 서비스의 중심인 사람에 대해 다룹니다. **제3장, "사람과 관계 이해하기"**에서는 서비스를 다루는 디자이너들이 서비스와 연관된 모든 사람들, 그리고 그들 간의 관계를 이해해야 함을 설명합니다. 또 이를 통해 개선 혹은 혁신의 기회를 파악해야 함을 서술합니다. **제4장, "연구 결과를 인사이트와 행동으로 변화시키기"**에서는 사람들의 삶 속에서 인사이트를 포착하고, 이를 디자인 작업을 통해 유의미한 것으로 만들어가기 위한 실질적인 도

구와 방법들을 소개합니다.

제5장과 6장은 서비스의 디자인에서 가장 특수한 방법을 다룹니다. **제5장 "서비스 생태계 묘사하기"**에서는 어떻게 서비스 생태계를 정의하고, 도해하며, 서비스 청사진을 개발하는가를 다룹니다. 또 이를 통해 디자이너들이 어떻게 서비스가 작동하는지를 이해하고 묘사할 수 있도록 합니다. **제6장 "서비스 제 안 개발하기"**에서는 서비스 청사진을 활용해 서비스의 복잡한 속성을 어떻게 파악할 수 있는지를 다룹니다. 또 이를 통해 고객의 관점, 시간의 흐름에 따른 서비스 사용자의 관점, 혹은 복수의 채널에 걸쳐 서비스를 사용하는 사람의 관점 등을 포착할 수 있습니다.

제7장, "서비스 경험 프로토타이핑"은 서비스 경험을 프로토타입하기 위해서는 사무실이나 스튜디오, 혹은 연구실 밖에 있는 사람들과 함께 일해야 한다는 점을 설명합니다. 고객, 종업원과 같이 서비스를 담당하는 사람들과 함께 일함으로써, 디자이너들은 개발 비용이 발생하기 전에 디자인을 개선할 수 있습니다.

디자인의 성공과 실패를 측정하기 위해서는 프로토타입을 평가하는 기준이 필요합니다. **제8장 "서비스 측정하기"**에서는 서비스 디자이너들에게 다양한 측정 지표들이 어떻게 도입될 수 있을지를 설명합니다. 이 지표들은 관리자들이 서비스의 성과를 측정할 수 있게 해줄 뿐 아니라, 서비스를 제공하는 에이전트나 팀이 더 나은 서비스를 위해 그들의 역할을 어떻게 개선해야 할지를 이해하게 해 줍니다. 이는 반드시 고객 경험-수익 간 양자택일의 사례가 되지는 않으며 양쪽 모두를 성취할 수 있는 상황을 마련할 수 있습니다.

제9장, "서비스 디자인의 향후 과제"에서는 서비스 디자인이 지금 어떤 추세로 전개되고 있는지, 그리고 서비스 디자인이 잘 활용될 수 있는 기회가 어디에 있는지에 대한 저자들의 청사진을 다룹니다. 현장에서 벌어진 생생한 경험들을 강조하기 위해 사례 연구를 주로 다루고 있으며, 서비스, 그리고 디자인에 대한 저자들의 향후 전망과 추측을 싣고 있습니다.

참고 자료들

이 책의 웹사이트(rosenfeldmedia.com/books/ service-design/)에는 서비스 디자인 및 이 책과 관련된 링크들이 수록되어 있습니다. live|work 회사 홈페이지(www.livework.co.uk), 혹은 앤디의 홈페이지(www.polaine.com/play-pen)에서도 관련 정보를 더 찾아볼 수 있습니다. 이 책에 수록된 도표, 스크린샷 및 다른 삽화들은 Creative Commons 라이센스에 의거하여 여러분들이 사용하실 수 있으며, 이 이미지들은 www.flickr.com/photos/rosenfeld-media/sets/에서 받으실 수 있습니다.

서비스 디자인은 고객 경험(Customer Experience) 디자인, 사용자 경험(User Experience) 디자인, 혹은 인터랙션 디자인(Interaction Design)과 같은 것인가요?

아닙니다. 이들은 서비스 디자인과 가까운 친척들이긴 하지만 서비스 디자인과 같지는 않습니다. 물론 서비스 디자인 역시 고객 경험, 그리고 사용자 경험을 다룹니다. 우리는 이 책에서 '고객Customer'보다는 '사용자User'라는 말을 씁니다. 종종 이 둘은 바꿔 쓸 수 있지만, 어떤 경우는 그렇지 않은데, 그 이유는 서비스 사용자가 고객이 아니거나, 서비스 사용자가 서비스 제공자Service Provider인 경우(교사와 간호사와 같이)가 있기 때문입니다. 일례로, 병원 및 헬스케어와 관련된 프로젝트들은 고객, 협력 업체와 유관 기관, (디자인 회사의 입장에서) 고객사, 환자와 같이 맥락에 따라 다른 용어를 사용하곤 합니다. 인터랙션 디자인과 사용자 경험 디자인은 보통 전자 기기의 '스크린' 상의 상호작용에 대한 디자인을 다루는데요, 서비스 디자인은 이보다 더 광범위한 '채널'에서의 상호작용에 대한 디자인을 다룹니다. 물론 어떤 서비스 디자인 프로젝트에는 디지털 요소들이 많이 포함되어 전통적인 인터랙션/사용자 경험 디자인의 역할이 중요할 수 있습니다만, 서비스 디자인의 맥락에서는 제품 디자인, 마케팅, 그래픽 디자인, 비즈니스 관리 및 조직 변화 관리 역시 중요한 역할을 차지합니다. 이 책의 2장, 5장, 6장, 7장에 이러한 차이가 설명되어 있습니다.

서비스 디자인은 '디자인 사고(design thinking)' 인가요?

이상적으로, 서비스 디자인은 각각의 비즈니스 제안들을 그 상세한 제공물들과 연결시킴으로써 전략 경영Strategic Management의 차원에서 다루어 집니다. 서비스 디자인은 또한 사람들을 '위한' 디자인Design 'for'뿐 아니라 사람들과 '함께' 디자인Design 'with한다는 개념을 옹호합니다(3장 참고). 이는 서비스 디자인에서 '공동 산출co-production'과 같은 용어, 혹은 조직 내의 관리자나 일선 종업원들과 같은 복수의 이해관계자들multiple stakeholders을 포함하고, 또 포함시키는 디자인 접근을 사용한다는 것을 의미합니다. 우리는 서비스 디자인이 단순히 사고 차원에 그치지 않고, 디자인 실무 및 실행을 다룬다는 점에서 디자인 사고와는 구분되는 것으로 간주합니다. 또한 서비스 디자인은 추상적인 아이디어를 구체화, 시각화시키는 디자이너의 핵심 역량을 활용하고 있습니다.

책에 live|work 사의 사례가 많은 이유는 뭔가요?

가장 명백한 답은 이 책의 공동 저자인 벤과 라브란스가 live|work사의 공동 창업자로서 이 책에 수록된 사례에 대한 정보들을 제공해 주었기 때문입니다. 또 다른 답은, 대부분의 서비스 디자인 프로젝트가 기업 및 조직 서비스의 혁신에 대한 것이기 때문입니다. 이러한 서비스 디자인 프로젝트들은 공공 영역에서 사기업에 이르기까지 서비스의 점진적 개선 혹은 새로운 서비스 창출을 다루고 있는데, 많은 기업들은 그들의 내부 활동을 대외비로 처리하고 있습니다. 다시 보면, 이는 서비스 디자인이 사업에 실질적인 가치를 창출한다는 좋은 신호이기도 합니다(**8장** 참고). 또한 정보 공개에 동의를 한 프로젝트 사례를 찾는 것이 쉽지 않았습니다. 실제 조직 내부의 이슈, 혹은 작업 중인 소재에 대한 이미지들이 많지 않은 것 역시 이러한 이유 때문입니다.*

'*이러이러한 방법론*'은 다루지 않고 있는데 특별한 이유가 있나요?

우리는 **4장**에서 많은 실무 방법론들을 다루고 있습니다. 하지만 지면 관계상, 모든 형태의 디자인 작업에 공통적으로 적용되는 몇몇 방법론들은 제외하고, 서비스 디자인에 특히 유의미한 방법론들을 집중적으로 다루었습니다.

역자 주 live|work 사는 인터랙션 디자인의 중요한 책인 빌 모그리지 저 Designing Interactions (2006)에서 서비스 인터랙션(6장)을 소개하기도 하였다)

참고 문헌 및 자료는 어디서 볼 수 있나요?

책의 각주를 통해 핵심적인 참고 문헌들을 기재하였습니다. 하지만 우리는 이 책이 학술적인 텍스트처럼 보이는 것을 원치 않았기에 모든 문헌들을 기재하지는 않았습니다. 이것이 우리가 충분한 조사를 거치지 않았다거나, 주장을 신중하게 가다듬지 않았다는 것을 뜻하지는 않습니다. 만일 저희가 크레딧을 기재해야 하거나, 어떤 내용이 명백하게 잘못되어 있는 경우에는 이 책의 웹사이트(www.rosenfeldmedia.com/books/service-design/)를 통해 연락을 주시면 웹사이트 혹은 증보판에 수정할 수 있도록 하겠습니다.

서비스 디자인에 대한 추가 자료를 원하시는 분들은 Service Design Network(www.service-design-network.org), 제프 호워드의 Service Design Books(www.servicedesignbooks.org) 및 Service Design Research(http://howardesign.com/exp/service/index.php)를 방문하시면 좋습니다.

관리자들이 서비스 디자인에 투자하도록 설득할 수 있는 가장 좋은 방법은 무엇인가요?

이건 백만 불짜리 질문인데요, 제8장에서 우리는 서비스 디자인의 투자 회수를 측정하는 전략들을 다루고 있습니다. 또한 단순히 수익 측면만 고려한 것이 아니라, 경제, 사회, 환경적 편익이라는 세 가지 축을 어떻게 평가에 고려할 수 있을 지에 대해서도 다루었습니다.

서비스 디자인이 모든 것을 할 수 있다고 말씀하시는 건가요?

서비스 디자인은 그 폭이 넓으면서 동시에 깊이가 있는 분야이며, 필연적으로 다양한 분야와 실무를 아우르게 되었습니다. 하지만 제9장에서 우리가 주장하듯이, 우리는 모든 것을 뚝딱 해치울 수 있는 디자인 슈퍼 히어로들이 아닙니다. 서비스 디자인은 디자이너들이 각 프로젝트 상황에 따라 적절한 전문가들과 협업했을 때 최상의 성과를 낼 수 있습니다.

한국어판에 부치는 서문
PREFACE FOR KOREAN EDITION

"산업 사회의 모델은 상대적으로 작은 규모의 인구 규모를 150년간 번영시켜 왔지만, 우리가 현재, 그리고 장차 마주할 여러 문제들을 야기하기도 하였다 ... 우리가 더 바람직하고, 포괄적이며, 사려 깊은 미래를 디자인하기 위해 필요한 여러 접근들에, 서비스 디자인은 강력한 또 하나의 관점과 활동을 더하여 준다(p277)."

이 책을 이제 곧 읽기 시작하실 독자 여러분들 입장에서 볼때, 저희들의 서문을 이 책의 가장 마지막 문구로 시작하는 것이 조금 낯설게 여겨질 수도 있겠습니다. 한국어판 서문을 작성하는 것은 저희들에게 이 책이 처음 출간된 후로 서비스 디자인에 대한 저희들의 생각이 어떻게 진전되어 갔는지를 반추해 볼 수 있는 기회를 주었습니다

우리가 이 책을 쓰기 시작한 것은 2010년입니다. 짧은 시간 내에 디지털 서비스들이 급속도로 성장했고 이것이 곧 서비스 디자인의 초석이 되었습니다. 이와 더불어 서비스 제공자들은 고객 경험을 더 긍정적이고 유용하며 몰입되는 것으로 만드는 데에 더 많은 가치를 두기 시작하였습니다. 서비스 디자인에 있어서 조직 내부가 아닌 외부의 시각에서 바라보기, 그리고 조직 간의 장벽을 허무는 것은 본질적인 문제라고 할 수 있으며, 이는 공공 그리고 일반 기업 섹터에서 갈수록 널리 적용되고 있습니다. 어지러울 정도로 빠르게 증가하는 제품과 서비스들이 그 복잡성을 증대시키고 있고, 이에 따라서 더 많은 제공자-이용자 간 접점들이 서로 연결되고 있기 때문에, 이런 장벽 허물기로 대변되는 서비스 디자인에 대한 관심의 급증은 그렇게 놀라운 일만은 아닙니다. 성공적인 서비스들은 모든 디지털 그리고 물리적 채널들을 일관성 있게 운영하며, 이는 복합적인 디자인 및 서비스 제공 활동을 필요로 합니다.

또 다른 명백한 것 하나는 전통적인 산업화시대 모델로 운영되고 있는 많은 대기업들과 조직들이 서비스 경제Service Economy에 적응하기 위해 고군 분투하고 있다는 것입니다. 그 결과로 우리는 젊은 관리자, 그리고 기업가들이 서비스 디자인의 가치와 방법들을 수용하고 있고, 그들의 조직 내에서 큰 변화를 시작해 내거나 완전히 새로운 형태의 회사를 시작해 내는 것을 목격하고 있습니다.

교육 프로그램 및 기관들에서는 서비스 디자인을 사용자 경험 디자인, 경영 관리management 그리고 디자인 주도 기업가 정신 등과 함께 교육하고 있습니다. 이런 기관들은 매우 폭넓은 분야의 학생들을 모집하고 있으며, 이들은 디자이너, 개발자, 심리학자, 사회학자, 국제 개발 실무자, 기업 관리자, 마케터, 엔지니어 등의 다학제 팀의 구성원으로 일하게 됩니다.

세상이 더 복합적으로 변모해 가면서 우리들이 마주하는 문제들 역시 그만큼 해결하기가 어려워지고 있습니다. 경제적 부의 불평등, 사회-정치의 급변, 자원 부족과 기후 변화의 시기에 있어, 이 책 말미에 소개한 우리들의 초점은 경제, 사회, 생태적 편익을 추구하기 위한 상호 연결된 형태의 사고 방식을 서술하고 있습니다. 요람에서 요람까지*, 그리고 순환 경제와 같은 움직임은 경제, 사회, 생태 이 세 가지가 서로 분리되어 있는 것들이 아니라 한 전체로서 연결되어 있다는 것을 시사합니다. 사람들이 원하는 것want을 제공하기 보다, 필요로 하는 것need을 제공하는 것은 기업의 입장에서는 총체적 시각과 접근이 필요한데, 이는 친 환경적 제조 공정의 도입이 결국 자원 절약으로 인해 더 큰 경제적 가치를 가져다 주고, 동시에 더 향상되고 공정한 고객 경험을 제공해 주기 때문입니다. 서비스 디자인은 이러한 패러다임 전환에 중요한 공헌을 할 수 있는 위치에 있으며, 이런 기업들이 미래의 경제 패러다임을 선도하는 데 도움을 줄 수 있습니다.

역자 주 Cradle-to-Cradle: 제품과 서비스를 디자인할 때 그것이 재활용되어질 것을 염두에 두고 총체적으로 디자인을 해 나가자는 운동

우리가 이 책에서 소개한 바와 같이, 서비스는 궁극적으로 사람들에 대한 것입니다. 지금 우리가 사는 (일부)세상들이 디지털 기술들에 의해 지배되고 있음에도 불구하고 사람들은 그들이 고객이건, 참여자이건, 서비스 제공자이건, 서비스의 심장부에 있습니다. 우리가 이 책을 쓸 때에 '사용자user'라는 말의 사용에 대해 많은 토론을 했는데, 이는 사람들을 비 인간화할 수 있는 가능성이 있기 때문입니다. 비행기의 승객은 항공사 서비스의 '사용자' 혹은 단순한 한 '고객'입니다. 다른 한편으로, (독자 여러분들께서는 공동 저자 중 한 명인 Lavrans가 가족들과 함께 오슬로에서 뉴욕으로 여행하는 일화를 읽게 되실 것입니다) '사용자'들은 가족들과 함께 생활하는, 그리고 감정을 가지고 있는 '사람'들입니다 - 우리들은 걱정하고, 안심하고, 행복해하고 혹은 짜증을 내고, 그러면서 서비스들의 접점들과 상호 활동을 하게 되는데, 이것들은 이런 우리들의 항상 이성적이지만은 않은 가치관, 동기, 행동들로 가득한, 가끔은 엉망진창인 인간적인 삶의 맥락 속에서 일어납니다. 우리가 이 점을 잊는다면, 우리가 세상에 내어 놓는 제품 그리고 서비스가 지닌 힘을 잊는다는 것이고, 따라서 문제적 상황을 조금이라도 개선한다기보다는 그러한 문제 상황을 가중시키는 리스크를 지게 됩니다.

모든 책의 번역은 문화적 가치관 그리고 관점들이 수반되는 작업인데, 이런 문화적 가치관과 관점의 고려는 서비스를 디자인할 때 역시 필수적입니다. 문화 역시 사람들에 의해 만들어지는 것이니까요. 한국의 서비스 디자인은 반드시 노르웨이, 영국, 미국, 일본, 중국 혹은 브라질의 서비스 디자인과 달라질 수 밖에 없습니다. 미묘한 문화적 시그널들, 전통들, 그리고 그 실천들은 서비스 디자인에서 중요한 역할을 수행하는데, 서비스 디자인이 이렇게 국경을 넘어 세계 곳곳으로 전파되는 것을 보니 매우 흥분이 됩니다. 우리가 가진 유일한 아쉬움은 우리들이 그 나라 모두의 언어, 그리고 경험들의 차이를 곧바로 이해하고 알아차릴 수 없다는 것입니다. 하지만, 우리들은 이 책의 한국어판을 통해 우리들이 한국의 서비스 디자인의 사례들을 만나보고 또 그에 대해 읽어볼 수 있게 되기를 기대하고, 독자 여러분들께서 이 책을 통해 성공을 일궈낼 수 있기를 희망합니다.

마지막으로, 우리들의 책과 메시지를 번역하여 준 배상원 박사, 임윤경 박사, 그리고 정은기 박사과정 학생에게 감사를 전하고 싶습니다. 외국어를 구사하는 사람들은, 번역은 단순히 서로 매칭되는 단어를 찾는 것을 넘어 저자들의 의도를 해석해내는 미묘한 기술이라는 것을 알고 있습니다. 이것은 결코 쉬운 작업이 아닙니다. 따라서 역자 분들의 노고에 감사를 드립니다.

2016년 1월,

Andy Polaine, Offenburg, 독일

Lavrans Løvlie, Oslo, 노르웨이

Ben Reason, London, 영국

당신이 도시에서 직장생활을 하고 있다면, 근본적인 변화를 일으키는 조짐들을 보지 못할 수도 있다. 그런데, 당신이 일상생활에서 보고 느끼지 못하는 것들이 곧 매우 현실적인 문제가 될 수도 있다. 우리가 주로 겪는 현실은 바쁘게 돌아가는 도심 거리, 꽉 찬 레스토랑, 반짝이는 쇼윈도들이 대부분일 테다. 하지만 아무도 보지 않는 텔레비전의 공허한 이미지, 휑하게 비어 있는 철도역, 언제 개장할지 조차 가늠이 안 가는 새로 지어진 쇼핑몰, 무료 급식소 앞에 줄지어 서 있는 사람들—노숙자와 더불어 간간이 잘 차려 입은 사람들까지—과 같은 현실도 있다.

이것들은 세계화된 사회 및 경제적 시스템이 극도의 스트레스를 받고 있다는 것을 보여주는 몇몇 징표이다. 이러한 스트레스의 한 원인은 이 모든 것들을 돌아가도록 하는 에너지의 양이다. 한 명의 뉴요커에게 하루 생활 동안 필요한 에너지는 30만 kcal인데, 이는 모든 시스템, 서비스, 네트워크 그리고 현대의 기계와 도구들이 작동하는 데 소모되는 열량을 계산한 것이다. 산업화 사회 이전 한 개인의 생존을 위해 필요했던 에너지와, 복잡한 현대인의 삶에 소요되는 에너지양의 차이는 약 60배 가량인데, 이 차이는 계속해서 증가하고 있다.

스트레스의 다른 원인은 성장에 대한 그칠 줄 모르는 욕구이다. 2011년도 말, 이탈리아의 새 수상인 마리오 몬티는 총리직 수락 연설에서 '성장'이라는 단어를 28번 사용한 반면, '에너지' 혹은 '자원'이라는 단어는 한 번도 사용하지 않았다. 이는 과학 기술 전문가들이 사회, 경제적 시스템의 생태적 근간을 고려하고 있지 않다는 것을 암시한다. 이탈리아의 새로운 수상은 우리가 지금 누리는 문명의 모든 이기들—자동차, 비행기, 화물 운송 시스템, 빌딩 및 각종 기반 시설, 냉, 난방과 전기 설비, 음식과 식수, 병원과 의약품, 정보 시스템과 똑똑해진 기계들—이 '값싸고 강력한 에너지 제공'이라는 지속적인 흐름에 의지하고 있다는 것을 논하기에는 적합해 보이지 않았다. 이러한 에너지 흐름 방식은 스트레스를 받으며 계속 악화되어갈 것이다.

우리가 사용하는 에너지양의 증가와 무관하게 우리 사회와 경제가 기존과 같은 방식으로 무한히 성장할 수 있을까? 고가의 미용 서비스, 스토리 텔링 및 요가 레슨과 같은 서비스 중심 경제를 활성화시켜 보는 방안을 검토해 보면 어떨까? 이는 하나의 좋은 대안이 될 수 있다. 어떻게 보면, 서비스를 디자인하는 사람들은 우리가 사는 지구촌을 살릴 수 있다! 경제 규모의 변동은 지구 환경에 물리적 영향을 끼치게 되어 있다. 고정된 에너지 소출에 기대어서는 GDP의 무한성장이 지속되긴 힘들 것이니 말이다.

다수의 공동체가 청정 신재생에너지시스템을 사용할 먼 미래를 고대하는 대신, 산업사회 때부터 지속적으로 증가해 온 생활 에너지양, 이것에 사람들이 의존하지 않는 방향으로 시스템을 재조직하는 방안을 탐색하고 있다. 식생활, 주거, 여행, 건강과 같이 우리의 모든 일상 생활에 스며든 이 시스템은 결코 지속 가능한 것들이 아니다. 그래서 이를 위한 대안들이 개발되고 있다. 서비스 디자인 분야의 전문성은 이러한 혁신에 큰 혜택을 줄 수 있다.

경제 사회의 계속된 경량화와 녹화 속에서, 사람들은 에너지, 물질, 시간, 기술, 소프트웨어, 공간, 음식과 같은 모든 자원들을 공유하게 될 것이다. 사람들은 사회적 시스템을 활용하여 이들을 공유할 것이며, 때로는 상호 연결된 커뮤니케이션 시스템을 활용할 것이다. 각 지역적 조건, 지역의 교역 패턴, 네트워크와 기술, 그리고 문화가 성공의 핵심 요소로 자리잡을 것이며, 서비스 디자인 역시 그 성공의 핵심이 될 것이다.

따라서, 이 책은 모든 측면에서 참 시의적절하고, 또 환영할 만하다. 이 책은 실무자들에게도 매우 중요할 뿐 아니라, 다른 모든 개개인의 시민들에게도 가치 있을 것으로 기대한다. 서비스 디자인은 협력적인 활동이다. 다음 장에서부터 이어질 인사이트와 기술들을 이와 관련된 누구나가 잘 활용할 수 있기를 바란다.

— 존 싸카라

2012년 10월, 프랑스 마르세이유에서

저서: *In the Bubble*: *Designing in a Complex World*

역자 서문
TRANSLATOR'S PREFACE

좋은 서비스란 무엇일까요? 사람들은 좋은 서비스를 한눈에 알아봅니다. 반면 좋지 않은 서비스에 대해서는 저마다의 이유도 제각각입니다. 좋은 서비스는 기분 좋은 감정을 느끼게 해주거나 소비자에게 실질적인 이득을 가져다 주기도 합니다. 처음에는 매력적인 서비스라고 생각했지만 시간이 지날수록 실망이 쌓이거나 한 번의 실수로 오랫동안 정들었던 서비스를 떠나기도 합니다.

그렇다면 사람들이 느끼기에 좋은 서비스란 어떻게 만들어지는 것일까요? 어떻게 하면 나쁜 서비스를 만드는 실수를 피할 수 있을까요? 저자들은 이러한 쉽지 않은 질문에 대해 매우 구체적으로 설명해줍니다. 쉽게 읽힌다고 책의 내용이 결코 가볍지는 않습니다. 다년간 기업의 클라이언트와 작업하며 경험하고 고민한 노하우를 담았습니다.

최근에 들어 서비스를 디자인하는 방법이 왜 중요해진 것일까요? IT 인프라의 발전과 서비스 형태의 변화, 고객의 역할의 변화, 이에 대응하는 기업의 변화 이 모든 생태계가 변화하고 있습니다. 기업도 이제는 고객을 바라보는 눈이 달라졌습니다. 고객은 적극적으로 서비스에 참여하고 경험을 만들어가는 주체가 되었습니다. 많은 실무자들과 디자인을 공부하는 학생들은 이미 서비스를 디자인하는 몇 가지 방법론쯤은 알고 있을 것입니다. 더불어 이 책과 함께 풍부한 예시를 접해보면서 기존의 방법에서 무엇을 보완해야 하는지, 서비스를 바라보는 시각을 어떻게 바꿔야 하는지, 서비스 디자인 방법과 관점을 실제 서비스 개발 시에 어떻게 적용해야 하는지에 대해서 고민하고 연구해 보시기 바랍니다. 이 책은 서비스를 만드는 과정을 자세히 담고 있어서 가까이 두고 필요할 때마다 꺼내보아도 손색이 없습니다.

이른 시일 내에 한국에서도 서비스 디자인에 관한 이론과 다양한 실례를 구체적으로 체계화한 서적을 만나볼 수 있기를 기대합니다. 쉽지 않은 번역 과정에 기꺼이 참여해주신 임윤경 교수와 정은기 박사 과정에게 감사의 마음 을 전합니다.

― 배상원

현재 카네기멜론대학 인간-컴퓨터 상호작용Human Computer Interaction Institute 연구 소에서 박사후 연구 과정 중으로 헬스케어 서비스에 관한 연구를 진행하고 있다. 삼성전자 외 다년간 대기업에서 사용자 경험 디자인 연구를 수행한 바 있다.

서비스 디자인에 대해 '디자인' 관점으로 통찰력있고 실용적이며 체계적으로 풀어 놓은 몇 안되는 책들 중 하나라고 생각합니다. 이미 UX 디자인을 전공 한 분이라면 자신이 가지고 있는 기본 지식들이 서비스 디자인으로 어떻게 재 해석되고 유용하게 활용될 수 있는지 생생하게 배울 수 있는 책이라고 생각됩 니다. 디자인 분야에 대해 새롭게 접하는 분이더라도 서비스 디자인의 핵심 개 념뿐 아니라 서비스 디자인 방법에 대해서도 실제 예시들을 통해 어렵지 않게 이해할 수 있도록 돕는 기본에 충실한 훌륭한 서비스 디자인 입문서라고 생 각합니다.

IT 제품의 지능화와 고도화로 인해 서비스는 더 이상 사람 대 사람 사이 에만 국한되지 않는 시대가 도래한 지 오래인 이 시점에서, 서비스 디자인 분 야의 베테랑 실무자인 저자들이 자신들의 생생한 경험을 서비스 디자인 지식 으로써 가치 있게 체계화한 책을 이렇게 한글 역서로 출판하는 과정에 참여 했다는 것 자체가 저로서는 매우 기쁠 따름입니다.

디자인 전문가뿐 아니라 지금 디자인을 배우고 있는 분들, 나아가서는 서비스 디자인에 관심이 있는 어느 분이나 이 책을 통해 유용한 지식을 얻어갈 수 있기를 기대합니다.

— 임윤경
현재 KAIST 산업디자인학과 부교수로 재직 중이며,
사용자 중심 디자인 방법론, 사용자 중심 서비스 디자인 등을
가르치고 있다.

언젠가부터 한국에서 서비스 디자인에 대한 관심이 급증했습니다. 조금 걱정이 되었습니다. 서비스 디자인이 하나의 단순한 유행이 아닐런지… 이 책을 우연히 만났고, 그런 생각을 떨쳐 버릴 수 있게 되었습니다.

저자들은 '서비스 디자인'이라는 새로운 디자인 분야에 대해서 말하고 있지 않았습니다. 디자이너의 호기심, 그리고 새로운 기회의 대상으로써 '서비스'에 대해서 말하고 있었습니다. '서비스'라는 새로운 디자인의 소재를 다뤄 본 저자들의 좌충우돌 경험담을 담담하게 풀어내고 있었습니다.

책이 두껍지 않았습니다. 쓸데없이 어려운 단어들도 없었습니다. 요리책 접근(이런저런 방법을 쓰면 멋진 디자인이 나올 수 있어요)을 하고 있지 않았습니다. 조리법을 안다고 좋은 요리를 할 수 있는 것이 아닙니다. 요리사의 정성, 재료 선택, 손기술이 요리에 감동과 가치를 더합니다. 디자인은 방법론만으로 쉽게 실천되기 힘들다는 것을 저자들은 정확하게 파악하고 있었습니다.

기술에 대한 균형잡힌 시각을 다루고 있었습니다. 어느 새 우리는 온갖 종류와 크기의 스크린에 둘러싸여 살아가고 있습니다(한국이 이 측면에서는 세계 제일이 아닌가 싶습니다). 저자들은 기술을 디자인의 주체가 아닌, 디자인의 대상으로 바라보고 있었습니다.

'서비스'는 '디자인'만큼 우리가 일상생활에서 한국어처럼 사용하는 영단어입니다. 글을 옮기면서 내내 아쉬웠습니다. 서비스를 국문 혹은 한문으로 옮기면 '봉사', '섬김' 정도가 되는 것 같은데요, 생각보다 그렇게 경제적인 관념이 아님에 새삼스레 조금 놀랐습니다.

모쪼록 이 책이 '서비스 디자인'이 아니라 '서비스, 봉사, 섬김, 그리고 디자인'에 대한 우리들의 관심과 이해를 깊게 해 주는 계기가 되기를 바랍니다.

— 정은기
카네기멜론 대학 디자인 학교에서 인터랙션 디자인을 공부하고,
동 대학 인간 컴퓨터 상호활동 Human Computer Interaction Institute
연구소에서 박사 과정을 밟고 있다.

차 례
CONTENTS

CHAPTER **03**
사람과 관계 이해하기   51

CHAPTER **04**
리서치를 인사이트와 행동으로 바꿔놓기   71

CHAPTER **05**
서비스 생태계 묘사하기   119

서비스 디자인,
인사이트에서 실행까지

[*Service*

Design]

일반적으로 보험은 사람들에게 만족스러운 고객경험을 제공하는 산업으로 여겨지지는 않는다. 우리가 계약한 보험상품을 사용할 수밖에 없는 상황에 처했을 때, 즉 우리가 여러 가지 문제로 인해 고통받고 연약해져 있는 상황에 와서야 비로소 그 보험상품이 가진 진정한 가치를 알게 된다. 가입한 보험이 형편없다고 깨달은 후에 우리가 할 수 있는 일이라고는 아무것도 없다. 우리는 보험 계약서와 관련해서 평소 잘 읽지 않거나 이해하기 어려운 몇 가지 프린트물을 받은 것이 고작이다. 결국에는 전화로 보험사와 몇 시간을 더 소비하거나 서류를 작성하는 데 시간을 투자하게 된다. 보험사가 고객에게 하는 부당한 대우에 대한 보험이 있어야 할 형편이다.

많은 보험사와 그에 속한 직원들이 추구하는 원대한 목표는 회사 측면에서 최소한의 노력을 들이되 가능하다면 고객이 해당 보험 서비스를 형편없이 느끼지 않도록 해주는 일이다. 보험사의 복잡한 정책들이 고객의 입장에서는 알기 어려운 까닭에 보험 가격을 비교하는 웹사이트가 생겨났고, 보험 시장은 오직 가격으로만 경쟁하다가 결국에는 바닥을 치며 끝나버리고 말았다. 보험사가 가진 문제는 보험 상품의 구성이 복잡하다는 점인데, 이는 다수의 이해관계자와 채널을 포함하고 있기 때문이다. 보험은 상품의 형태로 자주 팔리는 서비스의 전형적인 예이다. 서비스의 속성이 복잡하고, 사람들의 경험이 중심이 되며, 다수의 이해관계자가 얽혀 있고, 다양한 배송 채널, 서비스에 대한 고객 불만족 등이 합쳐지면서 보험은 뒤엎어야 할 서비스 디자인의 완벽한 후보가 된 셈이다.

노르웨이의 가장 큰 보험사인 Gjensidige(옌씨디가)는 2009년 시장에서 다른 경쟁사들과 비슷한 수준으로 경쟁하는 것은 이미 충분하다고 결정하였다. Gjensidige는 150년의 역사를 가진 금융 그룹으로서 시장에서의 입지가 공고함에도 불구하고, 고객에게 제공하는 서비스 품질을 향상시키고자 하는 강한 의지를 가지고 있었다. 회장인 Helge Leiro Baastad는 고객 지향이 회사의 주된 전략적 초점이며 회사의 핵심 경쟁 우위가 되어야 한다고 결정하였다.

서비스 품질을 개선하는 데 있어 가장 어려운 과제는 조직의 구조에 있었다. Gjensidige는 상품 개발에서 판매까지 일련의 활동을 사일로(silo)¹에서 일하는 전문직원과 함께 조직하였다. 이러한 산업화 시대의 모델로는 회사 내 파편화된 개별부서들이 하나로 잘 조화된 고객 경험을 제공하는 일에 초점을 맞추기 힘들었다. Baastad는 산업의 중심으로부터 변화가 시작되기를 원했기에 마케팅 디렉터인 Hans Hanevold와 브랜드 디렉터인 Kim Wikan Barth 두 사람에게 2년간 회사를 떠나 '극단적 고객 지향'이라 불리는 전사 교육 프로그램을 운영하도록 지시하였

---

1 회사 안에 성이나 담을 쌓고 외부와 소통하지 않는 부서를 가리키는 말이다. 곡식을 저장해두는 굴뚝 모양의 창고인 사일로(silo)처럼 조직의 부서들이 서로 다른 부서와 담을 쌓고 내부 이익만을 추구하는 현상을 빗댄 것을 말한다. 참고로 사일로 효과(organizational silos effect)는 조직 장벽과 부서 이기주의를 의미하는 경영학 용어이다.

다. 두 사람은 회사와 오랫동안 함께 하였기 때문에 동료들의 존경을 받아왔고 Gjensidige라는 조직을 어떻게 운영해야 할 지에 대해 잘 알고 있었다.

Hanevold와 Barth는 회사 내의 모든 단위 사업의 변화 에이전트(change agent)[2]를 색출하면서 품질 개선을 시작했다. 그들이 가진 기저의 원칙은 고객 중심이라는 가치가 외부 컨설턴트에 의해 시작되는 것이 아니라 회사 내부에서 시작되고 성장되어야 한다는 것이었다. 또한 그들은 변화를 위한 활동들을 단위 사업부에서 자체적으로 지원해줘야 한다고 주장하였고 이러한 일련의 활동들을 지원하기 위해 전사 교육 프로그램을 만들었다. 최종적으로 그들은 고객 경험을 향상시키기 위해 183개의 구체적인 활동 계획을 만들었다. 그 큰 뜻을 수행하기 위해서 몇 개의 프로젝트는 전문가의 지식이 필요했으며 더 나은 서비스 경험을 위한 디자인을 지원할 수 있도록 서비스 디자이너를 고용하였다.

Gjensidige는 사일로와 고객 간의 간극을 연결해주기 위해, 또한 그들의 서비스를 좀 더 고객중심의 방식으로 발전시키기 위해 서비스 디자인을 선택하였다. 서비스 디자인 방법을 통해 고객에게 진정 제공해줘야 하는 가치가 무엇인지에 대한 그림을 공유하고 완성하였고, 고객이 서비스에 관련된 경험에 직접 참여하는 과정도 회사 내부에 도입하였다.

전사 교육 프로그램에 앞서 Gjensidige는 이상적인 보험 서비스의 모습에 대해 기존에 그들이 가지고 있던 생각을 바꾸기 위해 서비스 디자이너를 고용하였다. 초기 업무는 매우 방대하였는데 Gjensidige는 사람들의 행동, 동기와 보험과의 연관성을 찾고자 하였다. Gjensidige가 추구하는 보험에 대한 고객의 생각을 이해하는 것 뿐만 아니라 직원을 이해하는 것이 중요했다.

보험계리인(수학과 금융의 귀재들로 복잡한 보험 '제품'을 만들어내는 사람들)은 '제품 그룹'에 소속되어 있었다. 이 부서의 이름이야말로 초기의 조직 내부 문화를 보여주는 단서라고 할 수 있다. 회사가 진정으로 판매하려는 것은 서비스이다. 고객들은 직접 그들의 손에 보험을 쥘 수 없으며, 보험 정책에 대한 경험은 보험사로부터 얻는 서비스와 고객의 상호작용으로 구성되어 있다. 고객들이 물리적인 제품을 구매한다면 눈에 보이는 품질이나 결함, 손해에 대해 점검할 수 있다. 그러나 보험처럼 미래에 발생할 사건의 확률에 기반한 계약 서비스는 이러한 점검을 하기 특별히 어려운 구조이다. 게다가 보험을 구매하는 많은 사람들은 무엇을 샀는지 실제로 알지 못한다. 재앙의 발생과 같이 나타날 수도 있는 가장 최악의 순간을 보험이 보장해주는지 알려고 할 뿐이다. 안타깝게도 이런 상황은 계약 세부 조항들로 구성되어 있기 때문에 고객 측면에서는 보험사와 서비스에 관해 이러쿵 저러쿵 흥정할 수 있는 상황이 아니다.

---

2 변화 에이전트 또는 변화 촉진자(변화 촉진자는 '오해', '냉소', '편견' 등의 단어와 밀접한 관계가 있다. 관리자, 고용인, 그리고 인사담당자들 모두는 변화 촉진자의 조직 내 가치에 대해 고민하고는 했다.)

고객 인사이트
Consumer Insights _____

Gjensidige 프로젝트의 접근 방식은 고전적인 서비스 디자인의 일례를 보여
주는 것으로 인사이트 연구, 워크샵, 서비스 청사진, 서비스 제안 개발, 컨셉
스케치와 발표, 경험 프로토타이핑, 검증과 전달의 모든 과정을 거쳤다. 적은
수의 사용자 표본이 이 연구에 적용되었으나 연구에 관해서는 깊이가 있었다.
디자인 팀은 Gjensidige의 서비스에 대한 전달 측면과 서비스의 수신자 측면
에 대해 살피기 위해 각각 콜센터와 오피스에서 일하는 3명의 직원과 더불어
6명의 고객을 방문하여 이야기를 나눴다. 더 큰 숫자를 다루는 분야에서 9명
이라는 표본은 작다고 느껴질지도 모르겠다. 사실 Gjensidige는 다량의 정량
적인 데이터를 이미 확보하고 있었다. 그러나 정량적 데이터는 혁신 프로젝트
를 위해 필요한 질적質的 연구가 가지는 구체적인 내용을 포함하지 않는다. 지
식을 창출하고 분야에 대한 이해를 도울 수 있는 데 유용하다. 반면 지식을
행동으로 옮기고, 조직이 무엇을 해야 하는지 구체적으로 알려주는 것은 질
적 연구이다. 지식과 행동의 간극을 연결해주는 역할을 해주는 데에 질적 연
구는 매우 유용하다.

참가자와 함께 일반적인 보험, 사회적 측면, 선택, 접촉, 직원을 위한 도
구 등의 다섯 가지 다른 영역에서 리서치를 진행하였다. Gjensidige와 서비
스 디자인 팀은 사람들이 무엇을 말했고, 실제로 무엇을 실행했는지 사이에
서 몇 가지 중요한 차이점을 발견하였다. 서비스 디자인 팀이 발견한 몇 가지
인사이트가 아래에 자세히 설명되어 있다. 많은 질문과 니즈 분석을 통해 어
떻게 이러한 종류의 리서치가 즉각적인 문제 해결을 가져올 수 있을지 발견
할 수 있을 것이다.

신뢰

보험은 신뢰를 기반으로 한다. 고객들이 보험료를 낼 때 가정하는 것은 지불한 돈의 가치는 되돌려 받을 수 있을 것이고, 보험사는 고객이 보험을 필요로 하는 상황에 언제나 존재해 줄 것이라는 믿음이다. 하지만 이러한 신뢰를 구축하는 데 많은 시간이 걸리는 반면 신뢰가 무너지는 것은 순식간이다. 서비스를 전달하는 데 있어 모든 작은 결함들 예컨대, 배송상의 오류, 청구서 오류, 의사소통의 문제, 직원과의 대화 시 여러번 같은 대답을 반복하는 일 등은 보험사에 대한 고객의 신뢰를 손상시킨다. 혹시 보이지 않는 곳에서도 이런 실수들이 일어나지 않는지 의심해봐야 한다. 사소한 문제를 깔끔히 해결하는 일은 고객이 회사에 가지는 신뢰도에 중대한 영향을 미친다.

비교와 구매 기준

사람들은 품질에 근거하여 보험 구매 결정을 내린다고 말하기는 하지만 이것이 실제로 얼마나 어려운지에 대해서 스스로 잘 알고 있다. 고객이 각기 다른 보험 정책을 비교하고 합리적인 선택을 하기란 매우 어렵다. 사람들은 보험의 서비스나 품질이 투명하지 않다고 느끼는 반면 고정된 변수인 가격은 쉽게 파악할 수 있다는 이유로, 보험을 선택할 때 그것의 서비스보다는 가격만으로 비교하는 편이다. 따라서 디자이너는 고객이 정확히 무엇을 원하는지 안다고 장담해서는 안되며, 가격과 품질 사이를 적절히 조율해야 한다.

물론 고객이 시장에서 보험의 품질에 대해 선택할 수 있는 여지는 충분히 있다. 하지만 온라인 가격 비교 사이트만을 고려한다면 보험의 품질 측면은 고객과의 대화에서 완전히 배제된 채로 가격만이 비교 기준이 됨을 알 수 있다. 고객에게 있어서 품질은 단순히 "내 안전이 제대로 보장되어 있는 것일까? 내 자동차가 수리 중일 때 렌터카를 빌려줄까? 사고가 났을 때 내가 보상받아야 하는 항목들을 실제로 보상해 줄까?"하는 질문 정도에 불과한 것이다.

대부분의 모든 서비스와 제품들에서 고객들은 조금 더 저렴한 상품과 고급 상품 간의 차이를 쉽게 알 수 있다. 그러나 보험은 그렇지 못한 듯하다. 고객들은 고가의 보험과 저가의 보험 사이에 품질이 의미하는 바가 정확히 무엇인지 묻고 있다. 이것은 다른 여러 가지 질문들을 수반하는데, 예를 들어 어떤 항목이 실제로 보상되는지, 언제 얼마만큼 추가로 발생하는 비용을 부담해야 하는지의 질문 등이다. 결국 문제는 복잡해지고 만다.

서비스 디자인에서의 도전 과제는 보이지 않는 것을 보이게 만드는 것이다. 다시 말해 올바른 것들은 보이게 하되, 올바르지 않은 부분, 즉 제안서에서 문제의 소지가 될 만한 것은 보이지 않게 제거하는 것이다. Gjensidige 프로젝트에서 가장 중대한 도전 과제 중의 하나는 주요 구매 결정 요인인 가격을 제거하는 보험 서비스 제안을 발전시키는 것이었다.

기대

사람들은 어떤 일이 발생했을 때 보험금이나 도움을 기대한다. 이것은 품질과 연관되어 있는 다른 이슈이다. 상대적으로 저렴한 보험 상품을 구입한 고객은 돈을 절약할지는 모르나 보험사로부터 많은 도움을 받지 못할 수 있다. Gjensidige는 어떤 일이 발생했을 때 사람들을 돌봐주는 매우 좋은 시스템을 가지고 있다. 예를 들면 Gjensidige는 고객이 자동차 피해를 입었을 때 사고난 차량을 점검하기 위해 회수하고 대신 렌터카를 고객에게 지급하며 사고차량에 관한 처리를 포함한 그 외의 모든 일을 도맡아 처리한다. 이러한 사실은 서비스 제안의 일부로써 가시화할 필요가 있었다.

고용과 공익

Gjensidige는 사람들이 필요로 할 수 있는 모든 종류의 보험을 제공하고 있다고 믿는다. 한편, 노르웨이에서는 많은 사람들이 고용주나 노동조합으로부터 몇몇 종류의 보험을 보상받는다. 그들은 실제로 자신들이 어떤 항목에 대해 보상받을 수 있는지 파악하기가 어려운데, 이유는 한 번에 이 모든 보험에 관한 정보를 볼 수 있는 방법이 없기 때문이다. 도전 과제는 고객에게 투명하면서도 믿을 수 있는 방법으로 보험을 전달하는 것이다.

사회적, 문화적 상호작용

많은 수의 보이지 않는 사회적인 서비스 접점은 전체 서비스 경험에 영향을 미친다. 예를 들어 경찰은 보험에 관해 다음과 같은 조언을 하고는 한다. "휴대폰을 도난 당했다고요? 보험사에 연락할 생각조차 하지 마세요." 실제로 Gjensidige 보험사에 연락하는 고객은 새로운 휴대폰을 제공받지만, 일반적으로 사람들은 도난과 같은 문제에 관해서는 경찰이 더 잘 안다고 믿는 경향이 있다.

　연구자들은 조언을 해서는 안되는 많은 사람들이 고객들에게 보험에 관한 조언을 하고 있었음을 발견하였다. 예를 들어 친구나 가족이 많은 고객은 그들이 보험에 관해 가장 좋은 조언을 해주는 사람이라고 생각할 수도 있다. 사람들은 보통 보험 정책에 대해 이야기할 때 보험 대리인보다 자신의 아버지가 더 좋은 조언을 준다고 믿는다. 이렇듯 도전 과제는 보이지 않는 모든 서비스 접점들과 어떻게 함께 작업을 할 수 있을지에 관해 초점이 맞춰졌다. 보험은 원래 작은 마을에서 헛간에 불이 나는 사고에 대응해 여러 사람이 함께 돈을 모으는 것에서 유래되었다. 보험이 이와 같은 집단적인 노력에서 시작되었음에도 불구하고 지금은 고객이 쉽게 믿지 않는 복잡한 구조물로 진화되어 버린 까닭에 보험의 사회적 측면을 다시 부활시키자는 의견으로 수렴되었다.

선택

보험 전문가는 더 많은 옵션을 가질수록 고객들이 더 나은 보상을 받게 될 것이라고 이야기할 것이다. 신제품 자전거와 같은 특정 항목들에 대해서는 보상을 받지만, 낡은 PC와 같이 보상이 필요 없는 부분에는 보험을 적용하지 않음으로써 보험사는 사람들이 자신의 필요에 맞춰 설계된 보험을 제공한다.

더불어 고객들은 간결함을 원한다. 인사이트 연구에서 고객들은 매우 간단한 상품을 원하면서도 복잡한 상품의 나열들 중에서 자신이 상품을 선택하기를 원했는데, 많은 옵션들로부터의 선택을 원하기보다는 자신이 '직접' 선택하는 **경험**을 원함을 알 수 있었다.

문서

보험 문서를 읽는 것에 관한 인터뷰에서 많은 인터뷰 대상자가 "저는 못 읽겠어요"라고 말했다. 이것은 신뢰 문제로 다시 연결되는데, 고객들은 그들 보험의 정책에 관한 구체적인 세부사항을 읽지 않고도 보험사가 옳다고 맹목적으로 믿는 모습을 보여주는 한편 보험사 정책의 세부사항을 모른다는 이유만으로 보험사를 신뢰하지 않는 이중적인 모습을 보였다.

고객이 보험 약관을 읽지 않는 주된 이유는 보험사가 너무 긴 약관을 만들어내기 때문이다. 고객들은 "한 장으로 된 하나의 서류에 모든 약관이 정리될 수는 없나요?"라고 말한다. 그러나 사람들이 실제로 보험사에게 원하는 것은 "이런 상황이 당신에게 발생할 경우, 보험사로부터 이러이러한 보상을 받을 수 있어요"라고 친절하게 알려 주는 것이다.

고객들은 또한 보험 서류를 어디에 보관해야 하는지 모르고 있었다. 그들은 서류의 중요성을 알고 있으며 몇몇 사람들은 안전하게 정리 보관되어 있다고 말했다. 그러나 서류가 있는 장소를 확인했을 때 그것들은 완전 엉망진창인 상태로 보관되고 있었다. 인터뷰 대상자가 "서류들은 저쪽에 있어요"라고 얘기를 해 살펴본 문서는 2년 전의 보험 정책이었고, 최신 서류는 엉뚱한 곳에 산더미로 쌓여 있었다. 이는 고객들이 얼마만한 액수의 보험을 들었는지, 심지어 무엇에 값을 지불하고 있는지에 대해 아무런 단서도 가지고 있지 않음을 의미했다.

덧붙여 말하자면, 고객들은 '난해한 법률 용어'로 쓰여진 약관 대부분이 무슨 뜻인지 알지 못하며 완전히 이해하지 못하기 일쑤이다. 수년에 걸쳐 점점 더 많은 보험 약관들이 무엇이 정말 필요한지에 대한 진지한 고민 없이 서류상에 추가되어 왔다. Gjensidige는 이런 관행에 반대하여 법적으로 가능한 한도 내에서 약관을 최대한 간단하게 하고 관련 없는 단어를 50~60%까지 제거하여 보험 정책 서류의 사이즈를 줄였다. 일 년 반 동안 4명이 팀을 이루어 성공적으로 작업을 수행하였는데 회사는 비용 측면에서는 프린트 비용을 줄이는 작은 이윤을 얻은 반면 고객 경험의 측면에서는 큰 이익을 얻은 셈이다.

회사 인사이트
Company Insights

공익에 대한 간극 채우기

노르웨이 사람들은 만약 나쁜 일이 일어난다면 국가에서 보상을 받을 것이라고 생각하는 반면, 무엇을 나라로부터 보상받을 수 있을지 어떤 것들을 자신이 보상해야 하는지에 관해서는 잘 모르고 있었다. 고객들은 이러한 정보를 필요로 하고 이에 대해 좋은 조언을 해줄 사람과 대화하기를 원한다. 사람들은 보험 상품 판매에만 관심 있는 영업사원이 아니라 고객이 무엇을 원하는지 아는 사람과 대화하기를 원한다.

많은 조직들과 마찬가지로 근본적인 문제는 계량화된 판매 할당과 조직적 구조에 있었다. 이는 고객층에게 적합한 도움을 주는 고객 서비스 대표단의 의욕을 상실하게 만들었다. Gjensidige는 이익을 외부에서 가져올 수 있도록 조직 내부 문화의 변화를 필요로 했다. 이러한 변화가 도입된 이후 Gjensidige의 모든 직원은 주로 고객 개인이 느끼는 만족도에 따라 성과를 평가받았고 Gjensidige의 고객 대면 직원은 고객 만족 지수에 대한 일일 보고서를 받았다. 주요 데이터는 전화나 이메일 요청을 통해 이루어진 피드백을 수집하여 만들어졌는데, 이러한 피드백은 종합적인 고객 경험 측정 시스템을 보완하고자 다른 수치와 합산되었다.

개인화

개인화된 것처럼 보이나 실은 개인화되어 있지 않은 고객 관리 기제들을 고객들은 꿰뚫어 본다. 인간은 대인 상호작용에 익숙하기에 '개인화된' 형식의 편지와 같은 의사소통은 아주 친숙하거나 섬뜩한 감정을 줄 수도 있다. 하지만 애석하게도 이러한 '가짜' 개인 의사소통은 간단하지만 커다란 실수를 범하기 쉽다. 예를 들어 오래된 데이터나 오자는 사망한 친척에게 보내는 개인화된 생명 보험 편지로 이어지거나, 존 씨를 '친애하는 존 여사'로 만들어 버릴 수 있다. 개인화는 실제로 개인적인 관계를 유지할 때에만 존재할 수 있는 것이다. 그렇기에 실제로 고객들과 개인적인 관계를 유지하기 위해서는 사내 문화가 이러한 개인화를 독려해야 하고 직원들이 일하는 것을 즐겁게 느껴야만 한다. 짜증나고 스트레스 받은 직원은 짜증나고 스트레스적인 상호작용을 고객과 하기 마련이다.

일관성 있는 의사소통 채널

고객들은 Gjensidige가 한 가지 연락 채널의 사용을 원했다. 만약 그들이 전화로 연락을 했다면, 그 피드백을 이메일이나 편지가 아니라 전화로 받기를 원했다는 뜻이다. 만약 고객이 이메일을 보냈다면 직원으로부터의 이메일 회신을 원했다. Gjensidige는 그들의 모든 채널이 열려 있도록 유지하기 위해 전략적인 결정을 내렸다. 이는 관리하기 좀 더 복잡하기 때문에 더 많은 비용이 소요된다. 그러나 회사는 다채널이 열리는 경우에 더 나은 고객 경험을 제공할 수 있으므로 가치 있는 투자라고 확신하였다.

언어

일반인(고객들)은 보험 용어를 실제로 이해하지 못한다. 예를 들어 많은 사람들은 '프리미엄' 제품이 그들에게 주어지는 어떤 상★이라고 생각한다. 그렇기에 Gjensidige는 모든 의사소통 채널에서 보험 언어가 고객들에게도 같은 의미를 가지고 있는지에 대해 관심을 기울였다.

개인의 일상 공식화

연구자가 Gjensidige사무실에 직원 인터뷰를 위해 방문했을 때, 그들은 영업 사원의 책상과 컴퓨터에 붙어 있는 많은 접착식 메모들을 발견하였다(그림 1.1). 대다수의 직원들은 고객에 대한 응대를 좀 더 효율적인 방식으로 지원하기 위해 특정 업무를 자신의 반복 업무routine로 만들어 놓았다. '업무 현장에서' 만들어진 몇몇 과정에서 영감을 받아 Gjensidige 시스템에 적용하고 통합시키게 되었다.

IT 인프라의 단순화

모든 고객의 상세 정보는 Gjensidige의 S2000 메인프레임 시스템에 입력되었고 시스템은 리스크 분석과 숫자를 통해 보험 제안을 생산해냈다. 관리 부서에서는 이 시스템이 노르웨이 보험 산업에서 가장 탁월한 시스템이라고 하였다. S2000은 매우 유연해 Gjensidige의 영업 사원은 경쟁사들보다 많은 파라미터를 조작할 수 있었다. 그러나 그들은 이러한 유연성의 장점을 직접 볼 수는 없었다. 정보가 매우 감춰져 보이지 않는다는 이유로 고객과의 대화 속에 영업 사원들은 이러한 유연성이 필요없다고 깨달았다.

이러한 유연한 시스템은 보다 복잡하게 만들어지므로 더 긴 처리시간을 필요로 한다. 예를 들어, 어떤 고객은 하나의 보험 상품 안에 자동차와 집을 동시에 보장받을 수 없었다. 이는 고객을 위해 제대로 된 경험을 만들기 내기 어렵게 만든다.

그림 1.1

판매 직원은 자신의 업무 프로세스를 보다 효율적으로 하기 위해 자신만의 반복 업무(routine)를 목록으로 적어놓았다.

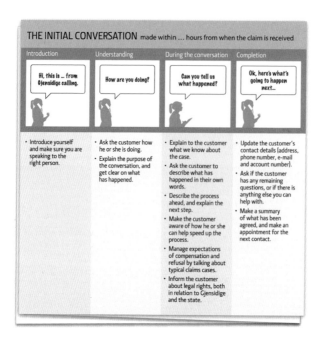

그림 1.2

종이에 쓰여진 반복 업무는 판매 직원들을 위해 사내에 빠르게 적용되었다.

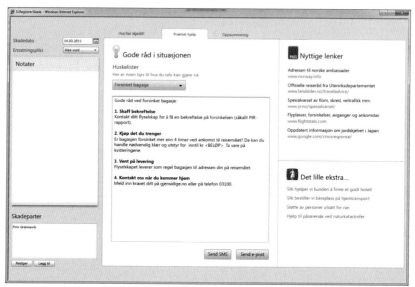

그림 1.3

CRM 시스템에 새로운 반복 업무가 추가되었다. 그림 왼쪽의 고객별 메모 영역은 스티커 메모와 같은 기능을 하였다.

인사이트 적용하기
Putting Insights into Practice

보험의 제품 혁신을 방해하는 한 가지 요인은 시간 지연이다. 조직은 혁신이 그들에게 돈을 벌게 만드는지 혹은 잃게 만드는지에 대한 여부를 다양한 수준의 클레임을 받아본 이후에야 확인할 수 있다. 이것은 여러 해가 걸릴 수 있으므로 보험 산업은 전통적으로 혁신에 대해 보수적인 입장을 고수한다. 디자인 팀에 의해 수집된 고객의 인사이트는 시장에 대한 새로운 아이디어를 가져오는 데 있어 직원들의 자신감을 고무시켰다.

인사이트 연구로부터 자료를 사용하면서 Gjensidige는 사내의 다른 그룹과 함께 공동 디자인co-design 워크샵을 개최하였고 97개의 아이디어를 생성해냈으며 이 중에서 5개는 추가 개발을 위해 선정되었다. 마침내 팀은 하나의 새로운 서비스 제안을 창안하였다.

Gjensidige는 개인에서 가족까지 사람들과 함께 할 수 있는 모든 일을 위한 12개 가량의 상품을 가지고 있었다. 보험 관점에서는 다른 만일의 사태에 대비하기 위한 맞춤 상품의 환상적인 형태를 가졌을지 모르나 고객 관점에서는 생명 보험을 가지고 도박을 한다고 느꼈을지도 모르겠다. 자신이 암이나 차 사고로 죽을지 알 수 없는데 이를 대비하려고 모든 상품을 사는 일은 어느 누구도 감당할 수 없기 때문이다. 고객은 또한 소유물에 대한 보험 적용에도 큰 고민을 하게 되는데 예를 들어 '강아지를 선택해야 할까, 아니면 노트북을 선택해야 할까?'등이 그것이다.

Gjensidige를 위한 돌파구가 될 만한 개념은 제공되던 50개의 상품을 단 2개로 줄이는 것이었다. 한 상품은 개인과 가족을 보상하고 나머지 한 상품은 그들이 소유한 모든 것을 보상하는 것이다. 이것은 보험사 측면에서 매우 급진적인 선택이었을지는 모르나 Gjensidige가 처음 생각했던 것처럼 내부로부터 생겨난 변화였다. 이 개념은 Gjensidige의 금융 전문가 Gunnar Kvan의 아이디어에서 시작되었다. 그는 아예 다른 방식으로 회사의 상품들을 생각하는 것이 가능하다고 제안하였다. 5년 동안 이 아이디어에 대해 고민했으나 그의 관점을 사람들이 들을 수 있는 방법이 없었다. 그는 이 방법이 고객 경험 측면에서 무엇을 의미하는지에 관해서는 잘 몰랐지만, 다른 방식으로 재정 알고리즘이 모델링 될 수 있음은 알고 있었다. 디자인 팀은 그와 함께 자리를 잡고 어떻게 이러한 서비스의 조합이 가능한지를 살펴보았다. 이 작업은 거대한 스프레드 시트에 어떤 일이 일어날 가능성이 있는지에 관한 어려운 수학적 계산을 요구하였다.

서비스 경험 프로토타이핑
Experience Prototyping the Service

디자인 팀의 Microsoft Excel 전문가인 Anders Kjeseth Valdersnes는 엑셀로 상품의 프로토타입을 만들었다. 이것은 보험 통계 테이블과 실시간 정보 시각화를 제어할 수 있는 모든 툴을 가졌다. 한 주를 보내고, 두 개의 디자인과 백앤드 DB 기능을 하는 웹사이트 프로토타입을 코딩하는 과정을 Anders는 이틀 안에 마치고 웹사이트와 유사한 디자인 프로토타입을 만들어 고객에게 검증할 수 있었다(그림 1.4).

　Gjensidige는 경험 프로토타입을 수행할 수 있었는데, 보험을 구매하는 고객과 함께 토론하고 보험을 판매하는 영업 사원, (손실을)청구하려고 하는 사람들과 함께 이를 검증하였다. 면대면으로 보험 서비스를 구입하려는 고객을 응대하는 영업 사원을 위해 제공된 프로토타입을 테스트하였다. 고객은 전화 통화 시 회사와 고객 양쪽 측면에서의 프로세스를 관찰하였다. 클레임 프로세스를 테스트하기 위해 직원들은 사고가 막 발생한 사람과 관련서류들을 검토하였다. (실제 상황을 겪고 있는)직원과 고객이 테스트에 참여하고 있는 것을 알고 있었음에도 불구하고 대화는 매우 실감났다. 이러한 과정을 통해서 프로젝트 팀은 새로운 서비스 제안을 만들고 설명하고, 판매하기 위해 필요한

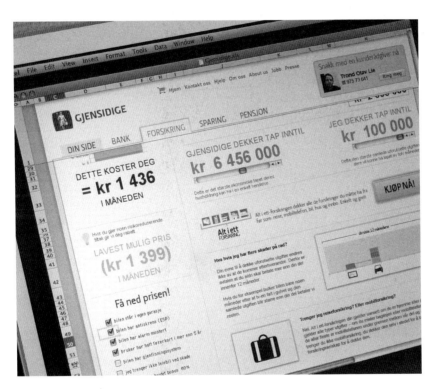

그림1.4

엑셀로 만들어진 보험 웹사이트의 경험 프로토타이핑은 테스트에서 고객의 실제 데이터를 사용하였다.

것이 무엇인지에 관해 많이 배우게 되었다.

프로토타이핑을 통해 새로운 접근법이 보험 서비스 상품 구매 시의 대화를 변화시킨다는 것을 명확히 확인할 수 있었다. 고객들은 자신들이 버는 돈으로 매달 보험료를 낼 만할 여유가 되는지, 무엇이 '만약의 경우'를 대비해놓는 저축 계좌인지, 그리고 비극적인 상황에 닥쳤을 때 정말 필요로 하는 것이 무엇인지를 고려하였다. 그들은 초과금에 대해 결정할 때와는 다른 모습을 보였고, 보험료에 대한 배당 정도를 이해하였다. 이는 고객이 주도하는, 훨씬 더 열린 대화였다. 이러한 일련의 대화들이 만들어낸 고객과 보험사의 서비스 접점은 프로토타입으로 만들어졌다. 한 페이지의 계약서, 정보성 전단, 파이낸셜 신문과 타블로이드판 신문의 광고 시안(그림 1.5), 나중에 고객들이 받게 될 청구서들을 제작하였다. 보험사는 고객들의 경험을 통해 광범위하게 보험 서비스를 테스트할 수 있었다.

한 페이지로 구성된 계약서 프로토타입은 사람들이 하는 말과 사람들이 실제 하는 행동 간의 차이에 대해 보여주는 좋은 예이다(그림 1.6). 많은 인터뷰 참가자는 긴 계약서들은 읽기도 어렵고 내용도 이해하기 어렵다고 하였는데 이는 고객이 보험사에 대해 가지는 신뢰가 부족함을 나타냈다. 한 페이지 계약서는 보다 친근한 이미지를 주고자 제안되었다. 하지만 프로토타이핑 동안에 한 페이지 계약서를 못 믿을 뿐만 아니라 기존에 40페이지 분량으로 제공되었던 매우 중요하고 많은 세부 정책들이 감춰져 있다고 두려워하였다. Gjensidige는 결국 5∼10페이지 가량의 계약서를 만들기로 하였다.

또한, 프로토타입은 청구 절차 승인 서류로 구성되었다. 전통적으로 고객들은 다음과 같은 편지를 받았다. "청구가 접수되었습니다." 이는 청구의 권한을 가지고 있는 회사에 의해 청구 프로세스가 어떻게 진행되는지 불확실한 인상을 고객에게 준다. 재디자인_{redesign}된 승인 서류는 시간이 지나면서 어떻게 보험 승인 과정이 전개되어 가는지 고객에게 보여주며 고객의 서비스에 대해 가지는 기대를 관리할 수 있도록 도와준다(그림 1.7). 이러한 방법은 고객이 보험 처리과정이 진행되도록 침착하게 기다려야 할 때와 후속 조치를 취하여야

그림 1.5

신문에 광고시안 만들기(하나는 금융 광고용 인쇄물, 다른 하나는 타블로이드(tabloid) 신문을 위해)는 서비스 마케팅이 다른 맥락에서 팀이 생각하는 서비스 마케팅 방법을 이해시키는 데 도움이 된다.

그림 1.6

한 페이지로 구성된 계약서 프로토타입은 많은 인터뷰 대상자들로부터 호감을 얻었다. 하지만 고객들은 실제로 한 장짜리 계약서를 신뢰하지 않는 것으로 드러났다.

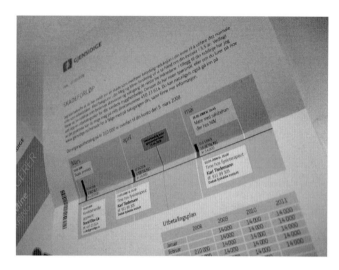

그림 1.7

재디자인된 클레임 확인서의 프로토타입. 이 설명서에는 시간이 지남에 따라 서비스 프로세스가 어떻게 전개되는지 설명함으로써 고객의 기대를 관리하고자 하였다.

그림 1.8

우편으로 발송된 오퍼 상세정보의 프로토타입으로써 문서는 고객과의 중요한 서비스 접점이 된다. 이러한 문서는 토론과 의사 결정을 하는 데 있어 중심이 된다. 이 프로토타입은 계약서에 서명하기 전에 고객에 의해 수정될 수 있는 여지가 있다는 서비스 제안을 보여준다.

할 때를 구별할 수 있도록 도와준다.

마지막으로, 프로토타입된 제안을 담당했던 팀이 판매 전화 또는 고객과의 미팅 후에 편지를 보냈다(그림 1.8). 인사이트 연구는 이것이 가장 치명적인 서비스 접점 실패인자 중에 하나이고 회사는 이를 향상시키는 잠재력이 있음을 전에는 깨닫지 못하고 있었음을 증명하였다. 이전에 고객들은 영업사원과 복잡한 정책에 대해 상담한 후 가족에게 설명하여 결정하고자 하였으나 충분히 설명하기에는 세부 사항을 일일이 기억할 수 없을 뿐 아니라, 많은 보험 세부 정책을 이해할 수 없어 결정하는 데에 어려움을 느꼈다. 이러한 서비스 접점을 재디자인하는 일은 집에서 보험 구매에 대한 결정을 도울 수 있도록 만들어 회사는 숨겨진 문제를 파악하여 고객을 잃는 일을 피할 수 있었다. 이는 어떻게 서비스 디자인이 만들어져야 하고, 일반적인 고객-제공자 패러다임과는 완전하게 다른 맥락 안에서 발생하는 사람들 간의 상호작용에 의해 어떻게 고객의 경험이 만들어지는지 보여주는 좋은 예이다.

끝은 단지 시작에 불과하다
The End Is Just the Beginning

모든 이해관계자들인 고객, 직원과 관리자로부터 받은 현실적인 인사이트를 얻는 일이 가지는 가치는 단지 이야기의 반에 불과하다. 인사이트를 명료한 서비스 제안으로 바꾸는 것과 핵심 서비스 접점을 프로토타이핑 경험으로 만드는 일은 필수적인데, 이러한 과정은 물리적 접점 디자인 뿐만 아니라 총체적인 서비스 제안과 경험에 대한 피드백을 수반한다. Gjensidige의 디자이너들은 매우 급진적인 서비스가 어떻게 시장에서 인식되는지 아는 일을 중요하게 여겼다. 프로토타이핑은 아직 알려지지 않은 서비스를 테스트하기 위해 만들어졌다. 예를 들어 해당 상품의 대상층이 고소득층인가 저소득층인가? 하는 질문에는 두 가지 종류의 신문 광고가 각기 다른 맥락을 느끼도록 제작하는 데에 도움이 되었다.

서비스는 보통 복잡하고 생산하려면 비용이 든다. Gjensidige 제품의 변화는 그들에게 뿐 아니라 전체 산업에서도 급진적이었다. 충성도 높은 고객들에게 새로운 서비스 컨셉을 소개하기 위해 많은 설명을 해야 한다는 일 또한 명확했다. 실은 두 가지 종류의 보험만을 가질 거라는 가정은 Gjensidige 사 측면에서도, 전체 보험 산업이 돌아가는 방식에서도 너무 급진적인 사건이었다. 이 결말은 이야기를 불리한 입장으로 모는 듯했지만 폄하하기에는 중요한 혁신에 관한 교훈이 있다.

급진적인 아이디어를 통해 사고하기와 직원들의 경험을 프로토타이핑으로 만드는 일은 사내 문화에서 서비스를 제공하는 직원 입장에서 고객을 바라보는 마음가짐을 성숙하게 만드는 데 도움이 되었으며, 많은 인사이트들은 Gjensidige가 전적으로 서비스 중심 회사로 자리매김하는 데 적극적으로 반영되었다. '궁극의 고객 지향' 팀은 고객의 경험을 추구하는 일이 마치 승리자라도 되는 듯 행동하였고 사내에서 이를 수행하기 위해 필요한 일들이 요구되는 내부적인 변화가 있었다. 즉 'Gjensidige Experience'이라 불리는 고객 중심을 위한 전사적 프레임워크가 실행된 것이다. 관리부는 미래에 고객 중심이 핵심 경쟁우위가 될 것임을 믿고 "우리는 고객이 최고임을 알고 최고로 도와야 한다"라는 사내 비전을 수립하였다.

Gjensidige는 보험 정책을 단순화하기 위해 주목할 만한 노력을 기울였다. 더 나은 청구 절차를 설명하기 위해 노력하였고 웹 기반의 청구서 매핑 툴을 개발하였다. 가격정책은 다르게 책정하였고 온라인 계산기에 반영되었다. 비록 아이디어들이 전체적으로 사용되지는 않았지만 현재 작은 요소들의 대다수는 매우 분명한 방식으로 회사에 반영되어 있다. 커다란 그림을 그리는 일은 비교적 작으나 많은 각기 다른 아이디어들을 묶는 작업을 도와주었다. 이 혁신들은 그렇지 않으면 빛을 보지 못했을 것이다. 혁신을 막는 조직적인 전통에 대한 도전을 도운 셈이다.

마침내, 구체적으로 커다란 그림을 그리는 일은 문제와 기회를 하나의 장소로 모은다. 이는 무엇을 다뤄야 하는지에 대한 전략적 결정을 내리도록 돕고, 언제 어떻게 이러한 결정들이 그들 비즈니스의 다른 파트들과 관련이 있는지, 어떻게 조직의 자원과 예산에 따라 서비스 혁신에 대한 범위를 정하는지 알 수 있을 것이다.

Gjensidige의 183개의 활동들은 매우 방대한 수의 개선으로 몇몇은 작았지만, 다른 활동들은 수 년간에 걸쳐서 진행해야 할 만큼 컸다. 결론을 도출하는 일은 물론 중요하다. 그러나 우리가 집중하는 유일한 초점은 아니다. 변화 과정은 결함들을 제거함으로써 컴퓨터 시스템의 품질에 공헌하는 것, 제품과 언어를 쉽게 만드는 것, 서비스 경험 뿐만 아니라 내부적인 자금에도 초점을 맞추는 것, 브랜딩과 교육에 노력을 기울이고 서비스를 측정하는 등의 비즈니스의 모든 측면에서 최고위층의 리더십을 요구한다.

예를 들어, CEO를 포함하여 Gjensidige의 130명의 매니저들은 1,000명의 고객들에게 전화를 걸면서 자신들의 인사이트를 모았다(그림 1.9). 매니저들은 일을 사랑함에도 불구하고 한해 동안 고객과 이야기를 충분히 하지 못하였는데, 이러한 사실은 고객과의 상호작용을 최우선 순위로 두고자 하는 비즈니스에 대한 경영진의 흥미를 불러 일으켰다. 매니저들은 고객 만족에 관해 도출된 통계에 대해 깊이 이해하고 있었고, 해결되어야 할 필요가 있는 도전 과제들에 대해서도 잘 알고 있었다. 그러나 많은 고객들이 Gjensidige를 진심으로 좋아하는지와 회사가 해야할 일을 해결하지 않은 점에 대해 고객과 이야기할 때 고객과 경영진의 생각에는 차이가 있었다. 이러한 차이가 가지는 상징성은 중요하다. CEO가 앉아서 고객들과 그들이 무엇을 생각하는지를 알아내기 위해 대화하는 일은 나머지 조직들과 산업에 중대한 신호탄이 된다.

이러한 전사적인 변화의 결과는 안착하는 데 시간이 걸린다. 이 과정이 끝나고 2년 반 후 Gjensidige는 노르웨이의 국가 고객 만족 척도Norwegian National Customer Satisfaction Barometer에서 급격한 성장을 보여주었으며 두 개의 가장 큰 고객 만족 상을 수상하는 영예를 안았다. 그들은 재정적 결과와 더불어 시장의 기대를 지속적으로 만족시키는 놀라운 일을 해내고 있으며 유럽과 미국의 동료

그림 1.9

Gjensidige의 CEO인 Helge Leiro Baastad와 130명의 관리자는 무작위로 선출된 1,000명의 고객에게 하루 종일 전화를 걸어 그들 회사에 대해 고객이 진심으로 생각하는 것에 관해 들었다 (Gjensidige 제공).

집단보다 더 효율적으로 자신들의 서비스를 제공함을 증명하였다. Baastad에 의하면, 고객 중심의 비즈니스 사례는 고립되어 감춰지면 안 될 것이며 현대적이고 효율적인 보험사를 개발한 일은 거대한 이야기의 한 부분으로써 직원들, 이해관계자들과 고객들에게 실제적인 가치를 가져올 것이라고 말하였다.

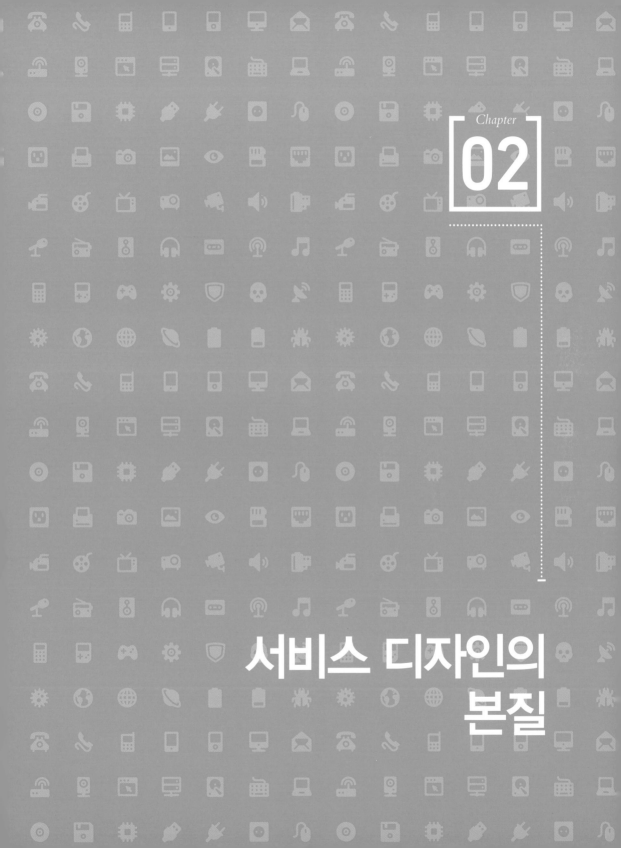

Chapter

02

서비스 디자인의
본질

[*Service*

Design] 서비스 디자인은 대부분의 근대 디자인 분야와 마찬가지로 산업 디자인 (Industrial Design)의 전통에서 그 첫 발자취를 찾아볼 수 있다. 미국의 산업 디자인은 1920년대에 레이몬드 로위, 월터 돌윈 티그, 노만 벨 게데스, 헨리 드레피스와 같은 디자이너들의 긴밀한 커뮤니티에서 비롯되었고, 유럽에서는 바우하우스가 산업 디자인의 산실이 되었다.

당시 산업 디자이너들이 공통적으로 갖고 있던 목표는 산업화된 기술을 활용해서 사람들 삶의 수준을 향상시키는 것이었다. 1차 세계 대전을 거치면서 사람들은 전쟁의 산업화가 야기한 황폐한 상황에 좌절하였고, 물질적 삶의 수준을 이전 수준으로 회복시킬 뿐 아니라 더욱 향상시키고 싶어하였다.

이상적인 차원에서, 산업 디자이너 1세대들은 산업화의 방향을 좀 더 좋은 방향으로 전환시키고자 하였다. 산업 디자이너들은 어떻게 하면 산업 기술을 활용하여 그 당시 인류의 근본적인 니즈를 충족시킬 수 있을지에 대해 집중적으로 고민하였다. 디자이너들은 어떻게 제품을 더 효율적으로 만들어 낼 수 있을까, 무엇이 제품들을 더 유용하게 만드는가, 제품들이 어떻게 사람들로 하여금 미래를 더 긍정적으로 바라볼 수 있게 하는가 등과 같은 문제를 탐구하였다. 디자이너들은 중산층을 위해 잘 디자인된, 적당한 가격의 가구를 만들어냈고, 여성들을 고되고 지루한 집안일로부터 해방시키는 백색 가전 제품을 만들어냈다. 자동차와 기차는 사람들이 일과 여가를 위해 이동할 수 있는 반경을 확장시켰다.

20세기에 들어 디자인 분야는 인류의 삶의 수준 향상에 지대한 공헌을 이루어냈다. 하지만 오늘날 이러한 삶의 수준 성장은 한계점에 다다르고 있다. 물질적인 부는 포화상태에 이르렀고, 사람들의 제품 소비 활동은 좋은 삶의 질을 보장해주지 못할 뿐 아니라 환경과 사회의 지속가능성을 저해하여 도리어 인간의 존재를 위협하게 되었다.

인간의 근본적 니즈 역시 변화하였다. 선진국들이 현재 당면하고 있는 과제는 인류의 건강을 지속시키고, 에너지와 자원 소비를 감축하며, 더 유연한 교통 수단과 더 큰 회복 탄력성을 갖는 대안적 경제 시스템을 개발하는 것이다.

1920년대의 산업 디자이너들은 그 당시에 만연했던 산업 기술의 인간화를 위해 노력했고, 그 세대 인류의 기본적인 물질적 니즈를 만족시켰다. 서비스 디자인은 네트워크 사고가 보편화되어 있는 디지털 네이티브 세대로부터 비롯된다. 이들의 초점은 효율적 제품 생산에서 간소한 소비(lean consumption)로 옮겨갔고, 물질적인 삶의 수준 향상보다는 삶의 질 향상에서 가치를 찾는다.

왜 서비스는 디자인 되어야 할까?
Why Do Services Need Designing?

디자이너는 사람들에게서 길어낸 생생한 인사이트를 바탕으로 서비스를 설계할 때 비로소 제대로 된 가치를 전달했다는 확신을 얻게 된다. 디자이너들은 기술적 네트워크와 인적 네트워크를 잘 활용하여 복잡한 서비스를 단순화시킬 수 있고, 그것을 고객에게 더 효과적인 것으로 디자인해낼 수 있다.

잘 디자인된 서비스는 시시각각으로 변하는 사람들의 요구사항에 더 잘 적응할 수 있고, 더 오랫동안 서비스 활동을 전달할 수 있다. 서비스의 모든 요소에 일관된 디자인을 적용할 때 인간적인 경험을 할 수 있는 조건이 충족될 수 있다. 서비스의 성과를 올바르게 측정한다면 서비스 디자인이 인적 자원, 경제적 자원, 천연자원을 더 효과적으로 활용하는 결과를 낳는다는 것을 실감할 수 있다.

사람들이 서비스를 어떻게 경험하는가를 탐구하는 것은 얼핏 보면 쉬운 일로 생각될 수 있다. 이러한 탐구는 다시 말해, 서비스 제공 과정상에서 어떤 부분들이 연결되어 있는지, 서비스의 각 요소들이 서로 잘 맞물려서 성과를 내는지에 대한 고민을 말한다. 세계 최고의 기업 및 기관들은 좋은 서비스 경험의 연결 고리들을 이와 같이 치밀하게 디자인하기 위해 불철주야 노력하고 있다.

왜 기업들이 좋은 서비스를 디자인하는 것을 단순한 일로 여기지 않는지를 알기 위해서는 서비스의 본질과 그것이 전달되는 방식에 대해 이해할 필요가 있다.

서비스는 제품과 어떻게 다른가?
How Services Differ from Products_____

우리의 초점이 제품을 만드는 것에서 서비스를 만드는 것으로 옮겨 가면서 제일 처음 생각하게 되는 것은 서비스가 제품과 본질적으로 다른 속성을 갖고 있다는 점이다. 서비스를 디자인할 때 제품 디자인에 적용되는 것과 같은 가치관을 적용하면 좋은 결과를 담보하기가 어렵다. '제품'은 다른 것과 잘 구별되는 사물이다. 기업들은 제품을 만들고, 마케팅하고, 판매하는 활동을 수행할 때, 각각의 기능들을 분업화된 조직에 위임한다. 분업화된 조직은 하나의 업무 기능에 특화되어 있고, 주로 수직적 명령 체계에 따라 운영되며, 각각의 조직은 칸막이가 쳐진 채 서로 소통하지 않는 부서, 즉, **사일로**Silo**화** 되어 가기 쉽다(그림 2.1).

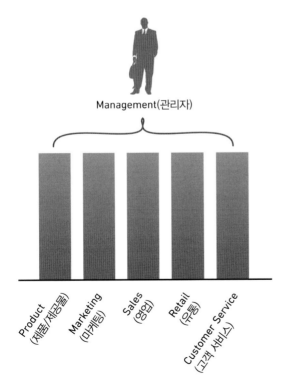

Management(관리자)

Product
(제품/제공물)

Marketing
(마케팅)

Sales
(영업)

Retail
(유통)

Customer Service
(고객 서비스)

그림 2.1

이 그림에서 '고객'은 어디에 있는가? 직원들은 자기 부서인 사일로에서만 일하고, 전체 가치 사슬의 극히 일부 단계의 효율성 향상에만 집중하며, 전체적이고 종합적인 고객 경험의 질에는 제대로 신경쓰지 못하게 된다.

서비스 디자인 컨설팅 회사를 차리고 나서 이틀이 지난 후에, 통신사업자인 오렌지의 임원으로부터 프로젝트 요청을 받았다. 오렌지는 우리가 예전에 웹 디자인 에이전시를 하면서부터 오래 꿈꿔왔던 성격의 프로젝트를 우리에게 요청하였다. 우리가 오렌지의 새로운 서비스를 개발하는 과정에서 서비스의 경험을 전략적인 요소로 만들어 내는 것을 도울 수 있을까?

그 당시 오렌지는 영국의 이동통신 서비스 시장에서 큰 성공을 거두고 있었지만, 여전히 신규 서비스를 개발할 때에 고객의 경험을 접목시키는 도구와 프로세스가 부족하다고 여기고 있었다. 오렌지의 브랜딩은 그들이 출시한 서비스들과 잘 연결되어 있지 않았다. 그들의 웹사이트는 기존 고객이 더 많은 가치를 느끼지 못하는 구조로서, 그저 홍보용 채널로만 활용되고 있었다. 그들에게 있어서 혁신이라 함은 주로 기술의 혁신을 뜻했으며, 고객을 지향하고 있지 않았다.

사실, 오렌지의 사내 조직은 지난 세기 동안 제품의 제조 공장과도 같이 구성되어 왔으며, 이는 현대 사회에서 시장을 창출하고 선도하는 통신 서비스 제공자의 모습과는 거리가 멀었다. 사내 전문가들은 조직의 사일로에 갇혀 있었고, 오렌지가 제공하는 것들의 전체적인 큰 그림을 볼 수 있는 사람은 역설적으로 그들의 고객들 뿐이었다.

이에 오렌지는 각 조직과 서비스 채널을 연결하는 디자인 접근을 취하는 것이 필요했다. 오렌지는 또한 전략 수립 과정에서 서비스 경험의 개념을 조기에 도입하여 서비스 경험에 대한 비전이 그들의 기술 및 사업에 대한 의사 결정에 적절하게 영향을 미칠 수 있도록 하였다. 사업 전략 수립의 차원에서 서비스 경험을 고려할 때 문제가 되는 부분 중 하나는, 새로운 핸드폰 요금제와 같은 통신 서비스는 눈에 보이지 않는 것이므로 직접 관찰하거나 느껴볼 수 없다는 것이다. 사업 전략 수립 시 주로 활용되는 엑셀의 스프레드시트는 우리가 생생하게 느낄 수 있는 인간 경험을 만들어 내는 데에는 결코 바람직한 도구는 아니다.

이러한 문제를 해결하기 위해 우리는 "미래로부터 온, 손에 잡히는 증거들"이라는 프로젝트를 시작했고, 12개의 서비스 제안에 대한 경험을 디자인했다. 거기에는 콜 센터에 걸려온 전화를 셀프 서비스로 전환하는 방법에서부터, 온라인 요금제 서비스에 이르는 다양한 제안들이 포함되었다. 몇몇 컨셉들은 시장에 출시되었으며, 그중에는 오렌지의 오프라인 매장을 다양한 제조

역자 주 프랑스에 본사를 두고 있고, 유럽과 아프리카 지역에서 서비스를 제공하고 있는 글로벌 통신 회사

그림 2.2

서비스 디자인 팀이 Orange 측에게 어떻게 고객들이 "럭셔리" 계정을 경험하는지 보여주었을
때, Orange 측은 그간 전례가 없는 높은 수준의 디자인 및 고객 서비스에 대한 제안을 듣고 이
를 실행하기로 결정하였다.

사의 핸드폰을 판매하는 공간에서 고객들이 이동통신 서비스 이용에 도움을 받을 수 있는 공
간으로 변화시키는 제안도 포함되어 있었다. 또 다른 제안은 '오렌지 프리미어'라는 고가 핸드
폰 요금제로서, 독특한 경험과 차별화된 서비스를 원하는 고객들을 대상으로 한 서비스였다(
그림 2.2).

오렌지 프리미어는 시장에서 성공을 거두었고, 이는 오렌지로 하여금 디자인을 사업 개발의 출
발점으로 여기게 하는 계기가 되었다. 이 프로젝트를 바탕으로, 우리는 지난 10년간 오렌지와
함께 서비스 경험 향상을 위한 다양한 프로젝트들을 수행했으며, 여기에는 오렌지 산하의 다양
한 브랜드가 포함되었고, 대규모의 전사적 혁신 전략 수립에서부터 콜센터의 소소한 문제를 해
결하는 것까지 포함되었다.

오렌지와의 첫 번째 프로젝트를 통해 우리 리브워크사와 창업자들은 디자인을 어떠한 맥락에
활용할 수 있는가에 대한 우리의 생각을 재정립하였다. 제품이나 인터페이스를 전달하는 데에
초점을 맞춘 '활동'으로서의 디자인에서, 서비스의 모든 측면들이 하나의 단일화된 경험으로서
함께 작동할 수 있게 하는 '과정'으로서의 디자인이 필요하다는 생각이다. 새로운 지평이 열리
고 있다는 것을 깨달았고, 디자인의 선제 조건들이 어떻게 변화하는지에 대한 부분을 재검토할
필요성을 느끼게 되었다.

기업들이 서비스를 사일로 경영의 방식에 의해서 판매하고 전달할 때, 고객의 총체적인 경험에는 문제가 발생하기 쉽다. 이를테면 고객이 새로운 핸드폰 요금제를 선택하기 위해 통신사의 웹사이트에 접속하거나 콜센터에 전화를 걸었을 때 상담원이 단지 가격 정보만을 알려주고, 그 외의 다른 절차는 자기 소관이 아니라고 응대하는 경우가 그러하다. 병원에서 환자들이 왜 이렇게 오래 기다려야 하는지를 알지 못하고, 정서적으로 매우 힘든 시기를 보내는 환자들에게 별로 도움이 되지 못하는 정보들만 제공되는 현실 역시 그런 사례이다. 이렇게 서비스 제공 조직의 내부 칸막이들(사일로)은 효과적 비즈니스 가치 창출 측면에서는 타당할 수 있지만, 그렇게 제공된 서비스를 하나의 종합적인 경험으로 받아들이는 고객 입장에서는 결코 그렇지 못하다. 이 문제는 이 책 전반에 걸쳐서 계속 언급될 것이며, 결국 이것을 어떻게 변화시킬 것인지에 대해서도 추후에 다룰 것이다.

많은 서비스 기업들은 그들이 제품을 팔고 있다고 착각한다. 금융 산업이 대표적인 사례이다. 하지만 보험 정책, 은행 계좌와 같은 것들은 재화나 제품이 아닌 서비스이며, 복수 상호작용의 접점들touchpoints of interaction을 갖고 있다. 여기에 어떤 문제가 생긴다면, 물론 고객들은 자신이 가입한 서비스에서의 금전적 보상 액수를 제일 먼저 떠올릴 것이다. 하지만 이런 서비스 문제 회복 과정에서 진정한 가치의 차이를 만들어내는 것은 대부분 수화기 끝에서 피곤한 상담 과정을 이끌어가는 상담사, 20쪽이 넘는 지루하고 어려운 용어로 가득찬 서류 작성, 그리고 결국 환급금을 수령받는 데까지 걸리는 긴 시간들이다. 많은 조직들이 고객에게 제공되는 서비스, 그리고 그것이 창출해 내는 가치에 대한 점검 활동을 시작하고 있으며, 이것은 서비스 디자이너들에게 큰 기회를 열어주고 있다.

사일로에서 만들어진 서비스는
온전히 경험될 수 없다
Services Created in Silos Are Experienced in Bits_____

서비스 제공자들이 겪는 어려움은 실제로 그들이 속한 조직이 고객들에게 좋은 서비스 경험을 제공해 주기 어려운 구조로 설계되어 있다는 점이다. 많은 경우에 서비스의 부분 부분들은 잘 디자인되어 있지만, 전체 서비스 그 자체는 잘 디자인되어 있지 않다는 것을 알 수 있다. 문제는 고객들에게 있어 서비스의 부분적 접점들은 별로 중요하지 않다는 것이다. 고객들은 서비스를 총체적으로 받아들이고 경험하며, 서비스의 모든 부분들이 잘 어우러져서 가치를 제공하는가의 여부로 서비스를 판단한다(그림 2.3).

서비스에 있어서 또 다른 복잡한 문제는 서비스의 품질이 상호작용의 접점에 따라서 굉장히 달라질 수 있다는 것이다. 만약 온라인뱅킹 서비스를 개발하는 사람들이 이 점을 간과한 상태로 웹사이트를 만들고 해당 사이트와 은행 콜센터와의 연계 과정을 게을리한다면, 고객들은 실망스러운 경험을 하게 될 수 밖에 없다.

다시 말해, 서비스를 마치 제품처럼 다뤄온 산업화 시대의 전통은 우리가 겪는 여러 서비스들이 자기 몫을 다 하지 못하고 사람들에게 실망을 가져다 주는 결과가 많다는 것을 시사한다. 서비스는 제품과 근본적으로 다르므로 제품과 같은 방식으로 다뤄질 수 없다. 서비스는 사람들 간의 상호작용, 사람들의 동기, 그리고 행동에 대한 것이다. 마케터와 디자이너들은 일반적으로 제품이 저마다의 개성을 갖고 있다고 말하고는 한다. 하지만 내 아이폰이나 폭스바겐 자동차가 나 대신 술에 취한 다음날 힘들어하면서 일어나거나, 다음 달 집세를 걱정하거나, 다른 사람을 배려하고 걱정해주지는 않는다. 사람들은 다르다. 서비스 디자인의 핵심인 사람에 대한 이해가 필요한 이유이다.

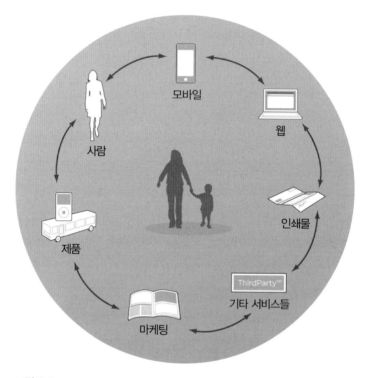

그림 2.3

서비스 경험은 고객과 다양한 서비스 접점 간의 상호작용으로 구성된다. 서비스의 품질은 이러한 접점들이 고객을 위해 얼마나 잘 조화롭게 작동하는지에 따라 결정된다.

서비스는 사람들에 의해 함께 만들어진다
Services Are Co-produced by People_____

서비스의 근본적 속성은 그것이 사용되는 시점에 그 가치가 생겨난다는 것이다. 버스 서비스는 그 버스를 타는 사람들과 버스 노선이 없다면 무의미하다. 온라인뱅킹에서는 고객이 온라인뱅킹 화면을 통해 가상 계좌를 트고 거래 활동을 수행할 때에 비로소 고객과 온라인뱅킹 서비스 제공자 모두에게 가치가 창출된다. 좌석이 비어 있는 채로 기차가 역을 떠나면 가치가 발생하지 않는다. 치과에서도 환자가 의사에게 입을 열어 치아를 보여주고, 어디가 아프다고 이야기해주기 전까지는 아무런 일이 일어나지 않는다.

　제품 지향적 조직들은 그들의 고객을 활용해서 서비스를 더 효과적으로 개선할 수 있는 가능성을 포착해내는 데에 종종 실패한다. 고객들이 버스 경로와 일정을 미리 잘 알고 있다면 버스 서비스를 더 자주, 그리고 효과적으로 이용할 것이며, 공공 교통 활용을 통해 탄소 배출량을 줄일 수도 있고, 교통 혼잡도를 낮추는 데에도 기여할 수 있다. 온라인뱅킹이 잘 디자인되었다면, 고객들은 실제 은행 지점에서 오랜 시간을 보낼 필요가 없을 것이다. 서비스는 그 제공자와 사용자들에 의해 공동 산출co-produce, 즉 함께 만들어진다. '공동 산출'과 '공동 디자인co-design'이 서로 다름을 기억하자. 공동 디자인은 고객이나 사용자가 제품 혹은 서비스의 출시 이전 혹은 이후의 실제 디자인 과정에 참여하는 것을 뜻한다).

　서비스 스펙트럼의 한 끝에는 페이스북, 트위터, 유튜브와 같은 네트워크 서비스가 있다. 사람들이 이러한 서비스를 사용하면서 수많은 시간을 들여 콘텐츠를 만들어내는 활동이 없었다면 지금과 같은 가치 있는 사회관계망이 형성될 수 없었을 것이다. 스펙트럼의 또 다른 한 끝에는 미국의 의료 및 보험 서비스와 같이 더 적은 사람들이 사용할수록 가치 있는 서비스도 있다. 병원들에게 있어서 가장 효과적인 '서비스 공동 산출물'은 결국 사람들이 건강해져서 굳이 치료받을 필요가 없어지는 것이다. 서비스 개발 과정에서 종종 잊혀지는 가장 큰 기회는 조직들이 그들 고객을 서비스 제공 과정에서 가치 있고 생산적인 자산으로 고려하지 않는 데에서 온다. 그들은 그저 고객을 일용 제품의 소비자로 간주하기 십상이다.

네트워크: 새로운 기술의 지평
A New Technological Landscape: The Network_____

지난 십 년간 서비스 디자인이 디자인의 새로운 분야로 떠오른 것은 우연이 아니다. 20년 전, 서비스를 위한 디자인은 보통 호텔이나 패스트푸드 체인을 위한 것쯤으로 여겨졌다. 하지만 오늘날 디지털 플랫폼은 크고 작은 비즈니스 운영에 있어서 필수적인 것이 되었다. 정보화시대에 접어들면서 디지털 기술은 새로운 형태의 서비스 제공을 가능케 하는 혁신의 원동력이 되고 있다.

요즘의 서비스 제공 체계는 전적으로 디지털 플랫폼에 의존하게 되었다. 병원과 은행은 전자화된 기록에 접근하지 못하면 운영될 수 없고, 항공사들은 수요-공급을 계산하는 알고리즘 없이는 저렴한 가격에 항공권을 판매할 수 없으며, 사람들은 이제 인터넷과 핸드폰을 통해 일상 생활과 업무상의 많은 일들을 처리하고 있다. 20년 전에 핸드폰은 그저 월가의 금융 거래인이나 군대의 장교들이 쓰는 미래의 기기로 여겨졌지만, 오늘날에는 많은 사람들이 핸드폰 없는 사람을 만날 수가 없을 정도로 보편화되었다.

다량의 정보를 저장하고, 많은 고객들이 여기에 접속 가능하게 해주는 기업의 대규모 전산 시스템과 모바일 컴퓨팅의 결합은 사람들의 일상생활을 전환시키고 있다. 이와 동시에, 이러한 시스템들을 연계시키는 데에서 오는 복잡성은 서비스의 품질을 저해하기도 하고, 고객들이 서비스를 쉽게 잘 이용하지 못하게 하기도 한다. 이러한 기회와 문제들은 복합적으로, 서비스 디자인을 새로운 디자인의 한 분야로 부상시키게 되었다.

Streetcar 사례: 공동 생산을 가능하게 하기
Steetcar-Enabling Co-production

고객들의 적극적인 참여가 서비스를 더 잘 돌아가도록 만드는 사례 중 하나는 세계 주요 도시들에서 많이 찾아볼 수 있는 차량 공유 모임이다. 이러한 차량 공유 클럽의 선도자 중 하나인 영국 런던의 Streetcar는 2004년도에 시작되었는데, Streetcar의 모든 잠재력을 실현시키기 위해서는 고객 경험이 혁신적으로 개선될 필요가 있었다. 고객들이 차량 소유가 아닌 차량 공유의 방식으로 전환하도록 설득하기 위해서는 차량 공유에 대한 고객의 경험이 차량을 구매하고 소유하는 것보다 좋은 것이어야만 했다. 우리는 Streetcar의 서비스 경험이 마치 폭스바겐의 자동차 문이 닫히는 소리가 사람들에게 이 자동차가 신중하게 디자인되었다는 경험을 주는 것과 같이 만족스러운 경험이 되어야 한다고 제안했다. 자칫 사소해 보일 수도 있는 아이디어지만, 폭스바겐의 차 문 닫히는 소리가 주는 경험을 만들어 내기 위해서 폭스바겐의 제품 디자이너와 엔지니어들은 그것의 중요성을 이해하고, 그 구현을 위해 상당한 돈과 시간과 노력을 투입해 온 것이다.

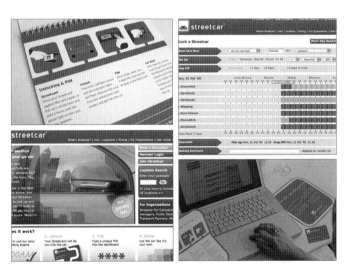

그림 2.4

Streetcar의 다양한 접점들은 총체적이고 만족스러운 경험을 주도록 디자인 되었다.

우리는 Streetcar의 성장 저해 요소들을 극복할 수 있는 고객 경험을 창출하는 작업에 착수하였다. 성장 저해 요소에는 고객들의 이해 부족, 낮은 접근성, 떨어지는 사용성이 있었다. 이러한 문제들은 고객의 여정을 최초 브랜드 인지 단계에서부터 정기적 사용에 이르기까지를 분석함으로써 종합적으로 해결되었다(그림 2.5).

우리는 고객들이 회원 가입 과정 중 어떤 지점에서 빠져나갔는지, 혹은 어떤 시점에서 추가적인 고객 지원이 필요한지를 파악할 수 있었다. 이제 서비스는 1) 예약 2) 잠금 해제 3) 비밀번호 입력 4) 운전 시작(그림 2.6)의 간결 명료한 네 단계로 고객들에게 전달되었다. 고객들은 Streetcar, 그리고 자동차 면허를 관리하는 교통 당국과 짧은 전화 통화를 함으로써 Streetcar에 쉽게 가입할 수 있게 되며, 온라인 예약 시스템 역시 더욱 간소화된 사용 시나리오 제공을 위해 다시 구축되었다.

요약하면, Streetcar는 또 다른 서비스 제공자인 시 당국, 그리고 고객들과의 협업을 통해 서비스를 작동시킨다. Streetcar는 30분 미만의 시간이면 사람들이 차량을 빌릴 수 있게 한다. 런던시는 공유 차량들이 더 쉽게 사람들에게 접근될 수 있도록 편리한 주차 공간을 제공한다. 고객들은 차량을 사용하면서 연료를 넣고, 청결을 유지하며, 다음 고객이 사용할 수 있는 장소에 주차를 한다.

그림 2.5

고객 여정을 분석함으로써 Streetcar는 회원 가입 과정의 어떤 부분에서 고객들이 빠져나갔고, 어떤 부분에서 불편을 겪었는지를 볼 수 있게 되었다.

많은 조직들은 그들의 고객들이 제공하고 있는 훌륭한 자원들을 최대로 활용해내는 것을 힘들어하고 있다. 대부분의 고객들은 그들이 사용하는 서비스에서 최대한의 가치를 얻어가고자 하는데, 이러한 고객들을 전체 가치를 공동 창출하는 단계에 끌어들임으로써 서비스 제공자들은 모두에게 혜택이 돌아가는 솔루션을 만들어낼 수 있다.

그림 2.5

Streetcar 서비스의 재디자인은 4개 스텝으로 이루어져 신규 고객들이 즉각적으로 서비스 제안과 서비스의 활용법을 이해할 수 있게 만들었다.

서비스 경제
The Service Economy

선진국에서는 대략 75%의 경제 활동이 서비스업에서 이루어지며, 새로운 일자리가 가장 많이 창출되는 분야 역시 서비스업이다. 수준 높은 제조품 수출로 유명한 독일의 경우, 2010년에 제조업의 일자리는 14만 개가 줄었고, 서비스업의 일자리는 33만 개가 늘었다.[1] 또한 개인 간호 서비스가 독일의 전체 자동차 산업보다 더 많은 매출을 창출하고 있다. 서비스를 위한 디자인이 갈수록 산업의 핵심 경쟁우위가 되어가고 있다. 물질적 요소와 기술은 전이와 복제가 쉽게 가능하지만, 서비스 경험은 제공 조직의 문화에 깊이 뿌리박고 있기에 복제가 어렵다. 사람들은 그들이 낸 돈에 상응하는 최고의 경험을 받고 있다고 느낄 때 그 서비스를 사용하는 것을 선택하며, 이는 저가 항공사를 이용하건, 일등석에 탑승하건 모두 동일하게 적용된다.

산업 경제 사회에서 산업 디자인이 대중에게 새로운 제품을 소개하는 역할을 맡았다면, 좋은 서비스 디자인은 새로운 기술을 성공적으로 도입하는 데에 있어서 핵심적 역할을 수행한다고 본다. 매년 새롭게 등장하는 제품 모델을 출시할 때, 디자인은 이미 성공적으로 자리잡은 제품의 성공을 지속시키는 데에 중요한 요소가 되었다. 서비스 경제 사회에서의 서비스 역시 시장에서의 선도적 위치 수성을 위해 지속적으로 다시 디자인될 수 있다고 생각한다.

제품 중심의 비즈니스 모델이 서비스 중심의 모델로 변화해 가면서 오는 기회 역시 상당하다. 차량 공유 서비스가 그 예이다. 차량 공유 서비스 모델에서는 수익 창출 방식이 차량을 판매하는 데에서 오는 것이 아니라, 이동성이라는 서비스 가치에 대한 접근을 제공하는 데에서 오는 것으로 변화하였다.

---

1 Olaf Cersemann, "Die neue deutsche Arroganz," *Welt am Sonntag*, January 9, 2011. www.welt.de/print/wams/wirtschaft/article12055689/Die-neue-deutsche-Arroganz.html.

서비스의 핵심 가치들
Core Service Values

서비스를 더 잘 이해하는 방법, 그리고 서비스가 제품과 어떻게 다른가를 깨닫는 방법 중 하나는 사람들이 서비스로부터 무엇을 얻는가를 파악해 보는 것이다.

　서비스의 특징은 다양한 방식으로 기술될 수 있으며, 그중 몇몇은 이 책의 '서비스 가치 평가하기' 부분에서 살펴볼 것이다. 저자들은 서비스가 고객에게 제공하는 종합적인 가치를 쉽게 이해하기 위한 방식을 개발해 왔으며, 우리가 알고 있는 대부분의 서비스를 분류하였을 때 세 가지 핵심 가치―보살핌, 접근, 응대(그림 2.7)―와 관련이 있다는 것을 알 수 있었다. 대부분의 서비스는 고객들에게 이들 중 최소 한 가지를 제공하고 있으며, 종종 이들 중 복수를 혼합하여 제공하기도 한다.

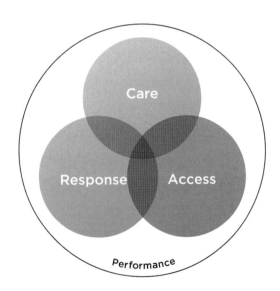

그림 2.7

핵심 서비스 가치는 보살핌(care), 접근(access), 응대(response)의 세 가지로 유형화 될 수 있다.

사람과 사물에 대한 '보살핌(care)'을 제공하는 서비스

헬스케어야말로 '보살핌'에 초점이 맞춰진 가장 명백한 서비스 사례이지만, 다양한 유지보수 서비스 역시 보살핌을 핵심 가치로 삼고 있다. 가장 유명한 사례는 롤스로이스 항공 엔진 서비스로서, 비행기의 엔진을 모니터하고, 전 세계 어디서든 비행기 착륙 시 정비를 위한 부품들을 미리 준비해 놓는 서비스를 제공하고 있다.[2]

사물—자동차, 에어컨, 모피 코트 등—을 보살피는 서비스는 자동차 정비공, 에어컨 정비사 혹은 세탁사들에 의해 제공된다. 사람에 대한 보살핌은 다양한 종류의 서비스를 포함하며, 간호사에 의해서 제공될 수도 있고, 양로원에 의해서도 제공될 수 있다. 회계사, 변호사, 치료사들은 돈, 자유, 그리고 행복을 보살피는 서비스를 제공하는 사람들이다.

사람과 사물에 대한 '접근(access)'을 제공하는 서비스

많은 서비스들은 사람들이 어떤 것을 사용하거나, 일시적으로 어떤 것의 일부를 이용하는 것을 가능하게 해 준다. 기차 서비스는 사람들의 여정에 자리를 제공해준다. 학교 서비스는 특정 연령대의 아이들에게 교실을 제공해준다. 영화관 서비스는 사람들이 큰 스크린, 편안한 좌석과 90분 가량의 엔터테인먼트에 접근할 수 있게 해 준다. 일반적으로 이러한 서비스들은 사람들이 크거나, 복잡하거나, 비싼 어떤 것을 소유하는 것이 아니라, 그러한 것들에 접근할 수 있게 해 줌으로써 프리미엄을 찾는다.

---

2 "Why Rolls-Royce Is One British Manufacturer Flying High in a Downturn," *Design Council Magazine* 6(Summer 2009): 46-47, www.designcouncil.org.uk/Case-studies/DCM-case-studies/Rolls-Royce/; and Irene C.L.Ng, Glenn Parry, Laura A. Smith, Roger Maull, and Gerard Briscoe, "Transitioning from a Goods-Parry, Laura A. Smith, Roger Logic: Visualising the Value Proposition of Rolls-Royce," *Journal of Service Management* 3, forthcoming. Interim location: WMG Service Systems Research Group Working Paper Series, #05/12, ISSN 2049-4297.

다른 종류의 '접근'에 대한 서비스들은 기반 시설에 대한 이용을 가능하게 해 주는 서비스이다. 수도, 전기, 가스와 같은 공공 서비스가 그러하고, 인터넷 역시 그 예이다. 특히 인터넷은 정보, 디지털 미디어, 그 외 각종 기술들을 공유하고 접근할 수 있게 해 주는 새로운 형태의 기반 시설이라고 할 수 있다. 스포티파이Spotify*는 사람들이 거대한 디지털 음악 라이브러리에 접근할 수 있게 해 주고, 구글Google은 거대한 검색 라이브러리에 접근할 수 있게 해 주며, 페이스북Facebook은 수많은 사람들의 개인 페이지에 접근할 수 있게 해 준다. 이런 관점에서 우리는 인터넷이 상위 서비스의 한 종류라고 보는데, 이는 인터넷이 다른 수많은 하위 서비스들의 제공을 가능케 하고, 그 어떤 개인이 소유한 재화도 아니기 때문이다.

이러한 서비스들은 거대 사회 기반 시설에 대한 개개인의 접근성을 제공하여 다른 수많은 사람들과 연결될 수 있도록 해 준다. 사람들이 이러한 서비스를 통해서 얻는 개별적인 경험과는 별개로, 이러한 서비스들은 어떠한 것을 따로 '소유'하지 않는다.

이런 서비스들은 종종 사람들의 삶에 있어서 너무나도 기본적인 요소로 자리 잡게 되어서 그것이 잘못되었을 때야 비로소 그 존재를 깨닫게 되는 경우가 많다. 이를테면 출근 길에 타는 버스편이 취소되었다거나, 기상 악화로 학교가 문을 닫는 경우가 그러하다. 사람들은 기반 시설과 공공 서비스가 항상 거기에 있을 것으로 기대한다. 사람들은 한 개인으로서 이러한 사회 기반 시설에 대한 접근을 통해 저마다 각기 다른 경험을 갖게 되는데, 이것을 가능하게 해주는 것이 바로 '접근'을 제공해 주는 서비스이다.

역자 주 스포티파이(Spotify)는 스웨덴 출신 기업가가 세운 스타트업 서비스로, 사람들이 음악을 디지털 가상 공간의 서버에 저장되어 있는 음원들을 스트리밍을 통해 듣게 해 주는 서비스이다. 유럽에서는 애플의 iTunes를 제치고 사람들이 가장 많이 이용하는 서비스가 되었고, 미국에서도 지속적으로 확장 중에 있다.

사람과 사물에게 '응대(response)'를 제공하는 서비스

서비스의 세 번째 카테고리는 사람들의 명시적, 비명시적 니즈에 응대하여 주는 서비스들이다. 이들은 주로 특정 상황에 놓인 고객들을 도울 수 있도록 준비된 서비스 제공자들과 관련 사물 간의 조합으로 구성된다. 사고 현장으로 출동하는 앰뷸런스, 아이가 수학 문제를 풀 수 있도록 도와주는 선생님, 창고에서 고객에게 맞는 사이즈의 청바지를 찾을 수 있도록 도와주는 점원 등이 그 예이다. 이러한 서비스에서 제공되는 '응대'들은 보통 사람들이 그 응대에 대한 권리를 구매하기 이전서부터 사람들에게 기대되기도 하는데, 보험정책, 사회 보장 제도가 그 경우에 해당되며, 특정 브랜드에 대한 고객의 선택 역시 그 사례로 볼 수 있다.

많은 측면에서, '응대'를 이해하는 것은 '서비스는 무엇인가'라는 질문에 답하는 데에 기본적인 요소가 된다. 레스토랑에서 물을 가져다 달라는 요청을 받은 웨이터의 사례를 생각해 보자. 서비스는 어떤 사람이 그들에게 요청된 것에 대해 응대하는 것이다. 이런 관점에서, 사람이 사람에게 응대를 제공하는 서비스는 제품과는 본질적으로 다른 서비스의 속성을 시사하는데, 그것은 바로 그러한 응대가 가능하기 위한 요청이 없이는 서비스가 사전에 디자인되지 않는다는 것이다.

이 세 가지의 핵심 서비스 가치들은 많은 경우에 서로 겹치곤 한다. 보험 서비스는 재정적 손해 방지를 위한 인프라스트럭처에 대한 '접근'과, 고객의 특정 문제 상황에 대한 '응대'를 제공한다. 헬스케어 서비스는 개인적 차원에서의 '보살핌'을 제공하면서, 필요한 경우 병원 시설에 대한 '접근'을 제공한다. 또한 특정 상황에서는 앰뷸런스가 출동하여 환자의 문제 상황에 '응대'한다. 하나의 서비스가 하나의 가치만을 담고 있는 경우는 흔치 않으며, 서비스의 핵심 가치는 상황에 따라서 다르게 전달되곤 한다.

보이지 않는 것을 보이게 만들기
Making the Invisible Visible_____

위 사례들은 어찌 보면 너무 당연한 이야기로 들릴 수 있다. 대부분의 사람들은 서비스를 보거나 경험해야만 비로소 그 존재를 인식하게 되기 때문이다. 하지만 이와 같이 서비스에 대해서 서술해 보고 분석해 보는 것이 도움이 되는 이유는 그것이 실로 도처에 존재하기 때문일 것이다. 이러한 서비스의 편재성은 그 사용자와 제공자들이 서비스의 많은 부분들을 너무나도 당연한 것으로 여기게 한다.

수도 및 전기와 같은 공공 서비스가 좋은 사례이다. 녹물이 나오거나 전기가 끊겼을 때 비로소 사람들은 우리가 얼마나 이러한 서비스에 의존하고 있는지를 깨닫게 되고, 공공 서비스의 존재를 알게 된다. 이와 같이 많은 서비스들은 거의 보이지 않아서 그것을 디자인해야 한다는 생각을 하기 매우 힘들다. 스마트폰이나 자동차와 같은 제품의 경우는 이와는 다르다. 이러한 제품들은 너무나도 사람들에게 잘 인식되고, 사람들이 그것을 구입하거나 이용하는 결정을 할 때 많은 고민을 하기 때문이다.

그 결과, 서비스를 디자인하는 사람들은 이렇게 보이지 않는 것을 보이는 것으로 만들어내야 한다. 이를 통해 고객들은 보이지 않는 이면에서 어떤 일들이 벌어지는지를 볼 수 있고, 서비스 제공자들은 고객들에게 어떤 일들이 벌어지는지를 볼 수 있으며, 고객-제공자 모두는 어떠한 자원들이 서비스의 경험과 가치를 공동 산출해내는 데 활용되는지를 볼 수 있다. 서비스 경영, 서비스 마케팅의 사례에서 이러한 측면들이 '서비스 제안service proposition'이라는 개념으로 활용되고 있다.

서비스의 퍼포먼스
The Performance of Service

'보살핌, 접근, 응대'의 세 가지 서비스 범주는 서비스가 사람들에게 제공하는 가치를 정의하여 준다. 서비스가 그 과업을 달성하는 과정을 지켜보면, 많은 서비스의 실제 결과는 상당 부분 동일하다. 렌터카가 좋은 사례이다. 고객들이 렌터카 회사에서 차를 빌릴 때, 렌터카 업체들이 서로 가격 경쟁을 하는 모습을 흔히 지켜볼 수 있다. 가격은 고객들이 사용할 수 있는 차량의 종류나 받을 수 있는 서비스의 종류에 대한 기대치를 측정하게 해 주는 지표가 되곤 하는데, 실제로는 큰 차이가 나지 않는 경우가 대부분이다. 특정 렌터카 서비스를 정말로 차별화시켜 주는 것은 '그것이 어떻게 고객에게 전달되고 경험되는가'에서 온다. 이것이 서비스의 결과와는 다른, 서비스의 퍼포먼스이다.

결과가 아닌 '퍼포먼스'라고 부르는 이유는 이것이 '경험으로서의 퍼포먼스' 그리고 '가치로서의 퍼포먼스' 두 가지를 설명해 줄 수 있기 때문이다.

경험으로서의 퍼포먼스(공연)

영단어 퍼포먼스performance는 보통 음악이나 연극의 '공연'을 지칭하곤 한다. 이는 결국 어떠한 서비스가 전달되는 방식과 양식을 지칭한다. 음악, 연극의 '퍼포먼스'는 그 사용자들에게 즉각적인 경험을 창출해 내며, 그것이 '좋았다'라고 말할 수 있는 대상이 된다. 다시 말해, 사람들은 그들이 대우받은 방식을 좋아하거나, 혹은 서비스 제공자가 그들의 일을 처리하는 방식이 마음에 든 것이다. 이러한 설명은 일반적으로 서비스 제공자와 연관이 있으며, 호텔의 데스크 직원, 콜센터 직원이 그 예이다.

이렇게 '공연'을 지칭하는 '퍼포먼스'의 개념을 사용하는 것은 서비스의 성과에 대해 이해할 때 유용한데, 그것이 서비스 조직 내 한 개인에게 전체적인 서비스 경험에 관여할 수 있도록 해 주기 때문이다. 서비스를 오케스트라나 록밴드와 같은 음악에 비유해 보자. 이들 퍼포먼스의 품질은 뮤지션들이 얼마나 한 음악을 전달하기 위해 잘 조화되는가로 이해할 수 있다. 음악과 서비스는 이런 점에서 참으로 많이 닮아 있다. 밴드나 오케스트라에서 개개인의 뮤지션은 각자의 파트를 정말 잘 소화해내야 함과 동시에 다른 사람들과 함께 조화와 시간을 맞추어 연주해야 하기 때문이다. 만약 이런 것들을 고려하지 않고 사람들이 단독으로 연주를 시작하게 되면 모든 것들이 엉망이 되어 버릴 것이다.

여기서 조금 더 나아가서, 공연이 일어나는 장소나 무대를 관리하는 직원들이 주는 경험까지도 생각을 해보자. 조명이나 음향 시설 등도 그 공연의 경험을 이루어 내는 데에 중요한 역할을 한다. 이러한 측면에서, 서비스는 저마다 독자적인 퍼포먼스 스타일을 확립할 수 있게 된다. 버진 항공사Virgin Airline의 서비스가 그러한데, 상당히 표준화되어 있고 지루하기 십상인 다른 항공사들에 비해서 이들은 매너, 복식, 승무원들의 행동, 디지털 접점 및 종이 인쇄물들이 독자적인 스타일을 확보하고 있다(그 주인―CEO, 리차드 브랜슨과 함께 말이다).

이렇게, 퍼포먼스의 '경험'적 측면은 서비스가 사용자에게 전달되는 과정에서 눈에 보이는 부분인 '서비스의 앞무대frontstage'에 주로 해당된다. 음악의 합주, 연극에서 배우 및 씬 간의 조화와 같은 개념들이 서비스의 이러한 경험 측면에서 핵심적이다. 이 개념은 우리가 다양하고 복잡한 서비스의 접점들을 조화롭게 만들어 서비스 경험을 창출하는 것에 대해 고민하는 부분에서 다시 다룰 것이다.

가치로서의 퍼포먼스(성과)

영단어 퍼포먼스의 또 다른 뜻은 '성과'인데, 이는 서비스가 창출해낸 가치의 정도를 의미한다. 얼마나 이 서비스가 성과를 잘 창출하고 있는가? 이를 측정하기 위해서는 서비스의 외부와 내부 양쪽을 모두 바라보아야 한다. 외부를 지향하는 가치 측정은 서비스가 얼마나 사용자에게 약속한 것들을 잘 지켜내고 있는지에 대한 결과를 물어본다. 예를 들어 어떤 수술을 하고 나서 "100% 회복이 되었는가?"와 같은 질문이 그것이다. 내부를 지향하는 가치 측정은 서비스 제공 조직이 얼마나 잘 돌아가고 있는지를 물어본다. 이를테면 "수술을 제공하는 데 들어가는 비용이 어떠한가?"와 같은 질문이다.

이러한 뜻으로 사용되는 퍼포먼스는 일반적으로 경영자들의 보편적인 시각이기도 하다. 다시 말해 서비스 디자인의 결과물들이 이와 같은 딱딱한 지표로 평가되기 마련이라는 뜻이기도 하다. 따라서 서비스 디자이너들은 고객 경험과 마찬가지로 이와 같은 측면을 디자인 작업 시에 고려할 필요가 있다.

이러한 서비스 퍼포먼스의 가치에 대한 측면은 서비스가 사용자에게 전달되는 과정에서 눈에 보이지 않는 부분인 '서비스의 뒷무대backstage'에 해당된다. 눈에 보이지 않는 이 후면에서 일어나는 행동들은 고객들의 서비스 경험을 창출해내고 그것을 운영하는 데 공헌하는데, 이는 디자이너들에게 큰 도전이 된다. 서비스 디자이너들은 비즈니스에서 사용되는 딱딱한 수치와 지표들에 대해 이해할 수 있어야 하며, 동시에 사람들의 부드러운 경험 역시 다룰 수 있어야 한다. 이 부분 역시 뒤에서 다시 다루게 된다.

경험을 하나로 합치다
Umite the Experience

이 책에서 디자인의 중요성에 대해 논할 필요는 굳이 없다고 생각하지만, 디자인은 그 고객에게 있어 비즈니스적 가치를 입증해야만 한다. 저자들의 경험에 비추어 볼때, 이 책에서 기술하는 디자인 접근은 고객에게 기쁨을 선사하는 서비스 경험을 효과적으로, 비싸지 않게, 빠르게 만들어 낼 수 있다. 대부분의 서비스들은 복잡하고 비싼 설계와 그 집행을 필요로 하곤 하는데, 디자이너들의 역량인 빠르고 저렴한 프로토타이핑 역량은 조직이 제품이나 서비스를 개발하는 과정에 선행하여 많은 비용을 절감할 수 있도록 해준다. 서비스 디자인은 결국 자칫 복잡해질 수 있는 경험 만들기를 해 내가는 과정, 그리고 다양한 고객의 경험을 조화롭게 하나로 합치는 것에 대한 것이다.

이제 그것을 어떻게 하는지를 알아보도록 하자.

Summary

- 선진국들의 경제는 제조업에서 서비스로 옮겨갔다. 하지만 서비스를 제공하는 많은 기업들이 여전히 제조업 중심의 마인드를 가지고 있고, 서비스를 관리할 때 제품을 관리하듯이 하여 문제들이 발생한다.
- 사일로 형태의 수직적 조직 운영은 서비스의 부분 부분은 잘 만들어 낼 수 있을지 몰라도 전체적으로 조화로운 서비스를 만들어 내는 데에는 한계가 있다. 고객들은 서비스를 하나의 총체된 경험으로 인식하며, 다양한 고객-서비스 접점들 간의 차이에 민감하다.
- 많은 조직들은 좋은 서비스 경험을 제공하는 것에 역행하는 방향으로 설계되어 있다. 서비스뿐 아니라 서비스를 제공하는 조직의 문화를 재설계하는 것 역시 중요하다.

사람과
관계 이해하기

서비스의 핵심, 사람
People Are the Heart of Services_____

새로운 기술의 등장과 함께 우리 삶의 많은 부분들이 자동화되어 감에도 불구하고, 서비스의 중심에는 사람이 여전히 그 핵심을 차지하고 있다. 제2장에서 살펴본 바와 같이, 서비스는 그 자체가 사용되고 소비되기 전까지는 그 실체와 가치가 거의 드러나지 않는다. 뿐만 아니라 서비스와 서비스로 인해 창조되는 경험은 보관할 수도 없다. '사용'과 '소비'는 여전히 제품 중심의 용어들이며, 서비스를 설명하기에는 적절치 않은 용어들이다. 예를 들어 사람들은 헬스케어 전문가나 변호사를 '사용'한다고 말하지 않는다. 기차로 하는 여행이나 호텔에서 묵는 것을 '소비'라고 칭하지도 않는다. 그 대신에 그러한 서비스 경험을 통해 전문가나 서비스 공급자들과 관계를 맺기 시작하며, 서비스 경험을 그들과 함께 만들어 나간다. 이러한 이유로, 단시간의 사용과 소비에 대해서가 아닌, 관계와 경험이 시간이 지남에 따라 변화하고 진화하는 것에 초점을 두어 디자인하는 것에 대해 생각해야 할 필요가 있다.

　　모든 것을 사용자 혼자 진행할 수 있도록 돕는 온라인 예매 서비스나 모바일 어플리케이션이 편재하는 시대에 사람들 간의 경험에 대해 강조하는 것은 왠지 뒤처지는 생각으로 느껴질지도 모르겠다. 하지만 서비스는 본질적으로 사람들 간의 상호 관계, 기술, 그리고 프로세스로 이루어져 있음을 상기해야 하겠다. 이러한 것들이 산업화되고 제도화될 때―주로 한 기관(혹은 기업)이 성장할 때 일어나는 현상이기도 한데―에 더더욱 사람 중심적으로 일이 진행될 수 있도록 해야 하며 서비스의 사용자 경험이 우선시 되어야 한다. 심지어는 사람과 사람 간의 상호작용에 대해서도, 콜센터나 웹 문서 제출web form fill-out[1]과 같이 기술의 중재가 필요한 경우는 이런 종류의 디자인 고려사항

1　루크 로블스키(Luke Wroblewski)의 뛰어난 책, "웹 폼 디자인(Web Form Design)"을 참고하면 대화의 통로로서의 웹 폼에 대한 통찰력 있는 분석을 배울 수 있다. www.rosenfeldmedia.com/books/webforms/.

이 언제나 선행되어야 한다.

무엇보다도 우리가 이해해야 할 것은 서비스가 근본적으로 서비스 공급자들과 서비스 고객들 간의 관계라는 점이며, 더 크게 보면 서비스 제공 기관의 안팎에 있는 사람들 간의 얽히고설킨 복잡한 네트워크라는 점이다. 그렇기에 고객들과 상호작용하는 직원들은 내부 서비스의 사용자이자 제공자가 될 수도 있다. 많은 경우, 정보통신기술IT 부서가 얼마나 고지식한지, 혹은 다른 회사의 정책들이 고객이 원하는 혁신적인 서비스를 새로 개발하거나 제공하기 위한 가능성을 얼마나 억제하는지에 대해 토로하는 것을 접해왔다. IT 직원들은 다른 직원들—말하자면 그들의 '고객들'—이 너무도 당연하게 느껴지는 질문들과 문제들로 자신들의 시간을 얼마나 소모시키는가에 대해 토로한다. 고객담당frontline 직원들도 내부 시스템과 절차의 비효율에 의해 영향력을 발휘할 수 없게 되거나 고지식하게 되어버리기도 한다. 이러한 비효율이 고객에게까지 전달되어 불만족스러운 서비스 경험을 야기시키게 되는 것이다.

산업화는 단순히 제품지향적 마음가짐을 야기시키는 것으로 끝나지 않았다. 산업화 모드는 또한 서비스 사용자들에게 질 나쁘고 불만스러운 경험을 종종 야기시켜온 전형적인 '얼굴 없는 기업'의 원인이 되어왔다. 그것은 산업화 마인드셋이 일반적으로 언제나 **효율**과 경제규모를 초점으로 하며, 전달되는 서비스의 **효과**는 뒷전이기 때문이다. 어떤 고객-공급자 관계에서는 이러한 마인드셋이 독약과 같은 결과를 내기도 하는데, 상대방을 한 사람의 인간으로 대하기보다는 그저 일을 처리하는 것에 치중하게 되기 때문이다.

한 기관에서의 모든 결정은 사람에 뿌리를 두고 있으며, 어떤 형태로든 다른 사람들과 서로 상호작용하며 영향을 미친다. 하지만 많은 경우 산업 관련 논의에서는 '고객' 혹은 '타겟 그룹'과 같은 용어들을 쓰거나, 더 나쁘게는 단순히 숫자나 스프레드시트에 초점을 맞추고, 인간 중심 결과물은 종종 간과되는 것이 다반사이다.

이러한 산업화 모드는 서비스를 위해서는 비효율적이고 비효과적이다. 사람은 살아있고 느낄 수 있으며 감정적인 존재라는 것, 그리고 그러한 사람들이 단순한 사용 순간이 아니라 계속되는 전체적인 사건들의 연계에 얽혀있다는 것을 잊는 순간 모든 것이 잘못되기 시작할 수 있다. 그렇게 되면 그 기관은 결국 공격적이고 조작적이고 냉담한 기관이 되어버리고, 제대로 보수도 받지 못하는 불운한 콜센터 직원만이 고객이 불만을 토로할 수 있는 유일한 통로가 될 것이다. 사실 그 직원조차도 잘못된 규율과 규정의 희생양일 뿐인데 말이다.

미래의 성공적인 기업과 공공 서비스는 고객을 서비스의 공동 생산자로 인지하여 고객과의 더욱 공평하고 상호적인 관계를 강화하게 될 것이다.

다른 측정 도구들은 주로 사람들의 기대치와 경험의 차이gap를 측정하는 것인 반면, 8장에서 소개하게 될 툴 중 한 가지는 간단하게 다음 질문을 던진다. "우리 회사를 친구나 동료에게 추천할 확률은 어느 정도 되는가?" 여기서 우리가 주요하게 측정하려고 하는 것은 사람들과 서비스, 그리고 사람들 간의 관계에 대한 것이지 효율성에 대한 측정이 아님을 상기하자. 서비스는 주로 서비스를 제공하는 직원들에 의해 제공된다. 하지만 실제로는 많은 부분들이 다른 서비스 사용자들 간의 상호작용을 만들어내기 위한 플랫폼들임을 주목해야 한다. 소셜 네트워크가 가장 눈에 띄는 예시이며, 이베이eBay처럼 소셜 네트워크 플랫폼과 실제 직원들의 조합으로 이루어진 경우도 많이 있다. 신뢰, 신용, 공감, 어조 등과 같이 사람들 간의 관계 안에서 형성되는 것들이 바로 서비스의 중요한 성공요인들이다. 사람들을 개개인으로써 이해할 뿐 아니라 그들 간의 관계를 이해하는 것이 개발되는 서비스가 어떻게 작동될 것인지를 이해하는 데 필수적인 것이다.

이러한 관계를 만들어가는 좋은 예시로, P2P 대출 서비스peer-to-peer인 조파Zopa를 들 수 있겠다. 조파는 사람들 간에 서로 네트워크할 수 있는 기능을 제공하고 그들의 필요, 동기, 느끼는 점들에 대한 인사이트를 얻음으로써 금융서비스의 고객 관계 모드를 현저하게 변화시켜왔다. 조파는 더 이상 단순한 대출 차용 서비스가 아닌 것이다. 상호 책임관계를 형성한 하나의 소셜 커뮤니티로서 일반 주류 은행가에서는 오랫동안 부재했던 그런 존재가 되었다(조파에 대한 좀 더 자세한 내용은 6장을 참고하자).

사람들을 서비스의 핵심으로 놓기 위해서는 그들이 누구인가를 알아야 할 필요가 있다. 그들의 목소리에 청종하고, 그들의 필요가 무엇이고 그것이 언제 필요한가를 알 수 있는 정확한 정보를 습득해야 할 것이다. 이것을 위해 우리는 인사이트insight를 모으는 것으로 시작하고자 한다.

인사이트 vs 숫자
Insights versus Numbers

서비스 디자인은 사용자 및 인간 중심 디자인 전통에 뿌리를 두고 있으며, 서비스 사용자가 갖게 될 경험, 그들이 바라는 것, 동기, 필요한 것이 무엇인가에 대한 인사이트를 모을 수 있는 활동에 근본이 되는 방법을 배울 수 있는 사회 과학 분야에도 함께 뿌리를 두고 있다.

기업 홍보 언론은 '고객 우선', '고객 중심', '고객 초점' 등의 노이즈 마케팅을 다양하게 벌이고 있는 것이 사실이나, 실제로 대부분의 기업에서 이와 관련된 전문 지식을 고용하는 것은 회계나 법 관련에 투자하는 것에 비하면 매우 미미한 실정이다. 물론 후자가 일반적으로 모든 기업이 법적으로 갖추어야 할 필수적인 요소인 것은 사실이다. 하지만 기업 존재의 목적이 사람들에게 필요한 가치를 제공하는 것이라는 것을 상기할 때, 사람들에 대한 깊은 이해를 개발하고 유지하는 것은 기업의 생존을 위해 똑같이 필수적인 요소인 것임을 또한 인지해야 할 것이다. 서비스 디자인은 수치화된 조건들을 바탕으로 한 기업 제안서 위에 그냥 얹어서 진행할 수 있는 것이 아니다. 서비스 디자인은 전 기관과 그 기관이 제공하는 모든 것에 대한 기본이 되어야 한다. 그뿐 아니라, 서비스 디자인은 바로 그 기관의 문화와 생각 패턴을 지속적이고 혁신적인 것으로 변화시키는 새로운 패러다임을 창조하는 원동력이 되는 것이다.

어느 기관이든지 맞춤화된 서비스 제공을 통해 자신과 고객을 위해 큰 이익을 창출해낼 수 있는 가능성을 가지고 있다. 맞춤화 교육에서부터 자동차 운전자의 운전 스타일에 최적화된 보험까지, 맞춤화는 강력한 컨셉이다. 초점을 대중에서 개개인으로 돌림으로써 매우 혁신적인 새로운 기회들을 만들어 낼 수 있다. 이러한 이유 때문에 서비스 디자인에서는 정량적인 리서치 방법 보다는 정성적인 방법에 더 강조를 두는 것이다.

서비스 디자인은 한 프로젝트 안의 모든 이해관계자들—매니저급 디렉터에서 마지막 사용자까지, 고객담당frontline 직원들부터 제삼자 공급자까지—을 아우르는 리서치를 필요로 한다. 물론 다른 분야에서도 기업 이익을 목적으로 고객에 대한 자세한 지식 습득에 초점을 맞춘다. 가장 눈에 띄는 분야가 바로 마케팅인데, 마케팅에서도 사용자에 대한 '인사이트'라는 용어가 폭넓게 사용되고 있는 것이 사실이다. 하지만 우리는 서비스 디자인을 마케팅의 대안으로 제안하려는 것이 아니며, 서비스 디자인 분야가 마케팅의 다양한 방법 및 어프로치를 활용한다는 사실 또한 인정한다. 다만 여기서 우리는 특별히 디자인에 대해 강조하는 것이 서비스의 경험, 제안, 접점을 제공하는 데 있어서 얼마나 많은 가치를 만들어내는가를 탐구하고자 한다.

마케팅은 4가지 요소4P인 가격price, 판매 촉진promotion, 제품product, 유통 경로place를 통해 현재 시장을 이해하는 것에 탁월한 분야이다. 우리는 5번째 P로 '사람people'을 제안하고자 하며, 서비스 디자인에 도움을 주기 위해 사람과 어떻게 일해야 하는가를 논하고자 한다.

마케팅 리서치는 일반적으로 정량적으로 진행되며 많은 양의 증거 데이터를 선호한다. "어떤 종류의 서비스를 사용하는 사람은 몇 퍼센트를 차지한다" 등과 같은 통계학적으로 설명되거나 증명될 수 있는 결과, 즉 '사실'이라고 주장될 수 있는 결과를 얻는 것에 초점이 있다(그림 3.1). 이러한 배경 정보는 물론 유용하지만, 이를 통해 예를 들면 "70%의 사람이 자전거를 타지 않는다"는 것은 발견할 수 있더라도 그 사람들이 왜 자전거를 타지 않는가에 대한 힌트는 전혀 제공하지 못하는 것도 사실이다. 통계 결과는 그 결과에 대한 구체적 이유를 알기 전에는 그 자체가 디자이너에게 있어서는 그다지 활용 가능한

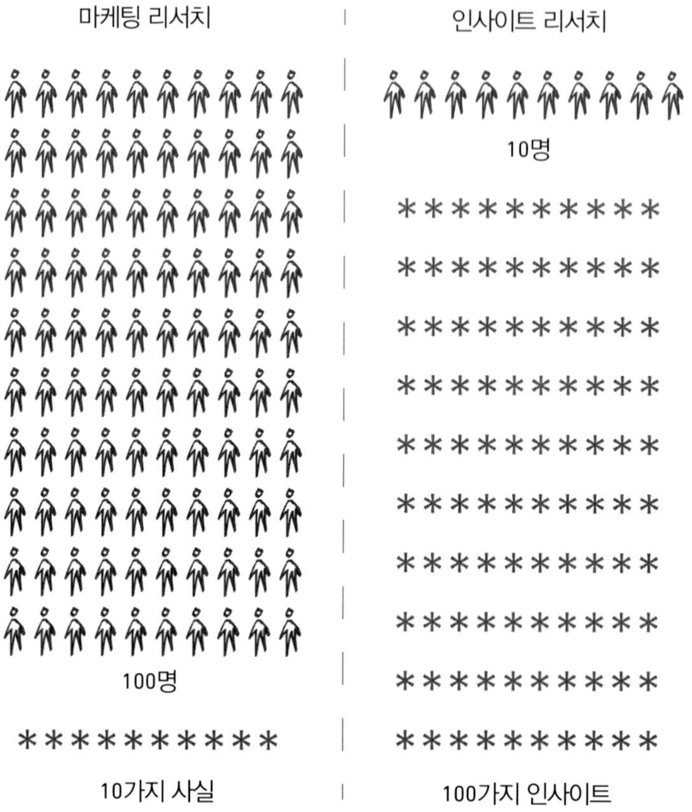

마케팅 리서치　　　　인사이트 리서치

100명

10명

10가지 사실

100가지 인사이트

그림 3.1

두 가지 어프로치 중 하나가 더 낫다고 할 수는 없다. 다만 서비스 디자인을 위해서는 정성적 리서치가 더 많은 직접적으로 유용하고 활용 가능한 결과를 낳는다는 것이다.

정보가 아닌 것 또한 어쩔 수 없는 사실이다.

정성적 리서치는 인간을 인간답게 하는 비논리와 혼돈, 그리고 감성적인 상황들에 대해 깊이 이해하도록 돕는다. 우리는 사람들의 필요와 행동, 동기에 관심이 있다. 그것들이 바로 디자이너들이 다루는 디자인 문제의 바탕이 되기 때문이다.

앞에 언급했던 자전거를 타지 않는 사람들의 예시에서 볼 때, 그 사람들은 아마도 버스나 차를 타는 것을 선호하든지, 아니면 그들이 사는 도시는 자전거 도로가 제대로 구비되어 있지 않아 사고의 위험이 크다든지 하는 이유들이 있을 것이다. 만약 우리가 통계학적인 연구에만 의존한다면, 자전거 시장은 단지 30%밖에 되지 않으므로 이 시장에 초점을 맞추는 것은 효과적이지 않다고 결론 내어버리고 더 좋은 차 혹은 버스를 디자인하는 것에 초점을 돌려버릴지도 모르겠다. 이런 결정은 자전거 도로의 수와 자전거 타는 사람의 수를 더 줄여버리는 데 일조하게 될 것이다. 그와는 반대로, 자전거를 타지 않는 동기를 아는 것과 그렇게 행동하는 이유를 이해하는 것은, 코펜하겐의 예시[2]에서 볼 수 있듯이, 교통 구역과 자전거 서비스를 재정의하는 디자인에 초점을 맞추고 노력을 들이게 할 수 있다.

혁신을 위한 인사이트의 활용

서비스 디자인과 혁신은 서로 밀접하게 관련이 있다. 대부분의 활동은 산업적 마인드를 가진 클라이언트를 서비스 패러다임을 바탕으로 사고하도록 전환시키는 것에 있다. 이것은 대부분의 시간을 그들이 미래를 향한 새로운 난제에 대면할 때 그에 잘 대응할 수 있도록 하는 내부 문화를 만들어내도록 돕는 것에 초점을 맞춘다는 것을 의미하기도 한다.

---

2 www.copenhagenize.com과 "코펜하겐(Copenhagen)—싸이클리스트(cyclist)의 도시" (www.kk.dk/sitecore/content/Subsites/CityOfCopenhagen/SubsiteFrontpage/LivingInCopenhagen/CityAndTraffic/CityOfCyclists.aspx) 참고.

서비스 디자이너는 자신들에게 주어진 일이 혁신을 필요로 하는 일이든 개선 중심의 일이든 상관 없이 같은 툴과 방법을 활용한다. 하지만 인사이트를 활용하는 목적은 어느 상황이냐에 따라 다르다. 여기서 혁신을 필요로 하는 일이란, 새로운 서비스를 시장에 론칭하거나 혹은 새로운 시장을 개발해야 하는 경우를 말한다. 이 경우 주요 관심사는 가치 제안value proposition의 성공 가능성을 확신하기 위해 리스크를 최소화하는 것이다. 이때의 연구 목적은 생산적인 프로젝트와 탄탄한 아이디어를 위한 견고한 밑바탕을 세울 수 있는, 사용자 니즈와 동기에 대한 인사이트를 만들어내고, 그것을 프로토타이핑을 통해 테스트하고 확정해나가는 것이다.

혁신을 위해 일하는 것은 흥미진진하며 비현실적일 수 있고, 현재의 상식을 뛰어넘는 생각 패턴을 요구하기도 한다. 하지만 이와 동시에 사람들의 실제 니즈나 문제점과는 동떨어진 어떤 것을 제안할 수 있다는 위험성을 지니고 있다. 우리는 여전히 날아다니는 자동차와 제트엔진 달린 배낭을 꿈꾸고 있지만 수많은 탄소 발자국carbon footprints[3]과 혼잡한 하늘을 생각해보면 아직은 상상으로만 있다는 것이 얼마나 다행인지 모르겠다. 사람들에게 자신들이 꿈꾸는 가장 이상적인 환상의 교통수단이 무엇인지 단순히 묻는다면 그들은 아마도 날아다니는 자동차 내지는 스타트렉Star Trek에 나오는 교통수단을 말할지도 모르겠다. 하지만 어린아이 시절의 환상을 만족시키는 것을 넘어서서 이러한 제안들 아래 깔려있는 진짜 니즈가 무엇인지를 보아야 할 것이다. 그것은 어쩌면 효율적이고 신나는 교통 경험, 아니면 더 나아가서는 이동하는 시간 자체를 피하려고 하는 니즈일지도 모르겠다. 혁신을 위한 브레인스토밍brainstorm은 이런 식의 기술적, 마케팅적 환상으로 결론나는 것이 다반사일 것이다. 사람들의 일상 경험에 대해 묻고, 그들이 현재 무엇을 하는지, 어떻게 행동하고 어떤 동기를 가지고 있는지를 관찰하는 것만이 사람들이 실제 살아가는 실생활에 대한 인사이트를 얻는 것이 가능하고, 그것을 통해서 혁신을 위한 프

---

3 개인이나 단체가 직간접적으로 생성해내는 온실가스의 총량을 의미한다. [위키백과]

로세스의 바탕을 세울 수 있다.

결국에는 혁신을 만들어내는 인사이트는 다음 질문에 자신 있게 대답할 수 있게 할 것이다. "우리가 제공하는 서비스가 사람들의 삶 안에서 타당하고 적절하며, 그것이 그들에게 가치 있게 여겨질 것인가?"

일반적으로 대부분의 서비스 디자인 프로젝트는 기존의 서비스를 향상시키는 것을 목적으로 하는 경우가 많으며, 이 경우 인사이트의 역할은 혁신이 목적인 경우와는 사뭇 다르다. 만약 서비스가 이미 많은 고객을 확보하고 있으며, 경쟁사들이 그 시장에 많이 들어와 있다면, 사람들은 그 서비스가 어떻게 활용되며 그것의 가치가 무엇인가를 이미 알고 있을 가능성이 높다. 이러한 경우는, 서비스가 실패하게 되는 포인트*와 현존하는 서비스 경험을 향상시킬 수 있는 기회를 발견하는 것에 초점이 맞추어져 있다. 이러한 초점은, 리서치 범위를 좁힐 수 있다는 것과 아직 만족되지 않은 니즈보다는 현재의 맥락에서의 사용을 더 많이 보게 됨을 의미한다. 이는 또한 실행 가능한 데이터가 가치 있는 자원이 된다는 것을 의미하기도 한다. 이 경우는 고객을 직접 마주하는 직원들이 인사이트를 얻기에 가장 훌륭한 소스가 된다. 비록 고정관념에서 벗어나 완전히 새로운 기회를 정확히 찾아내는 일은 아니더라도, 이러한 위치에 있는 직원들은 고객들이 서비스에 대해 갖는 불만들의 대부분을 찾아낼 수 있다. 시간의 여유가 많지 않고 서비스 개선 프로젝트의 예산도 넉넉하지 않을 때는 훌륭한 서비스를 디자인하는 데 필요한 자세한 내용들로 바로 들어갈 수 있도록 도움이 되는 데이터와 고객 관리 직원과 같은 자원을 우선순위로 활용하는 것이 리서치 시간을 절약하는 데에 종종 도움이 될 것이다.

이 두 분야—즉, 혁신과 개선—는 물론 서로 겹친다. 개선은 작은 혁신의 반복으로 이루어질 수 있다. 혹은 비현실적인 혁신 아이디어를 현실적인 레벨로 끌어내림으로써 기존의 서비스나 접점을 개선하기 위해 활용되는 원칙들을 적용하는 것도 가능하다. 무엇인가 변화를 가져오게 하는 것이 바로 인사

저자 주 서비스 분야에서는 이러한 포인트를 "실패 포인트(failure points)"라고 한다.

이트 리서치로부터 뽑아내려고 하는 것의 초점이다.

사람을 위한 디자인이 아닌 사람과 함께하는 디자인

제품과는 다르게 서비스에서는 사람들이 그 서비스를 구성하는 일부가 된다. 예를 들어 소비자가 자동차를 구입할 경우 일반적으로 그 자동차를 누가 디자인하고 만들었는지 모르는 경우가 대부분이다.[*] 그와는 달리, 콜센터나 응급실에서 받게 되는 서비스의 경우는 콜센터 직원이나 간호사 등이 소비자들과 직접 상호작용을 하게 된다. 서비스 디자인은 소비자뿐 아니라 소비자와 마주하게 되는 서비스 제공자들을 함께 생각하여 이루어져야 한다.

서비스 디자인은 사람을 '위한'것이 아니라 사람과 '함께'하는 디자인에 대한 것이다. 이런 점에서 서비스 디자인은 전통적인 사용자 중심 디자인user-centered design 및 마케팅 분야와 차별화된다고 할 수 있다. '사람들'이란 단순히 고객이나 사용자를 의미하는 것이 아니다. '사람들'이란 서비스를 제공하는 사람도 함께 의미하는 것이다. 이러한 사람들은 주로 대고객 담당직원frontline; front-of-house; customer-facing으로 불리는 사람들이다. 그들의 전문 지식과 업무에 대한 경험은 서비스의 계속적인 성공여부에 있어서 매우 중요한데, 그것은 다음 두 가지 주요 이유 때문이다.

첫 번째로, 가장 단순하게 표현하자면, 행복한 직원이 행복한 고객을 낳는다. 이러한 이유에서 서비스 디자인 시 고객담당 직원을 참여하도록 하는 것이 서비스 제공 경험을 긍정적으로 만들어내는 것에 큰 역할을 한다. 서비스를 만들어내고 향상시키는 디자인 과정에 직접 참여한 직원들은 자연스럽게 자신이 하는 업무에 더 애착을 느끼게 될 뿐 아니라, 서비스의 복잡한 생태계와 서비스 디자인에 활용되는 혁신을 위한 툴과 방법을 실제로 사용해 봄으로써 그들

역자 주 물론 유명한 자동차 디자이너의 디자인이라는 것을 마케팅 전법으로 쓰지 않는 경우에 한해서. 심지어는 그런 경우도 대표 디자이너의 이름만 알려질 뿐 실제 실무 디자이너들이 모두 알려지는 경우는 거의 없다.

아우어스쿨HourSchool:
서비스 디자인에 이해관계자stakeholder들 참여시키기
HourSchool: Engaging Stakeholders in Service Design

아우어스쿨(HourSchool)은 선생님이 되려는 사람들을 위한 피어투피어 방식(peer-to-peer, P2P)의 교육 플랫폼(platform)이다. 우리는 미국 텍사스 주의 오스틴에 위치하고 있는 노숙자들을 위한 건축 지원 기관인 그린도어(Green Doors)를 파트너로 하여 피어투피어 교육 프로그램을 함께 디자인하였다. 그린도어는 해마다 300가구가 넘는 집을 제공하고 있으며, 건축된 집을 제공받은 사람들에게 다양한 지원 서비스를 제공하고 있다. 이런 서로 공유되는 가치관을 가지고 커뮤니티 가구들 간의 참여와 리더쉽을 증가시키기 위한 장점 중심 어프로치를 함께 개발하기로 하였다. 아우어스쿨 직원은 가르침을 통한 변화 능력을 체험해왔을 뿐 아니라, 동료 학습(peer learning)을 장려하는 웹 플랫폼 개발에 대한 노하우가 있다. 하지만 이 커뮤니티의 주요 커뮤니케이션 채널은 오프라인이기 때문에 이러한 새로운 프로그램이 포괄적인 서비스가 되기 위해서는 이들과 공동 디자인(co-design)하는 것이 필요했다. 이 프로그램이 그들의 삶에 잘 맞아 들어가고 우리 없이도 계속해서 번창해나가기 위해서는, 매입부터 소유, 계약까지 전 과정에서 있어서 관련된 이해 당사자들—행정 직원들, 커뮤니티 매니저들, 거주자들—모두가 필요했다.

서비스 디자인 어프로치를 사용함으로써 동료 학습 프로그램으로 실행될 수 있게 하는 모든 가동부들을 찾아낼 수 있었다. 주요 접점들, 제품들, 무대 뒤(backstage)에서의 활동들의 윤곽을 잡는 서비스 청사진(service blueprints)을 작성하기 시작하자마자 커뮤니티 매니저의 역할이 매우 중요하다는 것을 즉시 간파할 수 있었다. 커뮤니티 매니저가 실행 계획 관련 일의 선봉에 서서 이벤트를 준비 및 조직하고, 거주자들이 서비스를 잘 사용할 수 있도록 (견본, 신청서, 면담 등을 통해) 직접 교육하는 역할을 담당하기에 적합한 포지션인 것을 알 수 있었다. 뿐만 아니라, 그가 직접 서비스 청사진에 대한 결정권을 가지고 수정할 수 있도록 돕는 툴을 제공함으로써 우리가 없는 상황에서도 지속적인 프로그램 개선이 가능하도록 도왔다.

디자인 초기부터 서비스의 파일럿 프로토타입을 계획 및 제작하여 여러 차례에 걸친 반추와 반복, 수정을 거쳤다. 이 과정에서 실제 거주자들이 직접 피드백을 제공할 수 있었고 서비스를 함께 만들어나갈 수 있었다. 커뮤니티 사람들과 소속감을 형성하고 초기 단계부터 서로의 신뢰를 쌓기 위해 공식적인 리서치나 디자인 세션 외의 시간에도 비공식적으로 자주 그들과 만남을 가졌다. 우리가 디자인 시 가장 유용하게 활용할 수 있는 몇몇 정보를 얻을 수 있었던 곳은 그들이 매달 정기적으로 모여 세탁 장소에서의 문제점이라든지 아이들 놀이터에서의 문제점 등 커뮤니티에서 일어나는 실제적인 이슈를 논의하는 거주자 자문위원회 미팅에서였다.

아래는 그들과의 이러한 미팅들이 어떻게 서비스 디자인에서 영향을 미쳤는가에 대한 예시이다.

- **인식의 전환**: 디자인 초기부터 거주자들에게 '수업'이라는 것에 대한 자신의 인식을 표현하도록 하는 활동을 소개했다. 이를 통해 거주자들이 가지고 있는 수업에 대한 편견, 즉 강의 듣기는 지루한 것이라는 인식을 발견할 수 있었고, 이러한 편견을 깨뜨리고 배움은 사회적이자 개인적이고 재미있는 것이라고 희망할 수 있도록 도왔다. 그들과 함께 '수업(Lessons)', '데모(Demos)', '소셜(Socials)' 이벤트 카테고리들을 정의하였고, 커뮤니티를 위해 이러한 것들을 함께 계획하기 시작했다. 이렇게 새로운 프로그램을 위해 사용될 언어와 체계의 정의를 세우는 데에 거주자들이 직접 도움을 주었기 때문에 그들 스스로가 그 프로그램에 대한 주인 의식을 가질 수 있도록 해주었다.

- **계속되는 인사이트**: 초기 리서치 단계를 벗어나서도 계속적인 인사이트를 얻을 수 있었다. 그들의 미팅에서 듣게 된 여러 사실들(예를 들면, 컴퓨터 사용 시간이 정기적이지 않다는 것 등)은 커뮤니티 매니저와의 협력 세션에서 만든 서비스 청사진을 진화시켰다(그 예시로, 컴퓨터 수업실에 공고한 신청서들이 거주자 가구에도 전달되어야 한다는 것이다).

- **공감**: 먼저 그들의 이름을 알고 그들도 우리의 이름을 서로 알아야 한다. 여러 차례의 미팅들을 통해서 그들의 삶이 얼마나 복잡하고 신경 써야 할 일들이 얼마나 많은지를 직접적으로 알 수 있었다. 우리가 제공할 교육 프로그램은 그들의 삶의 아주 작은 일부분임을 계속 우리 스스로에게 상기시킬 필요가 있었다. 이러한 사실은 우리가 제공하는 서비스가 그들(직원들이나 거주자들 모두)의 삶의 목적과 시스템 전체 안에 있는 다른 부분들과 잘 맞춰질 수 있게 유의하도록 이끌었다.

시간이 지나면서 이러한 미팅들 자체가 바로 우리 교육 프로그램의 접점(touchpoint)이 되어갔다. 이러한 미팅들이 바로 그들의 커뮤니티 생활과 맞물려 있었기 때문이다. 새로운 수업을 공고하고, 신청서를 받고, 자원 봉사자를 모집하는 것 등은 상시 고정된 의제이다. 결국 이러한 정기 미팅에서 얻게 된 가장 중요한 이득은 우리 프로그램이 정착하는 과정에서 생겨나는 변화들을 직접 보고 경험할 수 있었다는 것이다. 사람들이 수업을 듣는 동안 재미있었던 일화를 공유하거나 할 때는 그 미팅은 서로서로 돕고, 한계를 뛰어 넘으며, 목적을 달성하기 위한 영감을 주고 받고 격려하는 장이 되었다.

크리스티나 트랜(Christina Tran)은 아우어스쿨의 선임디자이너(program lead designer)이

며, 커뮤니티 운영, 프로그램 개발, 사회기업가 정신을 바탕으로 하는 서비스와 인터랙션 디자인을 결합하는 방법을 활용하는 인간중심 디자이너이다.

존 콜코(Jon Kolko)는 오스틴 디자인 센터(Austin Center for Design)의 설립자이자 디렉터이며, 최근의 저서로는 "짓궂은 문제들: 풀만한 가치가 있는 문제들(Wicked Problems: Problems Worth Solving), 오스틴 디자인 센터(Austin Center for Design), 2012"이 있다. 오스틴 디자인 센터는 인터랙션 디자인과 사회적 기업가 정신을 가르치는 진보적인 교육기관이다.

크리스티나 트랜Christina Tran과 존 콜코Jon Kolko

스스로 서비스를 지속적으로 향상시키는 것을 가능하게 만들기 때문이다.[4] 서비스 혁신은 서비스 디자이너들이 프로젝트로 진행하는 디자인 프로세스 안에서 멈춰버려서는 안된다. 이것은 서비스의 이해관계자들stakeholders이 계속해서 서비스를 진화시켜나가는 일에 관련되어 있음을 인지해야 함을 의미한다.

두 번째로, 고객과 더불어 고객담당 최전선 직원들은 많은 경우 사실상의 전문가들이다. 이들의 서비스 디자인에서 필요로 하는 인사이트는 고객들의 인사이트에 못지않게 가치 있는 경우가 많다. 뿐만 아니라, 이들은 마케팅 부서 사람들이나 매니저들이 경험하지 못하는 일상에서 자주 접하게 되는 경험에 대한 관점을 제시할 수 있는 사람들이기도 하다.

다양한 접점과 시간을 넘나들며 일하기

여기서 소개하게 될 내용은 인간중심 디자인 방법들을 사용해 본 디자이너들에게는 이미 익숙한 것이다. 사람들에 대한 이해와 그들의 삶과 필요에 대한 지식은 (이상적인 세계에서는)대부분의 디자인 프로젝트들에서 근간이 되는

---

4 직원과 고객의 만족을 함께 지지하는 것을 'satisfaction mirror'라고 한다(참고: J. L. Heskett, W. E. Sasser, and L. A. Schlesinger, *The Service Profit Chain*, 1st ed., New York: Free Press, 1997).

중요한 인사이트를 제시한다. 서비스 디자인이 기존의 제품 디자인이나 UX 사용자 경험, user experience와 다른 점이 있다면, 디자인 시 고려해야 하는 이해관계자stakeholder들의 수가 더 많고, 접점touchpoints의 수와 범위가 더 크며, 그것들 간의 상호작용이 오랜 시간에 걸쳐 다양하게 일어난다는 것이다.

타겟 그룹이 아닌 서비스 여정 단계Journey Stage에 의한 세분화

우리가 내리는 서비스 디자인의 정의에서는 시간의 흐름에 따라 나타나는 경험에 대해 이야기한다. 온라인 쇼핑이나 의사의 환자 진료 상담과 같은 짧은 순간에 일어나는 경험에 대해 논의하고 인사이트를 얻는 것은 비교적 단순한 일이다. 하지만 몇 년에 걸쳐 일어나고 진화하는 서비스 경험에 대해서는 어떻게 인사이트를 얻을 수 있을까?

제품 디자인이나 마케팅 리서치에서는 일반적으로 시장에 따라 세분화하거나 사람들을 나이, 사회경제적 지위, 행동 그룹에 따라 나누어 인터뷰를 진행한다. 서비스에서 사람들을 깊이 이해하는 더 유용한 방법은 서비스 내의 각 단계에서 사람들이 서비스와 어떻게 관계하는가를 보는 것이다. 이 전략은 사람들이 서비스에서 시간의 흐름에 따라 경험하는 각각 다른 여정들에 대해 리서치하고 그 여정들에서 접하게 되는 다양한 접점들을 어떤 방식으로 거쳐 나가는가를 보는 것이다.

다양한 접점들을 넘나드는 리서치

서비스는 대부분의 제품이나 스크린 중심의 인터페이스와는 다르게 연구실에서의 테스트로 평가하기 매우 어렵다. 무엇보다도 서비스는 대체로 거대한 기반시설을 수반한다. 예를 들어 일부분을 프로토타입으로 보여줄 수 있을지는 몰라도, 철도 네트워크 기반 시설 없이는 완벽하게 기차여행 관련 서비스 경험을 테스트하는 것이 불가능하다. 무엇보다도 사람들은 서비스 사용 시 서로 다른 다양한 상황에서 다양한 채널을 통해 다른 사람들과 상호작용하는 경우들을 수반한다. 컨텍스트context는 사람들이 접점과 상호작용하는 것에 대한 인사이트를 얻는데 필수적인 요소지만, (프로젝트에 전문 과학자를 합류시키지 않는 한)이를 연구실에서 재현하기란 거의 불가능하다.

예를 들어, 어떤 날은 고객이 기차표를 온라인으로 구입할 수도 있고, 또 다른 날은 기차역 카운터에서 구입할 수도 있으며, 다음 날은 기차표 자판기나 기차 내에서 구입할 수도 있다. 뿐만 아니라, 기차표 구입 경험은 가격, 기차 경로 및 출발 시간 등에 대한 정보가 어떻게 보여지는지, 역 정보 사인 체계signage는 어떠한지, 직원들이 고객의 질문들에 대해서는 어떻게 처리하는지, 기차 좌석의 편안함 정도는 어떠한지 등과도 깊은 연관이 있다. 버스, 택시, 신용카드 회사, 지도 정보, 환경 미화 서비스, 카페 및 음식점 등, 제3자 제공 서비스들이 철도 서비스와 어떻게 연결되어 있느냐도 중요한 역할을 한다.

서비스 관점에서 볼 때 정말 중요하게 초점을 맞추어야 할 것은 바로 '이러한 다양한 접점들이 모여 어떻게 완성된 경험을 만들어낼 수 있는지를 이해하느냐'이다. 그러므로 사람들이 서비스를 사용하는 그 상황에서 사용자 조사를 진행하는 것이 필요하다. 사람들이 집에서 그 서비스를 어떻게 사용하는지, 길에서는 어떻게 사용하는지, 자신들의 직장에서는 어떻게 사용하는지를 보고 그것들을 바탕으로 총체적인 결론을 얻는 것이 필요하다.

많은 디자인 프로젝트에서도 이미 연구하고 있는 잠재적이거나 눈에 보이는 사용자 니즈와 욕구에 대한 것뿐 아니라, 서비스에 특화된 인사이트를 끄집어 낼 수 있어야 한다. 좋은 경험을 위해서는 꼭 필요한데 빠져 있거나 혹은 과도하게 넘쳐나는 접점들을 찾아야 한다. 또한 서비스가 더 효과적이고 가치 있는 역할을 발휘할 수 있는 상황들을 찾아야 하며, 그 서비스가 그곳에 존재한다는 것을 사람들이 알아챌 수 있도록 하는 것이 현명한 경우들도 찾아야 한다.

무엇보다도 가장 주의를 기울여서 찾아야 할 부분은 각 접점들 간에 경험의 질이 변이되는 부분들이 어디인가, 그리고 사람들의 경험과 그들의 기대치 간에 차이gap가 있는 곳은 어디인가 하는 것이다. 사람들은 자신이 기대한 것이 만족될 때 그 서비스의 질이 올바르게 디자인되었다고 느낀다. 그것이 비싼 서비스이건 저렴한 가격의 서비스이건 간에 자신의 기대치와 얻게 되는 경험 간의 차이gap가 최소화되는 것이 고객의 만족을 결정적으로 높이는 요인이 된다.

이 모든 것들은 사실 듣기보다 매우 어렵고 복잡한 문제다. 우리가 임의로 규제할 수 없는 자연적이고 경제적인 제한점들이 매우 많이 있기 때문에 모든 접점을 추적하려 한다면 그것은 세상을 재창조하려는 시도에 가깝게 될 것이다. 한 도시에서 자동차 함께 타기car-sharing 경험을 시작하려 한다고 해보자. 이를 위해서는 주차장 공간 확보를 생각해야 할 것이고, 그것을 가능하게 하기 위해서는 시 정부와 논의해야만 할 것이며, 결국에는 나라 전체의 교통 정책 기반 시설을 두고 논쟁해야 하게 될 것이다. 그러므로 중요한 것은 사용자에 대한 인사이트 리서치의 범위를 적절하고 전략적으로 잘 정하는 것이다. 우리의 클라이언트가 철도 회사라면 성격 나쁜 기차역 카페 주인은 우리가 공들여 애써 볼 수 있는 접점이 아닐지도 모른다. 하지만 그 주인이 왜 그렇게 성격이 팍팍할 수 밖에 없고 그럼으로 인해 기차 여행자들의 하루를 망칠 수 밖에 없는지에 대해 충분히 연구해볼 수 있을 것이다(예를 들어 철도 회사가 상점 주인들에게 터무니없이 높은 요금을 요구하고 있을지도 모른다). 만약 여행객들이 상점에서 물건을 구입하는 대신 상점 주인에게 나가는 문의 위치를 묻는 경우가 너무 많다면 그는 기차역 내 여행객들의 경험에 대해 중요한 인사이트를 제공할 수도 있을 것이다.

| Summary |

- 서비스에서는 제품에서와는 다르게 사람들이 그 서비스를 구성하는 일부가 된다. 서비스의 가치는 서비스 제공자와 고객 간의 관계와 서비스 제공 기관 안팎의 사람들 간의 관계의 질에 의해서 결정된다.
- 고객을 위한 것뿐 아니라 서비스 제공자들에게 필요한 요소들을 함께 디자인하여야 한다. 이것은 사람들을 위한 디자인이어야 할 뿐 아니라 사람들과 함께하는 디자인이 되어야 함을 의미한다.

- 사람들을 위한 디자인을 위해서는 사람들의 필요와 동기, 행동에 대한 인사이트가 필요하다. 정량적 리서치보다는 정성적 리서치를 통해 이러한 내용에 대한 인사이트를 얻기에 더 적합한 데이터를 수집할 수 있다.
- 모든 접점 채널(channel)과 서비스를 경험하는 여정의 세분화된 부분들에 걸쳐서 사람들의 활동과 상호작용을 연구하는 것이 중요하다.

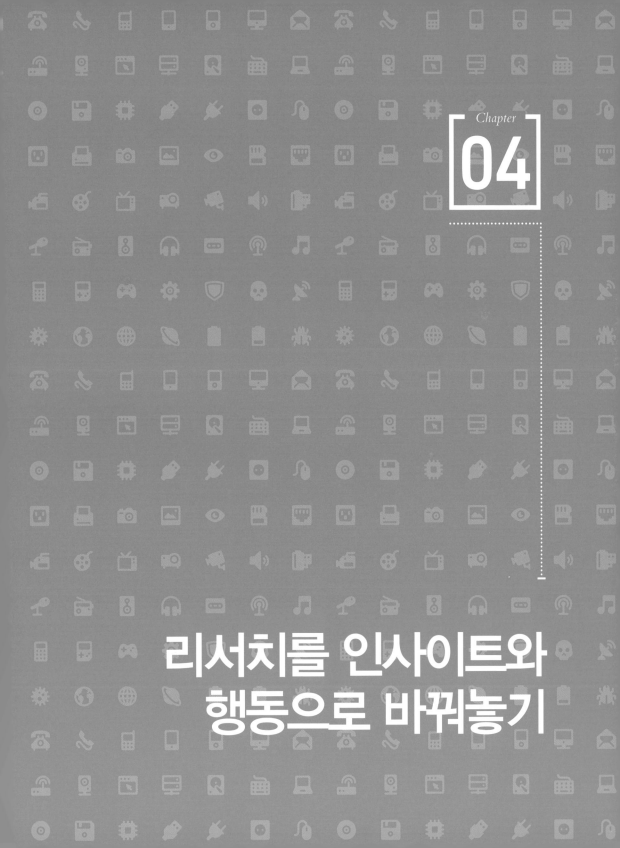

리서치를 인사이트와
행동으로 바꿔놓기

[*Service*] 인사이트를 모으는 과정은 특히 디자인, 사용성(usability), 문화기술법(eth-
nographic method)과 같은 범위의 연구 방법에 의존한다. 사용자 경험 디
자인(UX design), 인간 중심 디자인(human-centered design), 제품과 사
[*Design*] 회적 디자인 프로젝트에 익숙한 사람들은 이러한 다양한 방법론들을 잘 알
고 있을 것이다. 이 장에서는 서비스 디자인 맥락에서 어떻게 이러한 방법들이 쓰이는지에 관
해 살펴보며, 왜, 그리고 언제 이러한 인사이트 수집 방법론을 사용하는지에 대해 설명한다.

대부분의 디자이너는 상업적인 맥락에서 일하기 때문에 일반적으로 예산과 시간의 제한을 받는
다. 리서치를 최대한 엄격하게 하려는 노력은 매우 중요하지만—특히 비즈니스 사례를 증명할
수 있기 때문에—리서치를 꼭 출간해야 할 필요는 없다. 리서치의 목표는 당신이 지금 작업 중
인 서비스 디자인 프로젝트의 품질을 향상시킬 만큼 유용한 인사이트를 얻는 것이다. 인사이트
가 없는 것보다는 어떤 인사이트라도 있는 것이 더 나음을 깨닫는 것이 필수적인데 이러한 인사
이트는 중독성을 가진다. 일단 동료와 고객이 인사이트가 가져다주는 달콤한 맛을 본다면 그들
은 초기에 세운 가정을 좀 더 검증하거나 프로토타입화하기 위해 돌아올 것이다.

그렇다면 당신은 어디서부터 출발해야 할 것인가? 대답은 역시 "상황에 따라 다르다"고 할 수
밖에 없다. 완전하게 실행할 기회조차 가질 수 없는 이상적인 프로세스에 대해서 이렇다 저렇다
훈계하기 보다는, 실제적인 레벨과 시나리오로 다음의 접근법과 예시들을 분류해 두었다. 이러
한 프레임워크는 팀과 비즈니스 니즈에 맞는 인사이트를 만드는 방법에 대한 생각을 도울 것이
며 이러한 새로움은 서비스 디자인을 시작하기 위해 좋은 출발점이 될 것이다.

인사이트의 수준
Levels of Insights_____

유용한 인사이트를 생성해내는 서비스 디자인의 힘에 대한 논지와는 별도
로, 리서치는 빈번하게 시간 소모적이고 비용이 많이 든다. 새로운 클라이언
트에게 리서치 예산을 거대하게 투입하라고 설득하면서 당신이 어떤 유용한
것을 만들어낼 것이라고 약속하는 일은 자칫 허황될 수 있다. 리서치 프로세
스는 항상 시간, 예산과 품질 간의 트레이드오프^{trade-off, 상반관계}이다. 여기에

서 생각해 볼 수 있는 유용한 방법은 어떤 상황이 오더라도 대처할 수 있도록 낮은, 중간, 높은 레벨의 구체적인 인사이트 분석 계획(그리고 노력)을 가지는 것이다.

낮은 레벨 – 사용자가 말한 것

낮은 수준의 분석은 상대적으로 짧은 심층 인터뷰(45분)에 참여한 4~5명의 말을 요약하는 것이다. 대면 관찰이나 워크숍, 현장 방문이나 (사용자)테스트와 같은 다른 어떤 활동도 포함하지 않는다. 예산은 모집하는 데 들어간 비용과 참가자에게 주는 인센티브이다. 이러한 범위의 리서치는 출장 경비를 포함하지 않는 편이기 때문에 인터뷰는 지역 근방 내에서 하거나 전화, 이메일로 진행할 필요가 있다.

결과는 간단한 경영 종합 보고와 심층 인터뷰로부터 정리된 상위 다섯 개의 관찰을 PDF 문서나 짧은 프레젠테이션 형식으로 정리한다. 관찰 결과는 클라이언트에게 몇 가지 빠른 이득을 제공할 수 있다.

중간 레벨 – 우리가 본 것

중간 수준의 분석은 대략 10명의 참가자를 대상으로 더 깊고 좀 더 정선된 인사이트를 제공한다. 이 분석은 특정 프로젝트를 넘어서 장기적인 가치를 갖기 위해 리서치를 요구하는 클라이언트나, 회사 내의 좀 더 큰 그룹과 인사이트를 공유하려는 목적을 가진 클라이언트에게 도움이 될 수 있다.

중간 수준 역시 상위 인사이트와 요약을 제공하지만 낮은 수준의 분석보다는 좀 더 깊이가 있다(그림4.1). 중간 수준의 결과물은 프로젝트의 문제들을 우선순위화한다. 이는 서비스 디자인 에이전시에 의해 수행되는 클라이언트와의 내부 워크숍으로부터 만들어진다. 인사이트 결과들은 서면 보고서, 프레젠테이션 슬라이드, 블로그 또는 요약 보드_{summary boards}로 제시할 수 있다 (구체적인 정보는 다음의 "인사이트 조합과 제시하기" 참조).

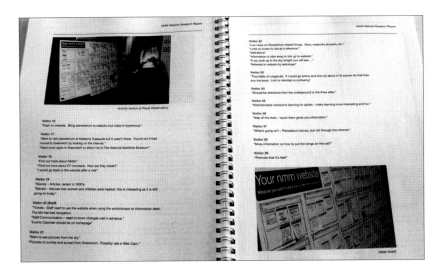

그림 4.1

중간 레벨의 인사이트 보고의 예

높은 레벨 - 인사이트가 의미하는 것

높은 수준의 분석은 데이터 생성을 위해서 더 많은 심층 인터뷰와 다른 인사이트를 얻는 기술들의 조합을 필요로 한다. 이러한 상세한 수준의 분석은 좀 더 깊고 체계적인데, 분석 결과는 도출된 인사이트가 산업과 클라이언트의 프로젝트에 전략적으로 시사하는 바에 대한 추천방안들과 해결책들을 포함한다. 결과물은 낮은 혹은 중간 레벨의 인사이트 결과물을 포함해 좀 더 다양해질 수 있지만 짧은 비디오나 클라이언트와 이해 관계자들과의 초기 연구를 통해 얻은 인사이트를 공유하고 데이터를 구축하기 위한 워크샵으로 연장할 수도 있다.

인사이트 수집 방법들
Imsights-Gathering Methods

이 절에서 설명하고 있는 인사이트 수집 방법의 대부분은 에트노그래피Ethnography에서 도출되지만 비록 에트노그래피적인 방법과 기술을 사용하더라도 그 본질을 지키지 않고 있다는 점은 분명히 할 필요가 있다. 지난 몇 년간 디자이너들은 "우리는 에트노그래피를 했고 디자인 작업에 반영했다"며 에트노그래피라는 단어를 남용해왔다. 에트노그래피는 역사와 접근 방식 그리고 엄격함을 가진다. 우리는 디자인 리서치를 한다면서 에트노그래피를 훨씬 느슨하게 해석했다는 것을 여기서 인정해야 하며, 이 방법론을 도입하며 에트노그래피라는 학문이 왜 1년이나 그 이상의 장기간의 참여 관찰을 통해서 지식, 관계와 사회 문화적 그룹의 신념을 이해하고 문서화하기 위해 애초에 발달되었는지에 관해 존중하는 마음가짐이 필요하다. 물론 서비스 디자인에서 가장 이상적인 시나리오라면 디자인 연구자 및 디자인 팀과 함께 일할 수 있는 숙련된 학자를 고용하는 것이다.

다음과 같은 방법들이 서비스 디자인 프로젝트를 진행하는 사람들에 의해 일반적으로 사용되기는 하지만 아래 설명하는 목록이 방법론을 총망라한 것은 아니다. 상호작용이나 UX 작업에 이미 사용하고 있을지도 모르는 방법을 포함하여 사람들의 동기나 행동을 좀 더 깊이있게 이해하도록 돕는 방법들이 결과적으로 서비스 디자인 프로젝트에 기여할 것이다.

심층 인터뷰

심층 인터뷰depth interview는 우선 인터뷰 시간이 길고 사용자 맥락이 포함되는 인터뷰로서 개방된 구조를 가지고 있다. 이 인터뷰 방법은 인사이트를 개인의 지각知覺과 행위, 니즈로 만들어 내는 고무적이고 생산적인 방법이다. 또한 사용자의 잠재적인 가치와 의견, 명시적이거나 잠재적인 정보, 상호 작용, 아이디어 영감을 발견하는 데에 좋다. 이러한 인터뷰는 일반적으로 주제에 따라 진행되고, 참가자와 관련된 문제를 깊이 있게 탐구하며, 말한 것을 질문하고 확인하고, 사용자의 말이 무엇을 의미하는지에 대해 합의를 이룰 수 있는 기회를 제공한다. 심층 인터뷰 결과들은 포커스 그룹의 결과에 비해 훨씬 더 나은 것은 물론, 포커스 그룹 인터뷰에 비해 비용이 덜 든다는 장점이 있다. Bedfordshire 경영대학의 통합 마케팅센터 디렉터인 Angus Jenkinso는 포커스 그룹은 구조적으로 문제가 많다고 주장하는데, 그 이유는 각각의 멤버가 말할 수 있는 시간이 불과 몇 분 밖에 없고 심지어 이 짧은 상호 작용이 사회적 압력Social pressure에 영향을 받기 때문이라고 한다. 반면 그는 심층 인터뷰가 깊은 인사이트를 제공해주어 더 나은 투자 가치가 있다고 말한다.[1]

인터뷰는 사람들이 사용자 자신의 정황을 잘 파악하도록 만드는 데 가장 효과적인 방법이며, 사람들이 정황들을 어떻게 보았는지에 관해 설명하도록 해준다. 이는 그림을 그리는 등의 창조적 활동을 통해 인터뷰에 대해 호감을

---

1 Angus Jenkinson, "Austerity Marketing and Fat Insights," July 25, 2008, www.stepping-stones.org/Blog/?p=3.

갖고, 가능한 허물없이 편안하게 상호작용하도록 이끄는 다수의 기술을 사용함을 의미한다. 흥미로운 인터뷰야말로 인터뷰 대상자와 연구자가 생산적인 친밀한 관계를 형성하도록 해주는 핵심이다.

에트노그래피적 맥락을 포함하기 위해 자신의 집이나 직장에서 참가자를 만나보자(그림4.2). 만약 사람들이 직장에서 어떻게 행동하는지에 관해 배우기를 원한다면—집에서 그들을 인터뷰하면 활동이 제한적일 수 있으니—직장 내의 업무 환경에서 눈에 보이는 많은 시각적인 촉진제들이 직접적으로 인터뷰를 도울 것이다. 또한 연구자는 참가자가 말하는 내용을 사진으로 찍거나 영상으로 남길 수 있다. 직장에서의 인터뷰는 몇 가지 제한점이 있으나 구체적인 내용은 아래의 '기업 간 심층 인터뷰'에서 논의할 것이다.

디자인 팀의 다른 구성원들에게 참석과 참여를 독려하면 사용자를 만난 경험을 공유하고 발견한 인사이트 경험을 함께 공유할 수 있다. 때로 클라이언트들에게 인터뷰를 참여해 달라고 요청할 수도 있으나 이것은 양날의 검이 될 수 있다. 클라이언트들은 프로젝트의 결과와 방법에 보다 큰 이해를 얻을 것이며 새로운 피드백을 들음으로써 흥분하거나 활력을 얻을 수 있다. 그러나 그들은 피드백에 대해 그 자리에서 능동적으로 대처하기보다는 수동적으로 이야기를 듣기만 해야 한다. 어떤 클라이언트들은 이것을 감당할 수 있으나 몇몇 사람들은 그들 브랜드와 제품에 대한 참가자의 오해를 바꿔주고 대화에 뛰어들기를 원한다. 이것은 참가자의 응답 범위를 매우 급격하게 닫고 인터뷰 결과를 편향skew시키게 만들 수 있다. 어떤 경우에는 회사를 나타내는 사람의 존재가 참가자의 대답을 닫아버릴 수 있다. 동시에 기분이 상한 사용자에게 자신의 목소리가 반영된다는 느낌을 갖게 하고 참가자의 마음이 활짝 열리도록 격려하고 화나게 한 모든 일들에 대해 토해내도록 유도할 수 있다. 이 경우에도 인터뷰 대상자는 심지어 그들이 완전히 틀렸다고 하더라도 자신이 이야기하는 것에 대해 틀렸다는 이야기를 클라이언트로부터 들어서는 안된다. 대신에 참가자들이 무슨말을 어떻게, 왜 하는지를 묻는다면 그들은 더 많은 것을 보여줄 것이다.

그림 4.2

주거 환경 내의 참가자 심층 인터뷰

참가자들이 자신의 이야기를 하는 방식은 연구자들에게 그들이 어떤 식으로 대상을 보고 있는지에 대한 풍부한 자원을 제공한다. 이들 이야기의 우선순위와 그 수식어들은 그들에게 가치 있는 것이 무엇인지를 파악하도록 돕는 지표이다. 따라서 이야기에 어떤 구조를 강요하기보다는 중요한 주제를 다루고 필요로 하는 소재에 대해 이야기하도록 느슨한 인터뷰 가이드를 사용하는 것이 좋다. 그러고 나서 그 주제에 대한 디테일을 빼내어 당신이 그들 관점에서 이야기를 이해했다는 것을 검증하라. 인터뷰 시간 동안 구체적인 내용을 발견할 수 있으므로 심층 인터뷰는 다른 방법들과는 다르다. 인터뷰는 최소 45분(전문가 또는 최고 관리자에게서 얻어낼 수 있는 최소의 시간은 이보다 짧을 수도 있다)에서 2~3시간까지 소요될 수 있다. 특히 참가자에게 집이나 직장을 보여달라고 요청한다면 긴 시간이 소요될 것이다.

심층 인터뷰의 변형

심층 인터뷰의 다른 유형 두 가지는 위에 언급된 개방 인터뷰보다 좀 더 구체적인 질문에 집중한다. 두 명씩 짝을 지어 진행하는 고객 인터뷰와 기업 간B2B의 인터뷰가 있는데 이 방식 간에는 무엇을 시도할 수 있는지, 발견할 수 있는지와 대인 관계의 역동성과 구조 면에서 약간 다르다.

짝을 지어 소비자 인터뷰하기

좋은 인터뷰 질문자는 인터뷰 대상자를 편하게 만들 수 있어야 하지만, 어떤 사람들은 일대일 인터뷰에서 강요를 느끼거나 자신이 노출되었다고 느낄 수 있다. 일대일 상황에서 고객들은 특히 그들이 생각하기에 당신이 듣길 원하는 대답을 하려고 할지도 모른다. 이러한 이유로 우리는 고객 연구 인터뷰를 커플이나 친구끼리 짝을 지어 실시하는데 이는 참가자들이 서로의 대답과 다른 이야기를 하고 만들기 때문에 개인보다는 좀 더 유용할 수 있다. 만약 서로를 잘 안다면, 좀 더 서로를 편하게 생각하기 쉽고 제대로 된 답을 줄 가능성이 있다. 둘이서 짝을 지어 함께 진행되는 인터뷰는 가장 진솔한 피드백과 더불어 한 사람을 인터뷰할 시간에 두 사람을 한꺼번에 인터뷰할 수 있다는 장점을 가진다. 이 관점에서 보면 둘씩 진행되는 인터뷰는 클라이언트에게 최고의 결과를 줄 수도 있다.

한 가지 주의할 점은 한 사람이 다른 사람에게 자신의 의견을 강요할 수 있다는 점이다. 이것은 친구보다는 오랜 세월을 함께 지내온 커플에서 흔히 발생한다. 한 인터뷰에서 남편은 인터뷰 질문자에게 그의 아내가 특정 TV프로그램을 보는 것을 싫어한다고 설명하거나 아내가 홈 엔터테인먼트 장비들을 어떻게 설치하는지 모른다고 설명할지도 모른다. 사실이 아니더라도 아내는 인터뷰 동안에 이러한 진술에 대해 반박하지 않을 수 있다. 사실이라면, 왜 why 그녀가 그 프로그램을 보는 것을 싫어하는지 그 이유를 찾아내야 할 것이다. 어쩌면 그녀가 그 프로그램을 보기 싫어하는 이유는 그녀의 남편이 항상 시끄러운 것을 불평하기 때문일지도 모른다. 이것은 그 프로그램 자체와는 상관없는 이야기다. 또 아내는 남편 역시 홈 엔터테인먼트 시스템을 작동하는지 모른다며 남편을 반박할지도 모른다. 우리는 몇 년 동안 여러 번의 인터뷰에서 "그/그녀가 그렇게 말했다"라는 식의 반응을 받은 적이 있었다.

Ben Scales이라는 질적연구모임Association for Qualitative Research의 일원은 "친구나 가족 구성원cell은 검열의 자연스러운 형태를 제공한다. 결국 당신을 잘 아는 사람이 옆에 앉아 있다면 당신의 행위는 과장되기 어렵다[2]"고 얘기한 바 있다.

어린이나 청소년들은 자신에 대해 묻는 인터뷰를 진행할 때 불편을 느끼는 경향이 있다(특정 문화와 상황에서는 부적절하게 간주될 수 있다). 그래서 둘로 짝지어 인터뷰를 하는 것이 더 낫다. 그러나 거의 확실하게 특정 나이대는 (예를들어 10대 소년) 서로에게 좋은 인상을 보이려 시도할 것이다.[3]

---

2 Ben Scales, "Creative Elevation," Association for Qualitative Research, 2008, www.aqr. org.uk/inbrief/document.shtml?doc=ben.scales.14-01-2008.elevation.

3 이 분야에 대한 상세한 가이드는 Kay Tisdall, John Davis, and Michael Gallagher, *Researching with Children and Young People: Research Design, Methods and Analysis*(London: Sage Publications, 2009)를 참고하라.

기업 간 심층 인터뷰

일대일 심층 인터뷰는 B2B 상황에서 가장 많이 사용되거나 클라이언트의 이해관계자를 인터뷰할 때 사용된다. 당신은 클라이언트의 사업 고객이나 공급업체를 인터뷰할지도 모른다. 일대일 상황에서는 자신들의 회사에 대해서 동료들이나 상사들 앞에서는 말하지 않을 부분들에 대해 말하기가 좀 더 쉬울 것이다. 또한 B2B 인터뷰는 한 사람 이상이 참여해야 한다면 어려울 수 있는데 그들의 일정이 서로 충돌하거나 당신과 맞지 않을 수 있기 때문이다.

직장의 상황과 대상자의 업무 흐름에 관심이 있다면 직장에서 그를 인터뷰하거나 관찰하는 것은 특히 유용한데, 만약 그들의 업무에 대한 감정이나 느낌에 대해 허심탄회하게 듣고 싶다면 조금 더 중립적인 환경인 커피숍과 같은 곳에서 인터뷰를 진행하는 것이 더 낫다. 대상자는 집에서 일에 대해 이야기하는 것에 불편함을 느낄 수도 있고, 집에서는 회사에서보다 덜 정직하게 이야기할 가능성이 있다.

인터뷰의 장소나 대상에 대한 선택의 여지가 없을 수도 있다. 최적의 조건에서 인터뷰를 진행하지 못한다고 하더라도, 모순되는 결과를 얻거나 인터뷰의 조건이 결과를 너무 왜곡시키지 않는 이상 해당 인터뷰에서 얻은 인사이트는 얻어낸 것이 없는 것보다는 나을 것이다. 사실 현장 연구자는 그들 자신의 문화적 산물과 자의적 해석을 벗어날 수 없듯이 이러한 요소들을 피할 수 없다. 대부분의 사람들은 그들이 객관적이 될 수 있다고 생각하나 이는 환상에 불과하다. 때로는 인터뷰 대상자의 생각과 당신의 생각이 너무 다르거나 대상자와 친밀감을 형성할 수 없다는 이유로 대상자에게 부정적인 반응을 보일 수도 있다. 무의식적인 바디랭귀지를 통해서라도 말이다. Andy는 언젠가 변경된 일정 때문에 수소 연료전지 운송사업에 대해 석유 탐사 회사의 변호사들과 함께 이야기를 나눈 적이 있다. 말할 필요도 없이 인터뷰 분위기는 개방적이거나 유쾌하지 않았는데 이러한 상황에서 당신이 할 수 있는 최선은 상황을 인지하고 그것을 인터뷰 결과에 반영하거나 인터뷰 대상자에게 단순히 감사의 말을 전하고 일찍 인터뷰를 종료하는 것이다.

인터뷰 준비하기

Indi Young의 **심상모델**Mental Models이라는 책은 인터뷰를 시작하는 데 있어 누구를 모집할지에 대해 구체적인 조언을 해주고, 연구참가자 모집을 대행해주는 에이전시를 다루는 방법에 대해 매우 좋은 설명을 해준다.[4] 아래는 우리가 주로 수행하는 프로세스의 일반적인 개요이다.

- **모집**: 이 단계는 2~3주가 소요될 수 있으므로 일찍 시작해야 한다. 가능하다면 응답자 모집을 열심히 해줄 회사를 고용한다. 이러한 방식은 비용 부담은 있으나 많은 시간을 절약할 수 있다. 어떤 사람이 필요한지 모집자에게 가능한 한 명확하게 설명할 필요가 있다. 좀 더 특별한 참가자들(편자공farriers 또는 제철공이나 특정 의료 환자들과 같은)을 모집할 때는 클라이언트의 도움이 필요할 수도 있다. 당신 자신의 (실제 또는 가상의)소셜 네트워크를 사용해 친구의 친구들을 인터뷰할 수도 있다. 이것은 본질적으로 낯선 사람과 즉각적인 신뢰 수준instant level of trust을 만드는 데 도움이 될 것이다.

- **리서치**: 당신이 인터뷰하는 주제에 대해 충분히 알지 못할 수도 있다. 만약 당신이 이러한 경우라면, 그 영역에 대한 리서치가 필요할 수 있다. 그러나 너무 많은 시간을 쓰지는 말자. 때로는 조금 서투른게 최고일 때가 있는데 이는 당신이 인터뷰할 일에 대한 성급한 가정assumption을 만드는 일을 예방해준다. 이런 상황이라면 당신은 의도적으로 어리숙한naïve 질문을 하는 법을 배워야만 할 것이다.

- **주제 계획하기**: 대상에 대해 알아내었다면, 말을 끌어낼 카드를 만들어라. 이것은 세부적인 질문의 엄격한 목록이 아니라 인터뷰 동안에 발견하고자 하는 주제의 목적이 되어야 한다. 인터뷰 대화지는 심문이 되어서는 안된다.

---

4 Indi Young, *Mental Models: Aligning Design Strategy with Human Behavior*(New York: Rosenfeld Media, 2008), www.rosenfeldmedia.com/books/mental-models/.

- **도구 디자인하기**: 인터뷰를 좀 더 흡입력 있게 만들고 대상자와 상호작용 하기 위해 적절한 활동기록지를 디자인하라("프로브probes와 도구들" 참조).

- **준비하기**: 심층 인터뷰의 세부 사항에 대해 생각하라("인사이트 연구 수행 의 실용성" 참조).

참여 관찰

참여 관찰(쉐도잉shadowing이라고도 한다)은 어떻게 사람들이 제품과 프로세스, 절차를 사용하는지에 관한 풍부하고 깊으며 정확한 인사이트를 제공한다. 이 것은 대상자의 상황이나 그의 행동, 동기, 상호작용에 대해 그가 말하는 것보 다 더 정확한 정보를 줄 수 있다. 잠재 요구latent needs─사람들이 실제로 필요 로 하나 오래된 반복routine으로 실제로 필요로 하는지를 모르는─에 대한 인 사이트와 좋은 깊이를 가져다 준다.

관찰은 다른 인사이트 방법들에 비해 일반적으로 꽤 시간이 소요된다. 또 한 몇 시간이나 하루 종일 참가자와 동행할 준비를 해야만 하므로 이용하기 어려울 수 있다. 공공 대중 교통 시스템 주위의 쉐도잉과 같은 상황에서는 이 방법이 대상자의 생활을 침해할지도 모른다. 업무 상황에서 판매 담당자가 고 객과 대면하는 동안 그 현장을 지켜보는 일을 원하지 않을 가능성도 있고, 설 령 비밀 유지 동의서에 서명을 했을지라도 당신 앞에서 기밀 정보에 대해 논 하는 일도 불편할지 모른다.

팀이 아직 연구하고 있는 영역에 익숙하지 않는 경우, 짧은 관찰이 유용한 출발점이 된다. 짧은 관찰은 당신에게 사람들이 활동을 수행하고 있는(예를 들어 구입, 판매, 진단 주기, 치료 받기) 곳의 분위기와 환경에 대한 감을 준다. 또한 활동 흐름에 대한 좋은 감을 줄 수 있다(예를 들어 새로운 환자의 이름은 화이트 보드에 쓰이고 컴퓨터에 입력되고, 파란 파일은 비 응급 상태를 표기하기 위해 사용된다). 깊이 있는 관찰을 통해 반복되어 익숙한 활동에 대해서 신선 한 인사이트를 발견할 수 있다. 어떤 작업들은 그저 일반적으로 수행되고 있기에 개선을 위한 기회를 포착하기 힘들수도 있기 때문이다.

이러한 종류의 리서치는 대상자의 자연스러운 환경 안에서 관찰이 이루어져야 한다. 예를 들자면 그의 사무실이나 집에서의 행동, 혹은 적절한 대중교통을 찾는 등의 일상적인 일을 수행하고 있는 상황(그림 4.3)에 놓인 참가자를 관찰해야 한다. 그렇지 않으면 당신은 아무것도 관찰할 수 없거나 그들의 일반적인 정황에서 벗어난 업무를 관찰하게 될 것이다.

참여 관찰의 목적은 참가자가 고객인지 회사인지에 따라 다르다. 고객들을 관찰하는 것은 일상 생활의 사람들을 관찰하는 것을 의미한다. 이러한 방법은 어떻게 그들이 제품이나 서비스를 사용하고 참여하는지 발견할 때 유용하다. 내부적인 프로세스의 개선되어야 할 점을 발견하기 위해 전문적인 역할의 참가자를 관찰하는 것은 클라이언트(회사)와 함께 일할 때 자주 이루어진다.

그림 4.3

노르웨이 교통 시스템에 대한 참가자 관찰

관찰할 때에 활용할 수 있는 두 가지 접근 방식이 있다. 플라이-온-더-월 Fly-on-the wall 방식은 아무런 상호작용 없이 단지 관찰만 하며 그 곳에 관찰자가 없는 것과 같이 행동하는 방식이다. 조금 더 적극적인 방식은 고객들이 무엇을 하는지에 대해 관찰자가 질문을 하며 사용자와 상호작용하는 것이다. 사람들은 일할 때나 어떤것을 이용할 때 온갖 이상하거나 대단한 일들을 하고는 한다. 그리고 그들은 시스템, 서비스나 인터페이스에 그들 자신만의 해결 방법을 개발하고는 한다. 참가자들이 무슨 생각으로 그렇게 일을 하는지 알 것 같다고 하더라도 조금 순진하게 행동하고 무엇을 왜 하는지 물어보는 것은 도움이 된다.

참여 관찰을 위한 준비하기

다음은 참여 관찰을 계획할 때 따라야 할 몇 가지 단계이다.

- **모집**: 이러한 세션을 주선하는 것은 까다로울 수 있는데 왜냐하면 참여 관찰은 대상자의 생활 흐름을 방해할 수 있기 때문이다. 관찰하고자 하는 대상자를 방해하지 않거나 참가자가 하는 행동들을 놓치고 싶지 않다면 좋은 계획이 필수적이며 연구 목표를 위해서 조직에서 최고의 관찰 후보가 될 참가자를 확실히 찾을 필요가 있다.

- **기대치 설정**: 관찰자는 인사이트 활동으로부터 고객이 무엇을 원하는지 이해하고 있으며 관찰할 때 무엇을 주목해야 하는지 인식하고 있음을 확실히 하자. 이러한 이해는 분석에 도움되는데 무엇을 관찰할지에 대한 가이드가 될 질문지를 만들고 동시에 관찰 기간 동안에 어떤 일이 일어나든지 열린 마음 상태로 그 일들을 받아들이는 것이 중요하다. 일어나는 일들에 대해 메모를 하느라 그 다음에 일어나는 중요한 일들을 놓쳐서는 안 되기 때문이다.

- **도구 디자인**: 관찰자는 활동을 기록하기 위해서 또는 참가자가 활동을 완료할 수 있도록 몇 가지 활동 기록지paper activities를 만들수 있다("프로브와 도구" 참조).

- **준비:** 모든 관찰 활동은 특별하므로 준비는 중요하다. 당신이 무엇을 입어야 하는지, 어떻게 관찰을 기록할지, 무엇을 관찰할지에 대해 생각하라. 당신이 필요로 하는 정보를 얻기까지 얼마나 많은 시간이 관찰에 소요될지 결정하라.

참여 - 사용자 되어보기

참여는 매우 복잡하나 가장 혁신적인 사용자 인사이트를 얻을 수 있는 방법이다. 참여는 단지 리서치에 머물거나 사용자의 라이프 스타일을 문서화하는 작업이 아니라 당신이 직접 연구하고 있는 사용자 그룹의 일부가 되도록 해준다(그림 4.4).

참여는 연구자에게 사용자의 느낌과 행동방식에 대한 특별하고 직접적인 이해를 제공해주기 때문에 클라이언트가 생각하지 못한 질문을 묻거나 공감대를 형성하도록 만드는 데에 훌륭한 전략이 될 수 있다. 연구자들은 남들이 묘사해주기 어려운 경험들에 대해 직접 체험할 수 있다.

우리는 클라이언트들에게 자신이 속해 있는 회사의 고객이 되는 참여 방법을 시도하도록 독려한다. 이것은 그들이 고객과 함께 공감하고 그동안 발견하지 못한 인사이트를 직접 찾을 수 있도록 도와주며 서비스 제공자 측면에서 스스로 서비스 개선을 위한 아이디어를 찾도록 만든다. 많은 고객들에게 이러한 작업들은 꽤 어려울 수 있으나 흥미롭고 매력적인 경험이 될 수 있을 것이다. 클라이언트-고객 접근 방식은 뒤에 설명된 '서비스 사파리'와 함께 수행될 수 있다.

참여 활동은 미스터리 쇼퍼mystery shopper[5] 되기처럼 간단한 일부터 클라이언트 회사의 새로운 직원이 되기처럼 복잡한 일까지 다양할 수 있다. 말 그대

---

5 미스터리 쇼퍼는 일반 고객으로 가장하여 매장을 둘러보는 모니터링 요원으로서 직원의 친절도, 판매 기술, 매장 환경, 상황에 따른 직원의 대응 태도 등을 평가함

그림 4.4

사용자가 되어보거나 클라이언트사의 직원이 되어보는 것은 사용자 인사이트를 얻기 위한 하나의 방법이다. Natalie McGhee와 Sean Miller가 한 것처럼 직원의 일부가 되어보라.

로 클라이언트의 사용자가 되는 것이 불가능한 경우 예를 들어 장애를 가지고 있는 자들을 위한 서비스와 같이 사용자 경험을 시뮬레이션해 볼 수 있을 것이다. 노인의 서비스 접점을 느끼기 위해서 손의 촉감을 감소시키고 뻣뻣함을 시뮬레이션하는 '고령화 옷'을 입거나 제한된 시력을 체험하게 하는 헬멧과 고글을 사용하고 그 외 움직임을 제한할 다른 요소들을 사용할 것이다.[6] 고령화 옷을 입고 쇼핑을 가거나 대중교통을 사용하는 것이 어떤지 보기 위해 하루종일 휠체어에서 보낼 수도 있을 것이다.[7]

참여를 위해 준비하기

다음은 참여 방법을 사용하기 위해 계획하고 있을 시 명심해야 할 몇 가지 구체적인 팁이다.

- **마음을 열어라**: 당신은 이전에 하지 않은 일을 해야 할 수도 있다. 마음을 열어두는 것은 중요하며 그들을 포용할 준비를 하라. 당신이 연구하고 있는 사람들이 신경쓰도록 방해해서는 안 된다.

- **준비하라**: 좋은 계획은 필수적이다. 당신은 지금 누군가의 작업 환경이나 업무에 관여하고자 뛰어들려고 한다. 아마 클라이언트사의 일원으로 클라이언트사를 대표하거나 클라이언트사의 고객들을 만나는 일을 직접 경험하게 될 것이다. 정말 클라이언트사에서 일을 시작하듯 진심을 다하라. 어떤 일들은 동시다발적으로 일어날 수도 있다. 이런 일들을 겪으면 그것을 바로 문서화할 준비를 해두는 것이 중요하다.

- **문서**: 당신이 수행하는 업무를 기록할 가장 적합한 방법을 선택하라. 신

---

6 노화를 시뮬레이션하기 위해 MIT의 AgeLab은 AGNES(Age Gain Now Empathy System)이라는 복잡한 옷을 개발했다. http://agelab.mit.edu/agnes-age-gain-now-empathy-system을 참고하라.

7 David McQuillen은 euroGel 2006에서 그가 Credit Suisse사(社)의 고객경험부서 디렉터였던 시절 진행했던 참여활동 접근방법이 보여준 위력에 대한 멋진 이야기를 한 적이 있다. 해당 비디오는 http://vimeo.com/3720227에서 확인할 수 있다.

중한 노트 작성이 적합할 때 카메라로 어떤 이의 얼굴을 담으려고 고집하지 말아라.

서비스 사파리

서비스 사파리는 참가자들에게—주로 클라이언트 측 프로젝트 팀의 구성원—다른 서비스(때로 겉보기에 관련 없는)를 직접적으로 경험하게 한다(그림 4.5). 참가자들은 몇 시간 또는 하루 동안 다른 서비스를 사용한다. 탐험해야 할 몇 가지 서비스들은 클라이언트 자신의 산업 밖의 것이어야 한다. 이것은 참가자들이 경험한 서비스가 어떻게 제공되어야 하는지에 관해 좀 더 객관적으로 판단하게 도와준다. 이러한 경험은 클라이언트의 사업에 적용할 수 있는 아이디어를 제공해 줄 수 있다.

서비스 사파리는 서비스 제공자 대신 서비스 사용자의 관점에서 스스로를 보게 되므로, 고객에게 어떤 방식으로 서비스를 제공해야 하는지에 관해 생각하는 방법을 확장하고 변화시켜주며 재구성하도록 고객을 시뮬레이션시켜 주는 데 도움이 될 수 있다. 고객에 대한 공감은 혁신적이고 신선한 아이디어를 발전시키도록 도울 것이다. 서비스 사파리는 기존에 있는 서비스를 재디자인하는 경우에 사용할 수 있는 훌륭한 방법으로 서비스를 새롭게 디자인하는 데에 있어서도 가치 있는 방법임을 증명할 수도 있는데, 이는 서비스 사파리를 통해 클라이언트가 새로운 서비스 아이디어에 대한 인사이트를 얻을 수 있기 때문이다.

서비스 사파리는 워크샵이나 스케치 세션과 함께 가장 많이 사용된다. 사파리에서 배운 것은 클라이언트 사업을 위한 아이디어로 전환시키는 세션을 시작하는 데에 있어 고무적인 자료를 제공한다. 이는 서비스 디자인을 막 시작하는 팀에 훌륭한 아이스 브레이커icebreaker가 된다.

그림 4.5

서비스 사파리를 통해 당신이나 당신의 고객이 다른 서비스의 고객이 되어보면서 좋은 또는 나쁜 서비스에 관해 직접 경험해 볼 수 있다.

서비스 사파리 준비하기

서비스 사파리 계획은 시간이 많이 소모될 수 있다. 몇 가지 고려사항을 확인하자.

- **예산**: 서비스 사파리는 고가일 수 있으므로 이를 조직하기 이전에 클라이언트와 예산에 대해 합의하는 것이 중요하다.

- **리서치**: 클라이언트가 체험할 서비스를 선택하라. 우리가 생각하기에 정말 좋거나 정말 나쁠 것이라 생각하는 서비스를 혼합하여 선택한다(하지만 결과가 늘 예측한 것처럼 나오지는 않는다).

- **계획**: 클라이언트가 시도해야 하는 서비스를 선택한 후에 당신은 해당 서비스를 미리 예약해야 할 수도 있다. 각 클라이언트가 사파리에서 해야 할 일에 대해 명확한 일정을 그린다. 참가자들은 서비스 사파리 활동 시 필요한 예산을 제공받아야 한다. 그들은 서비스 디자인 팀의 구성원과 함께가 아니라, 개별적으로 또는 조직 내의 그룹으로 함께 보내져야 한다.

- **도구 준비**: 사파리의 각 그룹은 각각 서비스를 문서화할 도구들을 제공받아야 한다. 전형적으로 카메라와 일지를 제공받는데, 무엇을 봐야 하는지에 대해 정리한 요약문서나 조심해야 할 일들과 서비스의 구조 등이 적힌 노트를 제공받아야 할 수도 있다.

- **발표**: 참가자가 사파리에서 돌아오면 그들의 발견점들을 발표하고 서비스의 좋고 나쁜 측면에 대한 목록을 만든다. 이것이 워크샵의 첫 번째 활동이 된다.

사용자 워크샵

포커스 그룹은 사용자들 생각에 리서처가 듣고 싶은 것을 얘기하거나 그룹 내의 다른 사람들에게 영향을 받은 사람들로 가득 차 있을 것이다. 그래서 당신은 공동 디자인 사용자 워크샵을 선호할지도 모른다. 사용자들의 친구를 참

그림 4.6

사용자 워크샵은 포커스 그룹의 좋은 대안이다.

석하도록 독려한다면 그들의 대답들이 좀 더 역동적이고 솔직해지며 좀 더 편안해질 가능성이 크다. 이러한 종류의 워크샵은 대량의 인사이트와 아이디어들을 신속하게 생성해내는 좋은 방법이다. 참가자들을 워밍업시키고, 유용한 토론을 생성하기 시작하려면 프로브("프로브와 도구" 참조)를 사용하라(그림 4.6). 이러한 일은 영향력이 덜한 사람들과 그룹 앞에서 말하기를 편안해 하지 않는 사람들에게 다른 수단을 통해서 사용자 스스로를 표현하게 한다. 프로브를 통해 그들의 생각을 발전시킬 수 있도록 독려하고 스케치를 하거나 콜라쥬를 만들도록 하여 언어로 표현하는 일반적인 방법에서 벗어나도록 하자.

사용자 워크샵 준비

사용자 워크샵을 준비할 때 몇 가지 고려해야 할 점이다.

- **모집**: 워크샵 기획에는 2~3주가 소요되므로 일찍 사용자 모집을 시작한다. 개인보다는 친구들이나 커플을 모집한다. 사용자 워크샵은 4~16명으로 그룹을 구성하는 것이 이상적이다.

- **장소 준비하기**: 모든 사람이 입장할 수 있을 만큼 크고 워크샵 활동을 하

기에 편안한 장소를 준비한다. 만약 필요하다면 음식과 음료를 준비한다. 워크샵 전에 음식을 제공하는 것은 참가자들을 제시간에 올 수 있도록 돕는다. 워크샵 장소에 작은 벽이 있다면 임시 포스트 업 공간으로 이용하기 위해 디스플레이 보드 등을 가져가도록 한다.

- **일정 만들기**: 무엇이 언제 완료되어야 하는지에 관한 현실적인 일정을 구성한다. 처음 워크샵을 진행한다면 적어도 몇 번의 워크샵에서 모든 단계의 일에 시간이 초과될 가능성이 크다. 몇몇 활동들은 건너뛸 수 있도록 준비하되 다른 활동보다 중요한 일은 명확히 하자. 백업 계획을 마련해 두는 편이 유용할 것이다.

- **도구 디자인**: 워크샵 내의 활동에 사람들의 참여를 독려하기 위해 필요한 도구를 설계하는 시간을 가진다. 어떤 활동 용지가 되든지 충분한 복사본을 준비하고 펜, 연필, 보드마커, 접착제, 가위, 포스트잇, 보호테이프와 빌딩 블록 또는 찰흙과 같이 워크샵에서 필요할 만한 도구들을 미리 준비한다.

- **문서**: 클라이언트는 워크샵 문서를 원할지도 모른다. 때때로 비디오를 요구하나 보통은 사진이나 워크샵에서 생산된 문서들이면 충분하다. 당신이 진행자인데 워크샵을 촬영할 필요가 있다면 팀 멤버에게 녹화를 부탁한다. 비디오를 찍으며 제대로 된 진행을 하기에는 시간이 모자랄 것이다. 간단한 방법은 워크샵 개최 장소에 삼각대를 이용해서 카메라를 설치하고 그룹이 발표하는 모든 프레젠테이션을 기록하는 것이다.

프로브와 도구들

프로브와 도구들은 앞에 설명한 인사이트 연구 방법들을 위해서 유용하다. 인터뷰나 워크샵 동안에 구두口頭 입력은 제한이 있다. 몇몇은 이미지, 도표, 스케치와 활동을 통해 더 나은 사용자들의 세상과, 생각, 감정, 관계를 예상하거나 설명한다.

프로브는 테스크 기반 인사이트 활동이다. 프로브를 활용하면 연구자로부터 최소한의 영향을 받은 인사이트를 찾아낼 수 있으며 조용한 참가자들의 관점을 끄집어내는 데에 효과를 볼 수 있다(그림 4.7). 이러한 것들은 좀 더 공식적으로는 **문화적 프로브**cultural probes라고 부르며 Royal College of Art의 Bill Gaver에 의해서 개발되었다.[8]

프로브는 참가자들이 참여하는 인터뷰 세션 동안 사용하도록 두거나 인터뷰 참가자가 시간이 지남에 따라 테스크를 완료하도록 남겨둘 수 있다. 때로 사용자들 삶의 다른 부분에 대한 인사이트를 얻기 위하거나, 시간이 지남에 따라 발생하여, 인터뷰 상황에서는 연구될 수 없는 사건을 기록하는 데에 유용하다.

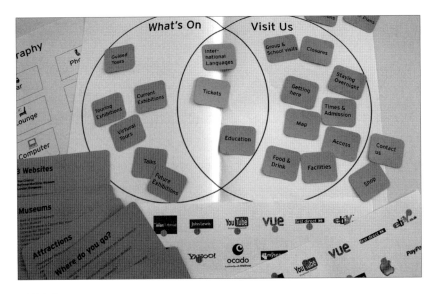

그림 4.7

The National Maritime Museum을 위한 프로젝트에서 사용된 심층 인터뷰 도구들

8　Bill Gaver, Tony Dunne, and Elena Pacenti, "Design: Cultural Probes," *interactions* 6, no. 1 (1999): 21 – 29.

프로브와 도구 준비하기

프로브는 클라이언트의 요구에 따라 개인화될 수 있다. 프로브를 정의하는 데에는 시간이 걸릴 수 있으니 영감을 얻기 위해 이미 완료된 것을 보고하는 것이 좋다. 다음은 우리가 개발하고 과거에 사용했던 몇 가지 예제이다. 그러나 결코 완전한 목록이 아니니 감안해서 보도록 하자. 문화적 프로브의 많은 예제와 인터뷰 보조 도구들aids은 온라인이나 문헌에서 찾아볼 수 있다. 연구 도구상자를 위한 장치로 생각하고 몇 년에 걸쳐 당신의 콜렉션에 추가하거나 몇 년 동안 더 개발하자. Roberta Tassi의 서비스 디자인 도구 웹사이트(www.servicedesigntools.org)는 프로브를 공유할 수 있는 좋은 장소이다.

인터뷰와 워크샵에서 가장 자주 사용하는 도구는 미리 챙겨두도록 하자. 각 세션 후에 장비를 보충할 때, 다음 세션을 위해 당신이 필요한 모든 것을 준비해 둘 수 있을 것이고 중요한 것을 잊지 않을 수 있다.

이벤트 타임라인과 여정 맵(*journey map*)

타임라인은 시간 순으로 개인이나 그룹으로 경험한 사건이나 여정을 기록하기 위해 사용되고는 한다. 중간에 현재 일자를 적고 목표에 따라 특정 시간의 양—주간, 월간, 연간—을 양쪽으로 간단하게 연속 나열하여 만들어낼 수 있다. 예를 들면, 변화하는 생활습관을 감지하기 위해 지난 10년간 다녀 온 휴가 여행을 그려 달라고 요청할 수 있다(그림 4.8). 또는 건강에 대해 적어달라고 요청할 수도 있다. 참가자에게 지난 시간을 돌아보도록 요청하면 일반적으로 참가자들은 미래의 요구와 소망에 대해 사실적인 예측을 하게 되고 또한 현재의 필요와 걱정들을 강조하여 말해준다. 이것은 종이 한 장에(미리 준비된 템플릿이 도움이 된다) 그룹으로서의 인사이트를 보여줄 뿐만 아니라 미래에 그들이 향하길 원하는 곳, 그룹이나 조직이 가진 역사와 관련된 인사이트를 모을 수 있게 해준다.

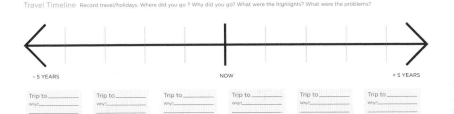

Events Timeline/Journey Map

Travel Timeline Record travel/holidays. Where did you go ? Why did you go? What were the highlights? What were the problems?

- 5 YEARS   NOW   + 5 YEARS

그림 4.8

10년간의 관광 경험을 나열한 타임라인

다이어리

다이어리는 사람들에게 이벤트나 이벤트가 발생한 날짜를 문서화하는 데 사용된다. 다이어리는 종이 형식, 음성 녹음 또는 비디오 일기로 작성될 수 있다. 당신은 사람들에게 글쓰기와 함께 사진을 포함하도록 요청할 수 있다. 다이어리는 사람들의 삶에 대해 인터뷰에서 말하는 것보다 좀 더 친근한 생각이나 감정들을 드러내준다. Andy의 학생은 치매 환자와 가까운 사람들의 다이어리 프로젝트에서 큰 성공을 거두었다. 한 참가자는 인터뷰에서 너무 화가 나서 병에 대해 이야기하지 않았지만 다이어리에서는 남편의 알츠하이머병 징후가 나타날 때 자신과 남편의 사회 생활에 대해 담은 매우 감동적인 인사이트를 기록하였다. 다이어리와 같이 참가자 스스로 문서화하는 경우의 단점은 참가자들이 오직 연구자가 보고 싶은 것, 또는 그들이 중요하다고 여기는 것만을 기록한다거나 나중에 다시 인터뷰를 하지 않는 한 특정 지점에서 후속 질문을 할 수 없다는 것이다.

다이어리는 연구자의 필요에 의해 구조화시켜 일정 형식을 갖추거나, 구조 없이 자유롭게 개방해 둘 수 있다. 대상자가 스스로 시간을 적어 넣고 모바일 단말기의 사용 행태의 세부 사항에 대해 기록하는 구조를 만들어 넣을 수 있다(그림 4.9). 또는 빈 공책에 그들이 원하는 것을 쓰도록 공간을 비워둘 수

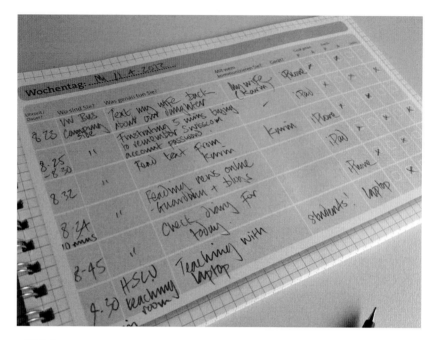

그림 4.9

사람들은 인터뷰보다 다이어리에서 그들 삶에 대해 가진 생각과 느낌을 친밀하게 드러낸다. Swisscom의 연구 프로젝트를 위해 만들어진 다이어리는 참가자의 모바일 단말기 사용에 대한 기록이다.

그림 4.10

벤다이어그램은 사람들로부터 함께 시각적으로 그룹 활동이나 행동을 얻는 유용한 방법이다. 이러한 그림은 참가자들에게 특정 건강관련 이슈를 자신이나 주치의 혹은 전문의에게 할당할 것 인지에 대해 알아봄으로써 사람들이 가진 의료 서비스에 대한 인식을 알아볼 수 있도록 해준다.

있을 것이다. 구조를 갖춘 형태는 데이터를 비교하고 대조할 수 있지만, 개방된 형태는 좀 더 정성적인 개인 세부 사항을 볼 수 있다(단, 분석을 위해 더 많은 작업이 수반될 것이다).

시간과 예산이 허락하는 한도 내에서 참가자에게 줄 사용자 맞춤 다이어리custom diary를 만드는 것이 도움이 될 것이다. 기존 판매하는 노트에 스티커를 붙이거나 프린트한 템플릿으로 구성된 나선형 바인딩 소책자를 만들어 사용자에게 제공할 수 있다. 매력적인 요소를 함께 넣는 노력을 한다면 다이어리는 참가자에게 전문적인 자료로 인식될 것이고 사용자 측면에서 프로젝트를 좀 더 진지하게 받아들이도록 만들어 줄 것이다.

벤다이어그램

많은 참가자에게 적용할 수 있기 때문에 벤다이어그램은 인터뷰나 워크샵에서 사용하기 유용한 도구이다. 이 방법을 통해 시각적으로 활동이나 행동들을 그룹 단위로 묶을 수 있다(그림 4.10). 예를 들어, 인터넷을 하면서 편안하거나 불편하게 느끼는 점을 물어볼 경우 벤다이어그램을 이용할 수 있다. 보험에 관련한 조언이 필요한 사람이 누구를 찾을 것인지, 어떤 정보가 웹사이트의 다양한 섹션으로 구성되어야 하는지 등을 참가자에게 물어 볼 수 있다.

미리 준비된 템플릿을 가져오거나 간단히 종이의 빈 시트에 그릴 수 있는데 벤다이어그램의 장점은 그것들을 만드는 데 대단한 기술이 필요한 것이 아니라는 점이다. 만약 벽에 거는 큰 템플릿을 만든다면, 사람들의 그룹은 그려진 원 내에 스티커 메모로 항목들을 붙일 수 있다. 이러한 활동은 토론을 증진시키고 참가자들이 의견을 이리저리 움직이게 할 수 있다.

벤다이어그램에서 겹치는 영역은 의미가 있어야만 한다. 그렇지 않으면 중간 영역은 결코 채워지지 않는다. 겹치는 영역은 종종 프로젝트의 적정선에 초점을 맞추고는 한다.

브랜드 시트

브랜드 시트는 간단한 도구이며 인터뷰를 위해 가방이나 노트북에 항상 가지고 다닐 만한 가치가 있다. 이것은 다른 제품과 서비스의 단순한 로고 시트인데(그림 4.11), 사람들이 어떤 브랜드를 사용하고 선택하는지 그 이유를 발견하는 데 도움을 준다. 때로 사람들은 그들이 사용하는 서비스와 제품, 또는 그 브랜드들에 대해 어떻게 느끼는지 모두 잊기도 한다. 일 년에 몇 번 사용하지 않는다거나 어디에나 편재하여 별 생각 없이 사용하고 있는 브랜드가 있을지도 모른다. 시각적인 자료, 로고나 핵심 브랜드 접점들은(그들이 읽는 잡지 명단, 사용하는 웹사이트, 방문한 상점 등등) 토론의 촉진제 역할을 하고 큰 통찰력을 만들어 낸다. 당신이 가진 로고 중 하나를 보여주면 각 참가자로부터 고객 경험 이야기나 즉각적인 불평을 이끌어 낼 것이다.

프로브 카메라

일회용 카메라는 프로브 키트의 필수적인 부분이다(그림 4.12). 카메라는 무엇을 찍어야 하는지에 대한 지시 명단과 함께 사용자에게 주어질 수 있다. 때로 찍은 사진에 대한 노트 필기를 요구하기도 한다. 만약 카메라 뒷면을 주문제작한 판지 포장지로 덮고 그 위에 지시 사항을 적어둔다면, 참가자들은 별도로 종이를 가지고 있을 필요가 없을 것이다. 참가자에게 그들의 책상, 집, 재활용품 용기, 존경하는 사람, 마지막 식사, 구입한 마지막 항목 등을 사진 찍어 달라고 요청할 수 있다.

카메라 프로브는 인터뷰 담당자가 촬영할 수 없는 친근한 것들이나 활동들을 참가자가 촬영할 것이므로 다이어리와 같이 유용하다. 카메라는 연구자를 보내는 것이 비용면에서 효율적이지 않을 경우 매우 유용하게 쓰이는데 방법은 연구자 대신 카메라 키트$_{kit}$를 참가자에게 보내면 된다.

만약 참가자들이 사진을 우편으로 되돌려 보내야 한다면 우표와 주소가 적힌 봉투를 제공하는 것을 잊지 말자. 일회용 카메라의 필름이 현상될 때까지 기다릴 수 없다면 저렴한 디지털카메라 세트를 제공하거나 자신의 휴대 전

그림 4.11

브랜트 시트는 사람들이 사용하는 좀 더 추상적인 서비스에 대한 반응을 유도할 수 있다.

그림 4.12

주문 제작한 커버의 일회용 카메라는 연구 프로젝트 참가자에게 발송된다.

화를 사용해 달라고 요청할 수 있다.

스마트 폰이 요즘 어느 곳에서나 보편적으로 사용되고 있다는 점을 감안
한다면, 대부분의 스마트 폰은 좋은 카메라 사양을 가지고 있으니 단순히 참
가자들에게 자신들의 휴대폰으로 몇 장의 사진을 찍도록 부탁한 후 이메일로
찍은 사진을 보내달라고 하거나 온라인에 게재하도록 요청할 수도 있다. 장점
은 많은 사람들이 이메일을 통해 참여하도록 할 수 있다는 것이며 단점은 덜
구조적인 방법이라서 사람들이 사진 찍는 것을 쉽게 잊거나 그 업무의 절반만
수행하기 쉽다는 것이다(디지털 카메라나 스마트 폰에서는 사진이 순서 없이 올
려질 가능성이 있는 반면 필름 카메라는 고정된 순서가 있다). 대부분의 사람들
은 그들 손에 특별한 것을 갖기를 좋아하며 당신이 카메라를 제공한다면 참
가자는 좀 더 많은 노력을 기울일 것이다.

사진 목록

인사이트 인터뷰를 갈 때 사진 목록은 자주 사용된다(그림 4.13). 인터뷰 대
상자와 그의 주변 환경을 함께 촬영해두는 것은 인터뷰의 보고서를 작성하는
데에 큰 도움이 된다. 당신이 인터뷰 대상자와 함께 앉아 사진을 찍어야 하는
목록에 대해 이야기하면 사람들은 당신이 무엇을 촬영해도 괜찮고 무엇을 촬
영하는 것을 원치 않는지 좀 더 편안하게 말할 것이다. 사람은 사회적 동물이
고 연구자가 설정한 작업을 이행하고 도우려 하기 때문에 사전에 항목에 대해
먼저 이야기 해두면 사진을 찍기가 좀 더 쉽다. 당신이 참가자로부터 구두로
촬영에 대한 허락을 원하면 개인적으로 참견하려고 하는 것처럼 느껴질 가능
성이 있으니 유념할 필요가 있다.

시각적 해석

때로 참가자들은 단어보다는 무언가의 시각적인 해석을 그릴 때 좀 더 많은
표현을 할 수 있다(그림 4.14). 그림 그리기는 어떤 면으로는 까다롭지만 그들
이 평상시에 말로 하는 논쟁과 반복되는 일상을 표출하도록 돕는다. 이러한
기술은 어린 아이들에게 좋으며 참가자들의 감정을 표현하게 만든다. '잘 그려

Photography

TV	Music	Phone	Green
Fridge & Kitchen	W Lounge	House	Junk
Treasured Things	Computer	Personal Space	Shared Space

그림 4.13

참가자들에게 촬영하고자 하는 항목 명단을 보여주는 것은 그들이 무엇을 편안해 하는지 진술할 수 있는 기회를 제공하며, 당신이 덜 참견하는 것으로 보이게 만든다.

그림 4.14

그림과 낙서는 참가자들이 말로 하는 것보다 좀 더 표현하도록 만든다. 이 참가자—Samuel Frei, Andy의 학생—는 은행 카드에 대한 그의 생각의 방식을 그리는 데 특히 탁월했다. 하지만 이보다 더 간단한 스케치도 핵심을 나타낼 수 있다.

야' 한다는 압력을 느끼지 않도록 하는 것이 중요하며 어떠한 낙서나 스타일도 괜찮다는 점을 이해해야 한다. 그림들은 당신의 연구 결과를 나타낼 때 우수한 결과물을 만들 수 있다.

항목 레이블

참가자들에게 지침서와 함께 테그나 라벨을 주고 이를 '가장 소중한' 또는 '충동 구매'와 같이 그들 집에서 특정한 속성을 가진 개체를 지칭하는 데 사용하게 한다. 1등, 2등, 3등 라벨과 같이 특정한 평가에 따라 집에 있는 물건의 순위를 물어보는 것도 가능하다. 모든 라벨 이면에 숨겨진 생각은 왜 특정한 방식으로 물건을 생각하는지에 대해 참가자와 대화를 시작하기 위해서이다. 참가자들은 자신의 소유물에 대한 이야기를 시작할 것이고 이러한 과정을 거쳐서 그들의 개인적인 가치와 신념이 명백해질 것이다.

인사이트 연구 수행의 실용성

위에서 설명한 어떤 방법론도 특별히 어렵지는 않다. 하지만 이러한 연구를 사람들이 처음 시작할 때 연구자들은 모든 방법을 단 한 번에 동시에 시도하고 싶은 유혹을 받는다. 이러한 함정에 빠진다면, 데이터는 마지막에 가서 거대해지고 아마 초점도 흐려질 것이다.

앞에 언급한 방법들은 도구들이고 모든 분야의 도구들과 같이 어떤 작업에 적합할 수 있지만 다른 작업에는 적합하지 않을 수도 있다. 만약에 필요한 인사이트에 도달하지 못하면 다른 접근을 시도하라. 때로 페인트 캔을 열 때 스크류 드라이버를 사용하는 것처럼 다른 분야에서 잘 쓰이는 '잘못된' 도구를 찾을지도 모른다. 연구의 결과에 대해 정리할 수 있어야 하지만 방법론 원칙자가 되지는 말자. 결국, 방법A 또는 B를 썼는지가 아니라, 문제에 대해 얼마나 엄격하고 실행 가능한 결과를 얻었는지가 관건이다.

이런 종류의 현장 연구는 연습을 요구한다. 과거에 시도해 본 적이 없다면 아마 실수할 것이다. 이런 일에 대해 상상해 보지 않은 대부분의 사람들보다

그림 4.15

참가자들에게 아이템에 태그나 라벨을 붙이라고 요청하는 것은 참가자들과의 대화를 촉진시킬 수 있다. 이 참가자는 컴퓨터 모니터에 "1등" 라벨을 붙였다(Lea Tschudi가 촬영함).

좀 더 많은 멀티태스킹이 요구되고 더 많이 생각해야 한다. 당신의 대상 그룹이 아니거나 필요하다면 인터뷰를 반복해도 상관이 없는 친구들과 같이 미리 덜 '중요한' 인터뷰를 세워보아라. 이것은 인터뷰할 시간이 30분 정도밖에 없는 CEO나 전문가들에게 도착하기 전에 인터뷰 루틴을 연습하도록 돕는다.

아래는 인터뷰를 원활히 진행하는 데 도움이 될 만한 몇 가지 팁이다.

준비하기

연구자는 무엇을 찾고자 하는지, 사용자로부터 무엇을 원하는지 알고 있어야 한다. 만약 사용자가 흥미로운 방향으로 간다면 약간의 주제를 벗어날지라도 겁내지 말라. 몇 가지 묻고자 하는 질문을 가져가되 수백 개는 안 된다. 다루고자 할 영역과 주제를 준비해 대화를 이끌어 나가는 데 사용하자. 당신이 긴장한다면 인터뷰는 인터뷰가 아니라 고문이 될 것이다. 인터뷰 전에 긴장이 된다면 더욱 철저히 준비하는 방법밖에는 왕도가 없다.

장소로 찾아가기와 시간 엄수하기

어디로 가야 하는지에 관해 정확하게 알고 있는지 확인하자. 지역 지도를 보거나 스마트 폰으로 지도나 네비게이션 어플리케이션을 다운받자. 방문해야 할 참가자의 연락처를 가지고 있어야 하며 전화기는 충전해두고 무음모드에 맞춰두자. 제 시간에 맞춰서 도착하자. 만약 늦을 경우 인터뷰 대상자에게 알려야 하며 문화마다 다른 시간에 대한 개념을 이해하자. 예를 들어 영국과 미국은 늦게 도착하는 것보다 너무 일찍 도착하는 것이 실례이다. 독일과 스위스는 5분 일찍 도착하는 것이 매우 늦은 것과 같이 간주된다.

신분 밝히기

참가자의 집에 도착하면 자기 소개를 먼저하고, 종전에 참가자와 연락했던 사람이라는 증거로 명함을 참가자에게 주자. 학생이라면 강의자나 교수의 서명이 든 기관으로부터 받은 문서를 가져가자. 명함에는 자신의 이름과 연락처 등의 상세사항이 꼭 인쇄되어 있어야 한다. 참가자는 어떤 경우 정보를 취소

할 권리가 있으므로 당신의 세부 연락처를 반드시 줘야 한다. 인터뷰 시작 전에, 당신이 소속된 팀을 간단하게 설명하고 일반적인 참가자와 인터뷰 목적, 수집 데이터로 무엇을 할 것인지에 대해서도 설명해야 한다.

사진 촬영하기

촬영 과정은 질문만으로는 발생하지 않을 새로운 대화를 촉발할 수 있다. 방을 파노라마 촬영하면 일반 촬영에서는 놓칠지도 모르는 많은 것을 기록하는 데 도움이 된다. 참가자들에게 직접 촬영해야 할 만한 흥미로운 것들을 알려 달라고 요청할 수도 있다. 참가자들은 스스로 중요하고 가치있게 봐 온 것에 대해 중요한 인사이트를 제공할 수도 있다.

사용하는 카메라 종류는 중요할 수 있다. 너무 크고 전문적으로 보이면 참가자들에게 위협적으로 보여질 수 있기에 작지만 고품질의 디지털 카메라와 휴대폰 카메라 정도면 좋다. 스마트폰 카메라는 고품질이기는 하나 빈약한 조명에서는 촬영이 안 되기도 한다. 참가자들이 왜 사진을 찍으며 어떻게 사용할지에 대해 말하는 것은 중요하다. 만약 어떤 것에 대해 촬영을 원하지 않는 경우에는 강요하여 촬영하지 말고 참가자에게 이해한다고 말하자. 그러나 마음속으로 기억하고 있다가 방문 후 아직 생생하게 기억하고 있을 때 즉시 기록하자.

자료

사용자가 적어두었거나 논의하기 위해서 자료를 가져오는 일은 대화를 지속하는 데 도움이 될 수 있다. 참가자가 간단히 종이에 작성하면, 당신이 보관하거나 참조하기 위해 기록할 수 있을 뿐만 아니라 아이스브레이커로써의 기능을 한다. 참가자가 참여함으로써 새롭고 흥미로운 주제로 이끌 수 있는 질문을 할 수 있다.

자료는 간단한 것으로 준비하자. 사람들은 웹사이트의 간단한 스케치를 보고 해당 웹사이트의 목업mockup 출력물을 봤을 때보다 좀 더 많은 이야기를 할 수 있다. 예를 들어, 목업을 보면 디자인이 완료되었다고 가정하는 반면 스케치는 프로젝트가 분명하게 진행 중임을 알리고 좀 더 건설적인 비판을 이끌어 낸다.

프로브 카메라나 다이어리와 같이 방문 후에 사용하기 위한 도구들을 만들 때, 상황에 따라 간단하거나 전문적으로 준비하는 데 있어서 올바른 균형이 중요하다. 만약 준비된 도구들이 너무 완벽하면 참가자들은 그것을 망치고 싶지 않아 사용하지 않을 수 있고, 상점에서 판매하는 빈 노트와 같이 너무 일반적이면 적어야 될 필요성을 못 느끼고 무시할 수도 있을 것이다.

적합한 옷 입기

'가볍게 입기dressing down'는 '갖춰 입기dressing up'보다 중요할 수 있다. 참가자 집에 방문할 때 당신은 정장을 입고 싶지 않을 것이다. 이러한 격식의 정도는 사람들을 편안하게 느끼도록 하고 사람들이 질문에 대답하는 방식에 영향을 미친다. 마찬가지로 단정치 못한 청바지와 티셔츠는 은행 관리자를 직장 내에서 인터뷰할 때 적합하지 않다.

우리는 캐주얼한 접근이 가정 방문 시에 잘 맞고 양복과 넥타이 차림이 격식을 갖춰야 하는 방문에 잘 맞는다고 생각한다. 엄마 잔소리처럼 들릴지도 모르나, 가정 방문 시에는 알맞은 양말이 필수이다! 참가자의 집안으로 들어갈 때 종종 신발을 벗으라는 요청을 받을 수 있는데 양말에 구멍이 나 있다면 좋은 인터뷰 시작이 될 수 없지 않은가.

참가자 직장에서 참가자를 쉐도잉한다면, 그들과 유사하게 옷을 입는 것이 가장 좋다(그림 4.16). 유니폼을 착용하는 조직에서 연구를 수행한다면, 유니폼을 입는 것이 적절할 수 있다. 이를 따를 수 있을지의 여부는 당신이 일하는 조직에 의해 결정이 될 테지만, 이런 행위는 다른 유니폼을 입은 직원들에게 실제로 도움이 될 수 있다. 말 그대로 그들이 신고 다니는 신을 신고 직접 걷는 것과 같은 효과인 것이다. 당신은 클라이언트의 회사를 대표하고 있음을 기억하라. 특별히 고객을 대면하는 환경이라면 적합한 옷 입기에 관해 진중하게 받아들이라.

그림 4.16

병원 내에서 진행되는 인사이트 연구를 위해 Ben은 수술용 옷을 입었다.
참여 연구원은 환경 맥락에 맞게 적합한 옷을 착용할 필요가 있다.

고객은 당신이 직원이 아니라는 사실을 모르고 당신에게 도움을 청할 수도 있다. 고객이 만약 화장실의 위치를 묻는 것 이상의 정보를 물어본다면 당신은 이곳에서 연구를 하고 있다고 설명하고 친절하게 실제 직원에게 안내해 줘야 할 것이다.

동의 양식 Release forms

미리 준비한 동의 양식에 참가자가 서명을 했는지 확인하자. 일반적으로 인터뷰를 시작할 때 해야 하지만 마지막에도 재확인하라. 이벤트가 발생하는 장소에서 즉각적인 반응을 수집하는 일부 자발적인 인터뷰 연구에서는 오직 인터뷰 이후 문서에 서명을 할 수 있다. 동의 양식은 에이전시와 참가자의 계약으로써 참가자가 남긴 의견을 에이전시가 사용할 수 있다는 내용이 담겨 있다. 인터뷰 문서를 어떻게 사용하려고 하는지와 기밀의 수준을 명시해야 한다. 인터뷰를 하기 위해서는 두 개의 동의서 사본을 가지고 있어야 하는데, 하나는 참가자가 보관하고 나머지 하나는 연구자가 보관해야 한다.

보상, 인센티브

연구 주제에 따라 인센티브를 적합하게 줘야 한다. 건강 문제나 지역 공동체를 포함하는 몇몇의 프로젝트의 경우, 사람들은 기꺼이 무료로 도울지도 모른다. 다른 좀 더 상업적인 프로젝트에서 인센티브는 참가자로 하여금 인터뷰를 진지하게 생각하여 최선을 다해야 한다고 느끼게 할 수 있다. 인센티브는 현금, 상품권 또는 다른 보상이 될 수 있다. 참가자들이 인센티브를 받았다는 것을 명시하는 하나의 양식을 준비해야 함을 기억하라(동의 양식의 일부가 될 수도 있다).

사람들에게 감사의 말 전하기

마지막 방문에 제대로 감사의 말을 전하는 것과 프로젝트에 참가자들이 얼마나 가치 있는 기여를 했는지 전달하는 것은 중요하다. 많은 사람들은 자신들의 삶에 왜 그렇게 관심이 많은지 궁금해 할 것이다. 그들은 평범한 사실을 말하고 있다고 생각할지도 모르지만, 그들의 이야기가 얼마나 재미있고 유용했는지 말해줘서 기분좋게 세션을 마무리할 수 있을 것이다.

인사이트 조합하고 제시하기
Collating and Presenting Your Insights＿＿＿＿＿＿＿＿

5장에서 우리는 서비스 생태를 매핑해 보고, 서비스 청사진이 만들어지는 과정을 구체적으로 살펴볼 것이다. 이것은 우리가 서비스의 복잡성을 시각화하고 데이터를 이해하기 위한 방법이다. 인사이트는 이러한 과정에 투입이 되지만 첫째로 우리는 수집된 데이터를 보여지고 논의될 수 있는 형태로 종합해야할 필요가 있다.[9]

우리가 사용할 수 있는 다른 형태는 디자인에 있어 상대적으로 표준이다. 스티커 메모에서 화이트보드 스케치 및 벽면 출력물에서부터 디지털 도구, 좀 더 공식적으로는 프레젠테이션 형식이 있다. 아래는 우리가 찾은 유용한 인사이트 연구의 결과를 작업하는 세가지 접근 방식이다.

인사이트 블로그

블로그는 규모가 큰 인사이트 연구 프로젝트에서 클라이언트가 인사이트 피드백을 신속하게 요구할 때 필수적이다. 이는 인터뷰의 완전한 기록을 제공하거나, 클라이언트에 의해 쉽게 접근이 되고 그들이 이해할 수 있는 수준의 다른 인사이트 연구를 제공한다. 블로그는 회사 전체가 인사이트를 공유할 수 있게 해주며, 정보를 오래 지속시키는 데 도움이 된다(그림 4.17). 블로그는 아

---

9 이 주제에 관한 뛰어난 논문으로는 Jon Kolko의 *Exposing the Magic of Design: A Practitioner's Guide to the Methods and Theory of Synthesis*(New York: Oxford University Press, 2011)이 있다.

그림 4.17

인사이트 블로그는 데이터를 조합하고, 제시하고 공유하기에 유용한 방식이다.

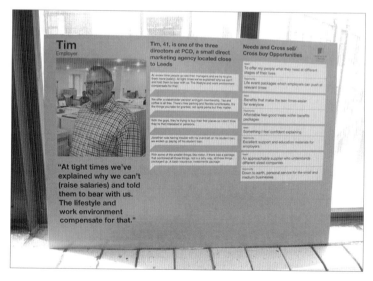

그림 4.18

인사이트는 리서치 인사이트의 프레젠테이션을 위해서, 또는 워크샵 환경에서 참가자들의 영감을 불러일으키기 위하여 대형 보드의 형태로 출력될 수 있다.

카이브로 유용하고, 오프라인으로 소지할 필요가 있는 경우에는 일반적으로 사용하는 파일 형식으로 여러 번 파일을 내보낼 수 있다.

블로그는 내부와 외부 서버에 빠르게 설정될 수 있으며, 많은 수의 연구자들에 의해 쉽게 업데이트된다. 전국적이거나 국제 범위의 프로젝트와 같이 원거리 지역으로부터 독립적으로 데이터를 모을 때 특히 유용하다. 데이터를 쓰거나 업로딩하기 위해 규격화된 형식을 사용하는데, 이것은 정성 데이터를 일관성 있게 가져다주고 모은 데이터를 비교하기 쉽게 해준다.

인사이트 보드

인사이트 보드는 제작된 페르소나를 사용하는 대안으로써 실제 사람들을 인터뷰한 내용을 기반으로 인사이트를 제공하는 데 사용될 수 있다. 사람들의 사진을 포함해 참가자에 대한 이해를 높이도록 만드는 것이 중요하다.

보드는 헤드라인 인용구, 핵심 인사이트 나열(인용구를 근거로), 대화의 큰 단락으로 구성된 세 가지 수준으로 읽을 수 있어야 한다(그림 4.18). 보드는 종종 사람들이 서비스 개선과 혁신에 대한 생각을 얻을 수 있는 방법으로 클라이언트 워크숍에서 통찰력을 제공하도록 사용된다. 인사이트 블로그 역시 유사한 형식으로 헤드라인 인용구, 핵심 인사이트와 문단을 사용하지만 물리적인 보드보다는 좀 더 구체적인 내용이 포함될 수 있다. 반면, 물리적 보드는 워크숍에서 한 번에 하나의 이미지를 전시할 수 있는 블로그의 프로젝션보다 좀 더 유용하다. 모든 보드는 영감과 참조용으로 전시될 수 있다.

클라이언트 워크숍

워크숍 환경에서 인사이트를 제시하는 일은 클라이언트가 결과를 이해하는 것을 돕는 좋은 방법이다. 그들과 함께 당신은 필요와 기회를 발견하거나, 주로 스케치의 형태를 사용하여 아이디어 생성을 돕는 데 있어 이러한 인사이트들을 사용할 수 있다. 워크샵에서는 클라이언트에게 지금까지 진행한 연구의 가치를 보여주며 디자인 과정에 그들을 미리 개입시킨다. 이러한 과정은 프로젝트 후반부에 제시되는 디자인 해결책을 클라이언트에게 설명하기 쉽도록 만들어 준다.

워크샵에서 이상적인 사람의 숫자는 6~12명이다. 더 많은 사람들이 있다고 해서 더 많은 아이디어를 얻는 것을 의미하지는 않으며 때로는 의견이 나뉘는 퇴보를 가져오거나 몇몇 참가자들이 고립되기도 한다. 어떤 프로젝트에서는 각기 다른 그룹의 사람들과 함께 오도록 요청받을 수도 있는데 이는 당신의 워크샵이 커질지도 모름을 의미한다. 이러한 경우 당신은 파벌을 피하도록 그룹원을 섞고, 중재자를 좀 더 두며, 개별 그룹을 이끌어 줄 가이드를 둘 수도 있다(그림 4.19). 몇몇 경우에는 서비스를 향상시키기 위한 방법을 탐색하거나, 새로운 서비스 제안이나 프로토타입을 테스트하기 위해 클라이언트와 고객을 섞어 워크샵을 진행할 수도 있다.

사용자 워크샵을 준비할 경우 클라이언트 워크샵 준비를 위한 조언을 참고하라. 항상 가능하지는 않을지도 모르나 되도록이면 클라이언트 사무실의 외부 장소를 찾도록 노력하라. 사람들은 일반적인 작업 환경이 아닌 장소에 있을 때 좀 더 창조적으로 생각할 수 있다. 잘 준비하라! 클라이언트 워크샵에서 당신이 평가를 받을 수 있기에 위험도가 약간 더 높을 수는 있지만, 당신이 무엇을 하는지 클라이언트에게 직접 보여주기 위한 기회—다른 분야의 많은 디자이너들은 결코 할 수 없는—를 가지고 있음을 의미하고, 또한 클라이언트들을 워크샵에 개입시킬 수 있다.

그림 4.19

클라이언트 워크샵은 서비스에 대한 사람들의 필요, 기회와 새로운 아이디어를 발견하도록 돕는다. 그림은 서로 다른 이해관계자가 섞인 혼합 그룹 워크샵이다.

서비스 디자인 | Service Design

Summary

서비스 디자인이 사람과 관계에 대한 것이라면 무엇이 사람들을 움직이게 만드는지 알아낼 필요가 있다. 서비스 디자인에서 인사이트 연구 방법은 인류학, 사회학과 인간 중심 디자인으로부터 크게 영향을 받았다. 하지만 이런 학문분야 외에도 많은 학문이 서비스 디자인과 관련이 있다. 당신이 들여다 봐야 할 구체적인 수준은 당신의 예산에 달려 있는데 여기에는 세 가지의 수준, 즉 낮은 수준(사용자가 무엇을 말하는가?), 중간 수준(우리가 무엇을 관찰하는가?), 높은 수준(관찰한 것이 무엇을 의미하는가?)이 있으며 당신의 작업 방향을 잡을 수 있는 좋은 방법이다. 당신은 클라이언트를 위해서나 다른 디자인 팀들을 위해서 연구와 인사이트를 분명하게 나타낼 필요가 있다. 이런 종류의 연구를 전에 해본 적이 없다면 가파른 학습 곡선을 포함하므로 굉장히 배우기 어려울 수 있지만 보통은 매우 매력적이다. 핵심은 얼마나 준비하는가이다.

인사이트 연구 준비사항

준비물:

- 노트와 연필
- 카메라 또는 카메라 폰
- 녹음기나 비디오 카메라
- 동의 양식/영수증
- 신원 증명용 명함
- 참가자 인센티브
- 인터뷰 주제 가이드 라인

명심해야 할 일들:

- 다루고자 할 핵심 주제가 담긴 질문의 목록을 가지고 있는가?
- 휴대폰과 카메라는 완충되었는가?
- 방문해야 할 인터뷰 장소를 정확히 알고 있는가?
- 방문 장소를 어떻게 찾아가고 되돌아올 수 있는지 알고 있는가?
- 만날 참가자의 연락처를 가지고 있는가? 참가자들은 당신의 방문을 알고 있는가?
- 당신이 어디를 방문하는지 동료나 다른 사람들이 알고 있는가?
- 인터뷰에 적합한 의상을 입고 있는가?

이러한 질문들은 참가자의 배경을 아는 데 도움이 될 것이고 사람들의 일반적인 동기와 의견을 알고자 할 때 당신의 주제 밖에서 생각하는 것을 도울 것이다.

- 가족에 대해 말해 주실 수 있나요?
- 직업에 대해 설명해 주실 수 있나요?
- 지난 주에 무엇을 했나요?
- 지난밤에 저녁식사로 무엇을 먹었나요?
- 어제 무엇을 했나요?
- 어제 누구와 이야기했나요?

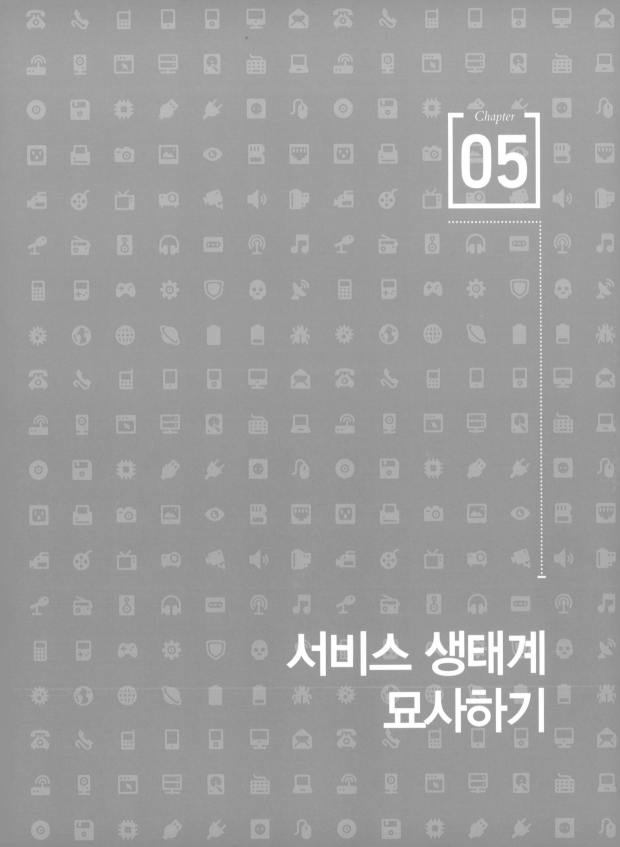

서비스 생태계
묘사하기

[*Service*

Design]

프로젝트를 위한 인사이트와 기타 배경이 되는 다른 소재들을 수집해 가면서 이 정보들을 어떤 형태로든 체계화시켜 나가야 한다. 이 장에서는 서비스 접점에서의 상호작용을 구조화시키고, 디자인하며, 시간의 흐름에 따라 자연스럽게 그것이 펼쳐질 수 있도록 조율하는 데에 도움을 주는 '서비스 청사진(service blueprint)'의 역할에 대해 다룬다. 하지만 서비스 청사진 작업에 들어가기에 앞서, 종종 그 서비스가 운영되고 있는 전체적인 맥락을 포착하는 것이 필요할 때가 있는데, 이것을 '서비스 생태계' 매핑을 통해 진행할 수 있다. '서비스 생태계 지도'는 서비스에 의해 영향을 주고 받는 모든 주체들과 그들 간의 관계를 체계적으로 보여주는 도해이다.

서비스 생태계 매핑은 간단한 것부터 시작할 수 있다. 예를 들어 고객이 문제 해결을 위해 어떻게 웹사이트와 콜센터를 함께 이용하는지를 보여주는 도해가 될 수 있다. 스케일을 키운 생태계 매핑은 공공 교통 시스템 혹은 실업 감축을 위한 모델과 같은 복잡한 시스템을 포함할 수 있다.

하나의 서비스 생태계에서 기본적인 주체가 되는 것은 고객(혹은 서비스 사용자)에게 약속을 하는 *기업*, 그 약속을 다양한 채널을 통해 전달하는 대리인과 *대행자(에이전트)*, 그리고 기업에게 가치를 되돌려주는 *고객*이다(그림 5.1).

브랜딩의 관점에서 보면, 기업은 서비스 사용자에게 서비스에 대한 약속을 하고 그에 대한 가치를 되돌려 받는 것을 기대하며, 가치에 대한 환수는 금액 지불, 납세 혹은 용역 제공과 같이 다양한 형태로 이뤄질 수 있다. 예를 들어, 통신사는 고객에게 무선 데이터 통신을 제공하고 그에 대한 대가로 통신료 지급을 받는다. 근로자는 자신의 용역에 대한 대가로 봉급을 받는다. 여기에서 말하는 기업과 브랜딩은 영리와 비영리 서비스의 맥락을 모두 포함하는 개념이다.

기업 그 자체는 사람들에게 경험과 유용성을 전달해주지 않는다. 경험과 유용함은 사용자와 채널 및 접점을 통해 직접적으로 맞닿아 있는 에이전트들을 통해 제공된다. 채널은 이메일, 전화, 면대면과 같은 전반적인 매개체를 뜻한다. 접점은 한 채널 안에서 벌어지는 개별적인 상호작용의 순간을 일컫는데, 이를테면 전화 한 통화 혹은 이메일 교환 한 차례와 같은 것이다. 따라서 한 고객은 단일 채널 내에서 여러 개의 접점 혹은 여러 개의 채널과 상호작용할 수 있다. 기업의 역할은 에이전트들이 좋은 서비스 경험을 전달하는 데에 필요한 도구와 기반 시설을 마련하여 주는 것이다.

생태계의 비유를 사용해 서비스를 묘사해 보면 서비스의 생태가 자연의 생태계와 같은 복잡성을 가진다는 점을 포착할 수 있을 뿐 아니라, 한 서비스에 연루되어 있는 모든 주체들이 어떠한 형태로든 가치를 주고 받는다는 것을 알 수 있다. 고객이 지점에 가지 않고 온라인으로 공공 서비스 이용 요금을 지불하면 은행 지점 수수료를 아낄 수 있고, 은행 영업 시간 외에도 업무를 처리할 수 있다는 편리함을 즐길 수 있다. 사용자들이 간단한 웹 페이지를 이용할 때에도, 그들이

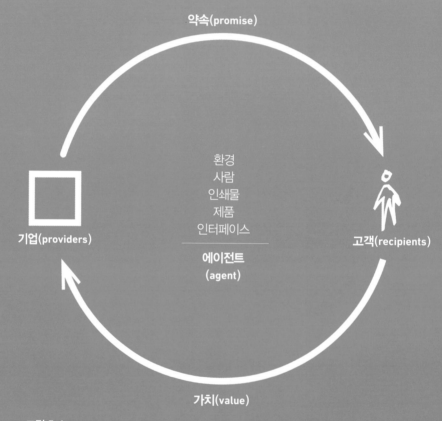

약속(promise)

환경
사람
인쇄물
제품
인터페이스
————————
에이전트
(agent)

기업(providers)

고객(recipients)

가치(value)

그림 5.1

기본적인 고객-기업 서비스 생태계 도해. 기업은 그들의 고객에게 약속을 하고, 이는 에이전트에 의해 다양한 채널들을 통해 전달된다. 고객은 이에 대한 대가로 가치를 되돌려 주는데, 일반적인 경우 금전적 가치의 형태를 취한다.

남긴 데이터들은 서비스 제공자들이 웹 사이트를 개선하는 데에 사용되어 재방문 시에 일일이 기존에 입력했던 정보를 다시 채워넣지 않아도 된다. 건강한 생태계는 가치의 흐름이 한 방향으로만 쏠리기보다는 모두가 이득을 얻는 형태가 된다.

기업들은 흔히 고객들이 서비스에 가치를 더하는 자원이 될 수 있다는 점을 놓치곤 한다. 고객들은 그들이 기업에 제공하는 지식, 데이터 그리고 다양한 제반 활동들이 결과적으로 더 좋은 서비스 결과를 낳게 된다는 점에 종종 동기를 부여받게 되고, 이렇게 고객들이 최종 결과물에 직접 투자를 하였을 때 그 브랜드에 더 강한 애착을 갖게 된다.

고객들이 그들 스스로에게, 그리고 다른 서비스 이용자들에게 가치를 되돌려 주는 행위를 기업들은 더 잘 도울 수 있다. 일반적으로 서비스 사용자와 기업 간의 관계는 매우 일방향적이다. 납세자들이 만기일을 지나 세금을 납부하면 과태료를 물게 되지만, 실제로 세금 수납처에서 납세액을 처리하는 데에는 몇 달의 시간이 걸리므로 과태료가 기업 입장에서 당장 요구되어야 하는 것은 아니다. 여행자가 체크인 시간에 5분이라도 늦는다면 비행편을 놓치거나 추가 요금을 내야 하고, 직원으로부터 달갑지 않은 응대를 받아야 한다. 그러나 항공사의 잘못으로 항공편이 지연되어서 여행자들이 환승을 할 수 없게 되는 경우에 승객의 입장에서는 그저 운이 안 좋았을 뿐이라고 치부할 수 밖에 없다.

이렇게 대가로 지불하는 가치에 대하여 기업들이 서비스 사용자들과의 커뮤니케이션에 실패하는 것은 매우 위험한 일이다. 인터넷은 사람들에게 특정 기업의 맥락에서 벗어난 공론의 장을 열어 주었다. 인터넷에서 공유되는 의견들은 대개의 경우 부정적인 내용들이다. 우리가 이 책을 집필하는 기간 동안, 우리는 인터넷이 '중동의 봄' 이나, '월 스트리트를 점령하라' 와 같은 사례를 촉발시키는 사례를 지켜봤다. 기업들은 이러한 의견들을 자신들의 통제 범위를 벗어난 것으로 간주하여 공황 상태에 빠질 수도 있지만, 반대로 이들을 가치 있는 피드백으로 여기고 잘 활용할 수도 있다. 결국 어떠한 조직이 프로젝트에서 사용자 인사이트 조사에 비용을 지출하는 것은 사람들의 관련된 관점, 신념, 동기부여 요소들을 발견하기 위한 것이다. 서비스 디자인 작업에서는 이러한 사용자 조사 내용들을 서비스 생태계를 묘사하는 작업에 포함시키는 것부터 시작하는 것이 바람직하다.

좀 더 상세한 서비스 관계 모형은 더욱 다양한 교환 행위들을 포함한다(그림 5.2). 고객에 대한 약속은 에이전트가 다양한 채널에서의 활동들을 통해 고객들에게 유용함과 경험을 제공함으

---

1 사회학자 어빙 고프만은 극작법(dramaturgy)에서 영감을 받은 연극모형 이론을 통해 개인의 사회적 상호작용을 논하였으며, 한 개인이 연출하는 사회적 상호작용은 앞무대와 뒷무대에서 일어나는 행동들에 의해 구성되는 연극의 한 장면과 같다고 설명하였다. Goffman, Erving (1959). The Presentation of Self in Everyday Life. New York: Doubleday and Co.

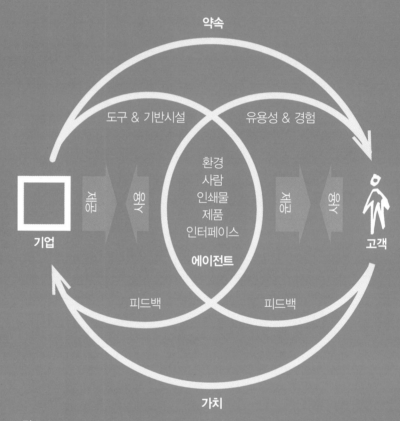

그림 5.2

서비스 관계에 대한 보다 상세한 모형. 서비스 앞무대에서는 에이전트들이 제공하는 유용성과 경험, 그리고 고객이 기업에게 협력, 정보와 피드백 제공을 통해 되돌려주는 부가 가치를 통해 대 고객 약속이 실현된다. 서비스 뒷무대에서는 에이전트들이 고객에게 유용성과 좋은 경험을 전달하기 위한 도구들과 기반 시설이 필요하다. 이 도구들은 데이터의 형태로 역시 피드백을 제공하는데, 이는 서비스를 모니터하고 향상시키는 데에 활용될 수 있다.

로써 지켜지는데, 이는 서비스 디자인에서 '앞무대(frontstage)'[1]에 해당된다. 고객들은 서비스 이용에 대한 금전적 지불과 더불어 상호 협력, 정보와 피드백 제공과 같은 형태로 기업에게 부가 가치를 되돌려 준다.

기업의 측면에서, 에이전트들은 고객에게 유용성과 경험을 전달하기 위해서 서비스 '뒷무대(backstage)'에서의 도구와 기반 시설을 필요로 한다. 이러한 도구들은 데이터의 형태로 역시 피드백을 제공하는데, 이는 서비스를 모니터하고 향상시키는 데에 활용될 수 있다. 이러한 뒷무대에서의 흐름들 역시 좋은 서비스를 전달하기 위해서는 제대로 디자인되어야 한다.

서비스 생태계의 비유에서 마지막으로 짚고 넘어갈 점은, 한 서비스에 속한 주체들이 마치 자연 생태계와 같이 지속적으로 변화 및 진화한다는 것이다. 실제로 아마존과 이베이같은 서비스들은 고객 정보에 기반하여 그들의 인터페이스에 지속적으로 작은 수정들을 해 오고 있으며, 사람에 의해 제공되는 서비스는 모든 서비스 근로자들에 의해 이루어진다. 즉, 서비스가 이러한 지속적인 변화를 감당하기 위해서는 충분한 탄력성과 회복력을 가지고 디자인 될 필요가 있다. 서비스 디자인 컨설팅 과정에서 공동 디자인 및 고객사의 적극적 관여가 중요한 이유가 바로 여기에 있는데, 직원들이 서비스 디자인 도구를 적절히 학습한다면 매번 서비스를 디자인한 사람에게 전화를 걸지 않고도 자잘한 조정 사항을 처리할 수 있도록 할 수 있기 때문이다. 경영진은 직원들이 처한 환경에 대응하여 변화를 만들어 낼 수 있도록 책임과 유연성을 부여할 필요가 있다.

서비스 생태계를 매핑하는 이유는?
Why Map Service Ecologies?

그림 5.2의 사례는 일견 매우 간단할 수 있지만, 일단 그 맥락에 들어가서 관여되어 있는 모든 주체들을 고려하기 시작한다면 서비스에 대한 이해는 매우 복잡해 질 수 있다. 서비스 생태계 전체를 디자인하는 것은 불가능하기에 서비스 생태계 매핑은 작업의 맥락과 범위를 파악하는 차원에서 디자인 프로젝트의 초기 단계에 특히 유용하다. 즉, 서비스 생태계 지도는 서비스 디자이너와 클라이언트가 작업해야 할 영역에 대한 개괄적 이해를 수립하는 도구가 되어 준다.

서비스 생태계 지도는 세 가지 주요 목적을 갖는다.

1. 서비스 주체와 이해관계자를 도해한다.
2. 서비스의 부분이 되는 관계, 그리고 서비스 전체에 영향을 주는 관계들을 탐색한다.
3. 서비스 주체들이 협업하고 함께 작동하는 방식을 다시 정렬함으로써 새로운 서비스 컨셉을 창출한다.

고객사와의 워크숍에서 서비스 생태계 매핑은 프로젝트 과제 영역을 정의, 조정, 확장하기 위한 수단으로써 매우 효과적인 수단이 될 수 있다. 이를 통해 고객사는 그들이 속한 사업 영역이나 조직 내부의 문제점들을 넘어 그들의 제품, 서비스, 비즈니스가 사람들의 일상생활과 사회에 어떻게 연결되는지에 대한 넓은 맥락을 볼 수 있다. 하지만 매핑 활동 그 자체에 너무 몰입하지 않는 것이 중요하다. 서비스 생태계는 경우에 따라서는 무한대로 커질 수 있기에, 적절한 경계를 정의하는 것이 중요하다. 이러한 범위를 지정할 때에 고려할 수 있는 요소들은 프로젝트의 전략적 목표, 예산, 고객사 프로젝트 팀이 조직 내에서 갖고 있는 영향력의 범위 등이 있으며, 종종 매핑 활동을 함께 수행하면서 범위는 더욱 명료해진다.

그림 5.3은 FIAT의 잠재적인 차량 공유 서비스에 대한 생태계 매핑을 보여주고 있다. 여기에서 프로젝트의 범위는 서비스에 있어서 필수적인 조직 내·외부의 관계를 시각화함으로써 정해졌으며, 이는 몇 단계의 관계 수준에 따라 나뉘어졌다. 도해의 중심부는 운전자와 자동차의 관계를 묘사하고 있고, 이를 공유 서비스 승객, 다른 차량, 다른 서비스, 커뮤니티, 그리고 이 모든 관계를 감싸고 있는 지구에까지 확장하고 있다.

이 지도는 벌집 모양 카드상에 인쇄된 아이콘들을 활용하여 디자인되었으며, 이를 통해 프로젝트 참여자들은 서비스에 연관된 주체들을 다양한 방식으로 조합해 서비스 컨셉을 만들어 볼 수 있었다. 일례로, 커뮤니티와 차를 연결함으로써 FIAT가 한 커뮤니티에 공유할 수 있는 차량을 지원하여 시민들

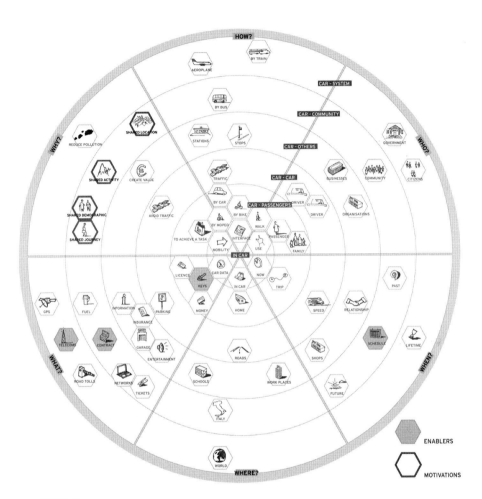

그림 5.3

새로운 차량 공유 서비스에 관련된, 혹은 영향을 받는 주체들의 매핑. 이 도해는 FIAT의 미래
디자인 그룹과 이탈리아의 ivrea interaction design institute 간의 프로젝트를 위해 디자인
되었다.

이 더 유연한 교통수단을 활용할 수 있는 잠재적 비즈니스 모델을 발견할 수 있었다. 육각형 모양의 카드는 더욱 다양한 요소들의 상호 연결고리들을 볼 수 있는 것을 도와주었지만, 일반적인 경우에는 화이트보드상에 포스트잇을 붙였다 떼었다 하는 방식으로도 충분하다.

궁극적으로 이 프로젝트는 자동차 키를 새로 디자인하는 것에서부터 복수의 사용자들이 하나의 자동차를 공유하는 서비스, 나아가 차량의 컴퓨터 시스템을 공공 교통정보시스템과 통합하여 차량 공유 클럽 회원들이 버스를 기다리는 대신 지나가는 차량에 탑승할 수 있는 시스템 컨셉에 이르는 다양한 디자인 제안서로 이어졌다(그림 5.4).

서비스 생태계를 매핑하는 것은 일상적으로 간과하기 쉬운 서로 다른 서비스들 간의 연결고리를 찾는 것을 도와준다. 또한 이러한 초기 단계에서 컨셉에 대한 목업mock-up, 초안을 재빨리 만들어 보는 것은 사람들로 하여금 서비

그림 5.4

공유 차량을 공공 교통정보와 연결하는 것을 보여주는 컨셉 이미지

스가 현실에서 어떻게 보여질 것인가에 대한 이해를 도울 수 있다. 이는 사람들로 하여금 서비스 실행의 세부사항을 생각하는 것을 도울 수 있는데, 이를 테면 그림 5.4에 보이는 시스템 컨셉에서 '개인 정보 보호와 같은 이슈를 어떻게 다룰 것인가', 혹은 '복수의 사람들이 같은 차량의 키를 소유하는 것이 어떻게 받아들여질까'와 같은 부분들이다. 미래 서비스 경험과 가치 제안을 손에 잡히도록 만들어보는 것은 이러한 상세한 부분들을 조명하는 데에 도움을 준다. 이 부분은 7장의 경험 프로토타이핑에서 더욱 자세히 다룰 것이다.

네트워크 사회
The Network Society

이 책의 저자들이 태어났을 즈음인 1970년대에 선진국 사회들은 산업 사회에서 네트워크 사회로의 이행이 한창 진행 중에 있었다. 그때부터 조직들은 엄격한 위계 시스템에 의한 운영을 차츰 벗어나기 시작하였고, 보다 소규모이며 독립적이고, 상호 협력하는 단위 조직에 의한 운영을 도입하였다. 동시에 네트워크 기술이 급속도로 개발되었다. 이러한 사회적 및 기술적 동향은 반드시 동일한 원인에 의해 촉발되지는 않았지만 그들은 서비스 제공에 있어서 새로운 플랫폼을 만들어 내는 데에 큰 영향을 주었다.[2]

　이러한 플랫폼의 성숙은 지난 10년에서 15년간 서비스 디자인이 하나의 디자인 분야로 부상하는 기반이 되어 주었다. 서비스 디자인은 근본적으로 네트워크에 기반하여 움직이는 분야이며, 이는 어떻게 디자이너들이 단순히 고객 서비스 일부분이나 개별 제품 혹은 사용자 접점에의 솔루션이 아니라 교

2　이러한 사회 변화상에 대한 상세 내용은 Manuel Castells의 저작 *The Rise of the Network Society*, vol. 1, *The Information Age: Economy, Society and Culture*, 2nd ed. (Malden, MA: Blackwell, 2000). 을 참고할 것.

통, 은행, 건강보험 시스템과 같은 복잡한 분야에서 일하게 되었는지를 시사하여 준다.

이러한 시스템들은 산업 재화와는 다른 성격의 복잡성을 보여준다. 제품 디자인에 있어서는 제품을 구성하는 다양한 부품들을 다뤄야 하지만, 서비스 디자인에 있어서는 지속적으로 변화하는 부분들에 잘 적응하는 시스템을 디자인하는 것이 요구된다. 네트워크, 조직, 기술은 매일 진화하지만, 그 와중에서 서비스는 여전히 견실한 고객 경험을 제공해야 한다. '웹 2.0', '복합 채널 경험' 혹은 여타 트렌드들에 대응하는 접근법들이 필요하듯이, 서비스 디자인은 앞서 서술한 '복잡성'을 디자인할 수 있는 도구와 개념 모형을 제공한다.

개별 접점에 연관된 디자인에 대한 분야는 그래픽 디자인, 사용자 경험 디자인, 제품 디자인, 인터랙션 디자인, 정보구조 설계, 고객 경험 디자인 등과 같이 매우 많다. 이러한 분야들은 여전히 접점에서의 서비스 전달을 가능케 하는 데에 있어서 필수 불가결하다. 하지만 "부분 부분들은 참 잘 디자인되어 있는데 왜 이렇게 많은 서비스 경험들이 끔찍할까?"와 같은 질문을 던져 볼 필요가 있다.

상자 vs 화살표: 보이지 않는 연결고리 찾기
Boxes versus Arrows-Finding the Invisible Connections___

"왜 많은 서비스들이 제대로 디자인되어 있는지 않는가"라고 묻는다면, '시간' 및 '맥락'과 같은 보이지 않는 요소들에 대해 잘 주목하지 못하기 때문이다. 시간과 맥락은 서비스 경험에 있어서 매우 중요한 역할을 차지한다.

조직도나 프로세스 도해에서 볼 수 있는 화살표와 선들은 보통 시간, 맥락, 그리고 연결들을 나타낸다. 문제는 이러한 화살표와 연결선들이 도해에 너무나도 많아서 무시되는 일이 많다는 것이다. 일반적인 경우에 이러한 화살표와 선들보다는 손에 잡히는 접점들—웹사이트, 티켓 배부 기계와 같은—을 나타내 주는 상자에 초점을 맞추어 디자인하는 것이 훨씬 쉬운 일이다. 하지만 대부분의 사람들은 화살표가 말해주고 있는 경험을 디자인하는 것을 잊어버린다. 화살표는 곧 하나의 접점에서 다른 점으로의 전환을 나타낸다. 이러한 연결들은 긍정적인 경험에 있어서 매우 중요한 몇몇 요소들을 담고 있는데, 이는 시간과 공간에서의 움직임을 시사하고 있기 때문이다. 마치 회사들이 화려한 타워나 고층 빌딩을 짓는 데 자원을 쏟지만 그 건물들 사이의 길이 진흙탕이라면 전체적인 경험이 별로 좋지는 못할 것이다—사람들은 사실 이러한 길 위에서 시간을 많이 보낸다.

조직 내 사일로들은 긍정적인 서비스 경험을 창출하고, 또 고객이 여기에 관여되는 것을 저해할 수 있다. 이를테면 온라인과 실제 매장에서 제공되는 것 간의 차이점과 같은 작은 균열점들은 곧 경험의 큰 간극으로 이어질 수 있으며, 이는 대부분 온라인과 실제 매장을 관리하는 조직의 사일로에서 비롯된다.

제품과는 달리 서비스는 시간의 흐름에 따라 진행된다. 제품을 구매한 고객은 이를 한 번 구매하면 시간이 지나도 다시 사용할 수 있지만, 서비스는 시간의 흐름에 따라 구성된 경험의 과정이다. 호텔에서 머무르는 것은 웹 검색, 예약, 침대 위의 초콜릿, 체크아웃 과정과 같은 수많은 채널에 걸친 서로 다른 경험으로 구성된 서비스이다. 항공 여행, 혹은 심지어 비행기 티켓을 사는 것 또한 시간에 따라 벌어지는 일이다. 오랜 기간에 걸쳐서 일어나는 서비스도 있는데, 이를테면 건강보험, 금융, 보험과 같은 서비스들이 그것으로, 이는 사람들의 전 생애에 걸쳐 영향을 준다.

서비스의 모든 경험들은 모두 특정 종류의 상호작용의 결과물이다. 명백한 상호작용들은 사물, 인터페이스, 사람 간의 주고받음과 같은 다양한 물리적 접점을 통해 일어난다. 덜 명백한 상호작용들은 과거의 경험 및 신념과 현재의 그것 간의 비 물리적이고 추상적인 상호작용이 있다. 예를 들어 어릴 때의 경험이 치과에 가는 두려움을 갖게 하는 것, 여행을 할 때에 겪은 엉망인 호텔의 숙박 서비스가 한 나라에 대한 인상을 좌우하는 것, 의료 서비스 맥락에서 환자, 간호사, 의사 간 표출되는 복잡한 인간 감정과 같은 것들이다.

서비스 경험은 그것이 벌어지는 시간과 장소의 맥락에도 역시 영향을 받는다. 사실 우리가 현실에서 마주하는 매우 끔찍한 경험들은 서비스 디자인의 잘못이라기보다는 특히 '하필 그 순간에 이런 일이'에 대한 경우일 때가 많다. 한 커플이 레스토랑에서 로맨틱한 대화를 조용히 속삭이려던 찰나에 갑자기 레스토랑의 바이올리니스트가 연주를 시작하는 상황을 떠올려 보라. 혹은, 사랑하는 사람이 세상을 떠난 직후에 간호사가 맛있는 식사를 가져왔을 상황을 떠올려 보라. 최고의 서비스 경험은 이상적인 와인 바의 웨이터와도 같다. 필요할 때는 항상 대기하고 있지만 대부분의 경우에는 보이지 않는다.

이와 같이 서비스를 디자인함에 있어서 그 맥락을 이해하는 것은 매우 중요한 부분이며, 이것이 서비스 디자인이 일반적인 '사용자 중심 디자인' 접근을 따르는 디자인과 차이가 나는 점이다. 저자들의 사용자 경험 디자인 및 인터랙션 디자인에 대한 과거 경험은 주로 디지털 및 스크린상의 상호작용 접점에 초점을 맞추는 경우가 많았다. 이것은 이들 분야에 대한 비판이라기보다는 — 저자들 역시 이러한 프로젝트에 참여한 적이 있고, 이러한 방법론과 디자인 과정을 서비스 디자인에 적용하기도 하였다—일반적인 사용자 경험 및 인터랙션 디자인이 공통적으로 연관되어 있는 영역에 대한 관찰의 결과이다.

앞서 2장에서 밝혔듯이, 서비스들은 종종 조직의 사일로에서 만들어지고, 그렇게 만들어진 전체 서비스의 일부분들로써 고객에게 경험되어 진다. 몇몇 회사들이 이러한 사일로 경영에서 벗어나 고객 중심의 시각을 차용하기 시작하는 것은 이미 엄청난 향상을 보이는 것이다. 이러한 회사들은 2장의 그림 2.3과 같은 도해를 사용하기도 한다.

이것을 염두에 둘 때, 서로 다른 분야와 조직 내 부서들은 그들의 고객 경험을 총체적으로 이해하고, 배려하는 것에 더 익숙해질 필요가 있다. 한 기업의 웹사이트 팀과 모바일 팀은 각각의 접점들을 잘 이해하고 디자인할 수 있지만, 이것이 조직의 사일로 이슈를 해결해 주지는 못한다. 2장의 그림 2.3을 다시 볼 때, 각 채널들을 연결해 주는 화살표들이 무시되고 있는 것이다.

가족과 함께 대서양을 넘어 해외 여행하기
– 어떻게 서비스의 틈새가 경험의 큰 분절로 이어지는가?

Flying a Family across the Atlantic—How Service Cracks Lead to Experience Crevasses

나쁜 서비스 경험에 대한 이야기를 하는 것은 할아버지의 잔소리처럼 들리기 일쑤이다. 그럼에도 불구하고 책의 공동 저자인 라브란스가 가족 여행을 위해 비행기 티켓을 예매한 일화를 소개해 보려고 하는데, 이는 몇몇 서비스의 작은 간극들이 총체적 경험에 있어서 어떻게 큰 분절로 이어지는지를 잘 나타내 주기 때문이다.

가족과 함께 뉴욕에서 오슬로로 가기 두 달 전, 나는 성인 세 명과 네 살짜리 아이, 그리고 생후 6개월 아기의 비행기 티켓을 예매하기 위해 컴퓨터를 켰다.

웹사이트–콜 센터의 간극

티켓 예매 웹사이트는 한 살이 되지 않은 어린이의 좌석을 예매할 수 없는 시스템이었다. 이것이 영아는 보호자 무릎 위에 앉히면 무료라는 걸 뜻하는 건가? 어찌되었건 나는 아이를 위한 추가 좌석이 필요했다. 대양을 건너는 여정이고, 추가 좌석을 예매하지 않으면 위생상 문제도 있을 수 있기 때문이었다. 이에 콜 센터에 문의 전화를 걸었다. 콜 센터 고객 지원은 1세 어린이로 추가 좌석의 예매를 진행해 주었고, 예매 시스템상 여객 정보와 실제 연령이 일치하지 않아도 무방하다는 답을 받았다.

다시 웹사이트의 예매 프로세스로 돌아왔다. 확인해보니, 콜센터에서 예매해준 좌석은 서로 떨어져 있는 좌석이었고, 웹사이트상에서 좌석을 당장 변경하는 것은 불가능했다. 이에 나는 이륙 24시간 전 온라인 체크인을 진행할 때 이를 변경하고자 했다.

웹사이트–시스템 에러의 간극

하지만, 온라인 체크인 시에도 나는 여전히 좌석을 변경할 수 없었다. 사실 시스템은 내가 좌석 하나를 변경하려고 하면 이미 예약된 다른 좌석들이 함께 취소가 되어버리는 구조였다. 이제 나는 우리 가족이 비행기를 무사히 탈 수 있을지 걱정이 들기 시작했다. 컴퓨터와 씨름하는 공항의 항공사 직원과 싸우고 있는 내 모습, 내 품에서 울고 있는 아이, 잔뜩 화난 아내의 모습이 상상됐다.

웹사이트-콜센터의 간극

이에 정신을 바짝 차리고 모든 걸 확실히 처리해야 한다는 일념으로 다시 고객 서비스 센터에 전화를 걸었다. 다행히 이해심 많은 상담 직원이 나의 케이스를 맡아, 내 문제를 해결해 주기 위해 최선을 다했다. 그러나 그 직원은 내가 온라인에서 직접 예매한 좌석을 변경할 수 있는 시스템 권한이 없으며, 결국 좌석 재배치가 불가능하다고 이야기했다. 그는 나에게 공항의 체크인 포인트에 있는 직원이 문제를 해결해 줄 것이고, 여태껏 항상 가족들이 붙어 있는 좌석에 앉아 갈 수 있도록 해 왔다는 것을 계속 강조해 주었다. "공항에 조금 서둘러서 일찍 가세요." 그의 조언이었다. 반신반의한 채, 나는 혹시 모를 경우를 대비해야겠다는 생각이 들어 다른 비행편과, 하룻밤을 추가로 묵을 장소와, 자동차 렌트 서비스를 찾아보았다.

남편-부인 간 기대치의 간극

이 시점에서 나는 내 아내에게 상황을 설명해야 할 것 같았다. 나는 그녀의 기대치를 정확하게 맞추고 싶었고, 이를 위해 추가 비용을 지출할 의사가 있었다. 이를 통해 우리가 향후에 닥칠 혹시 모를 문제 상황에 함께 대처할 수 있게 될 것이다. 아이들과 함께 장거리 비행이 포함된 여행을 해본 사람이라면 국제선 공항 터미널에서 48시간 동안 머무르는 것의 끔찍함을 잘 알 수 있다. 이러한 과정을 겪어본 대부분의 다른 사람들과 같이, 내 아내는 이 상황에 대처하기 위해 최선을 다했다.

콜 센터 직원-공항 체크인 직원의 간극

다음날 우리가 공항에 도착했을 때, 우려하던 상황이 현실화되기 시작했다. 앞서 직원이 말한 대로 우리는 공항에 일찍 도착했다. 그런데 체크인 포인트의 직원은 비행기가 게이트에서 탑승 준비가 되기 전까지는 좌석 재배치가 불가능하다고 한다. 비록 아직 우리 가족이 함께 모여 앉아서 갈 수 있는 상황이 되지는 않았지만, 그래도 일단 각각의 비행기 표는 손에 들고 있었다. 체크인 포인트의 직원들은 우리 짐을 부쳐주었고(심지어 추가 수하물을 공짜로 처리해 주기도 했다) 이러한 응대에 우리 가족은 무사히 비행기에 탑승할 수 있을 것이라고 믿었다.

탑승 게이트 직원-컴퓨터 시스템의 간극

우리 가족은 공항에서 탑승 게이트가 확정되기를 초조하게 기다렸고, 마침내 우리 비행기가 도착해서 탑승 게이트에 직원이 배치된 사실을 알게 되었다. 나는 한 살도 채 안된 내 아이를 업고 게이트로 달려가면서, 부디 내가 사람들이 게이트에 몰리기 전에 이 문제를 직원과 해결할 수 있는 최초의 사람이 되기를 바랐다.

탑승구의 직원은 친절하게 응대해주었고, 어린아이와 함께 여행하는 것과 관련된 나의 요청은 그들이 우선적으로 처리해야 하는 것이라고 확인하여 주었다. 하지만 불행히도, 그 두 명의 직원은 컴퓨터 시스템에서 이것을 어떻게 처리해야 하는지를 씨름하다 결국 서로 다투기 시작했다. 그중 한 명은 시스템을 우회해서 우리 가족이 함께 앉도록 할 수 있는 방법을 알고 있다고 주장했다.

그들은 나에게 잠시 앉아계시면 새로 배치된 우리 가족의 티켓을 직접 끊어서 가져다주겠다고 제안했다. 마침내 컴퓨터가 제공하는 서비스가 아닌, 사람이 제공하는 서비스가 문제를 해결했고, 몇 분 후 우리 가족은 함께 여행할 수 있는 좌석 배치가 인쇄된 티켓을 받을 수 있었다.

이렇게 걱정과 근심, 그리고 혹시 모를 상황에 대한 준비로 점철되었던 아찔했던 하루는 결국 해피 엔딩으로 끝났다. 하지만, 그때는 이미 내가 이 여정을 준비하면서 처음에 기대했던 결과를 얻기 위해서 너무 많은 에너지를 쏟은 나머지 심한 스트레스를 받은 후였다.

이야기의 시사점은?

- 서비스 제공자의 관점에서 작아 보이는 간극들은 누적되어서 고객 경험의 큰 분절이 된다. 고객의 관점에서 제공자의 조직 및 시스템의 사일로 간 틈을 접합시키는 서비스 디자인의 접근은 큰 차이를 만들어 낼 수 있다.

- 직원들은 대개의 경우 고객을 돕고 문제를 해결하기 위해 최선을 다한다. 하지만 그들이 일하는 시스템이 그것을 종종 막아선다.

- 한 살배기 아이를 팔에 앉은 채 문제를 해결하려고 하면 사람들이 더 신경을 잘 써준다. 그런데 이것이 사람들에게 일반적인 경우가 되어서는 안된다.

한결같은 서비스 경험의 핵심은 사용자들이 접점 및 서비스와 상호작용하는 맥락을 이해하는 데에 신경을 쓰는 것이다. 독일의 열차 매표 기계 사례를 들어보자. 최근의 리뉴얼을 통해 매표기 화면상의 그래픽 디자인은 훨씬 더 쾌적하고 보기 좋아졌지만, 과도한 화면 전환 효과와 고품질 그래픽을 따라가지 못하는 낮은 디스플레이 사양은 전반적인 상호작용을 더디게 하였다. 해당 작업을 수주한 외부 디자인 전문회사의 맥락에서는 이러한 상호작용 흐름이 적절하다고 생각할 수 있지만, 열차 시간에 늦어 빨리 표를 끊어야 하는 승객의 입장에서는 결코 그렇지 않다. 또 다른 맥락은 이러한 매표 기계가 실제로 어떻게 제조되고 관리되는가에 대한 비즈니스적 관점이다. 비록 디자이너나 연구자 입장에서는 매표 기계를 완전히 개선하는 것이 중요하다고 생각할 수 있지만 이 기계를 공급하고 유지, 보수하는 회사의 입장에서는 대부분의 경우 현상을 최대한 유지하고 싶어하며, 최소한의 IT 지원을 통해 문제를 해결하고자 한다. 결국 디자인 팀이 변화시킬 수 있는 유일한 부분은 화면의 그래픽일 뿐이었으며, 이마저도 레이아웃은 건드릴 수 없는 경우가 많다.

많은 회사들은 오프라인 매장과 더불어 온라인에서 서비스를 제공하고 있다. 이 회사들은 실제 매장에 없는 특별한 제품이나 서비스를 온라인에서 제공하기도 하며, 실 매장에도 어떤 가게는 직영인 반면, 어떤 가게는 단순 도매상일 경우가 많다—특히 통신이나 보험 서비스가 이런 경우가 많다. 하지만, 고객들은 이들의 제품이나 서비스를 경험할 때 이러한 차이점들을 이해하려고 하지 않기에 실망스러운 순간들을 종종 겪게 된다. 이를테면 어떤 통신사 매장에서는 왜 온라인 전화 요금제 가입이나 변경을 할 수 없는 것일까? 대개의 경우 이런 차이점에는 '좋은' 사업적 이유가 있다 - 이러한 서비스 신규 가입 또는 변경을 온라인이나 유선 전화를 통해 진행할 경우 고객의 셀프서비스 형태가 되므로 기업 입장에서는 적은 비용이 들기 때문이다. 하지만 고객의 입장에서 이것은 종종 짜증의 연속일 뿐더러, 종국에는 해당 서비스의 경험을 끔찍하다고 여기게 한다.

서비스 생태계 도해에서 서비스 청사진으로
From Ecology Map to Service Blueprint_____

서비스 생태계 매핑은 한 서비스가 존재하는 한 생태계에 대한 조감도를 제공하여 주며, 인사이트 조사 단계의 결과물은 매핑 작업에서 이해관계자들의 세부적이고 구체적인 시각을 제공해 준다. 앞서 보았던 라브란스의 해외여행을 위한 비행기 티켓팅 사례에서 보듯이 실실적인 서비스 디자인 작업의 노력은 모든 것을 연결하고 결과물들이 한결같은 서비스 경험을 창출하도록, 그 중간에 존재하는 요소들을 매핑하는 데에 들어간다. 만약 제2장의 그림 2.1에서 소개된 전통적인 사일로형 관리 모델을 90도로 뒤집으면, 흥미로운 것을 발견할 수 있다. 고객 혹은 사용자가 제일 위에 있고, 기업은 제일 밑에 있으며, 모든 상호작용의 채널은 그 사이에 놓이게 된다(그림 5.5). 이것이 서비스 청사진 제작의 출발점이다.

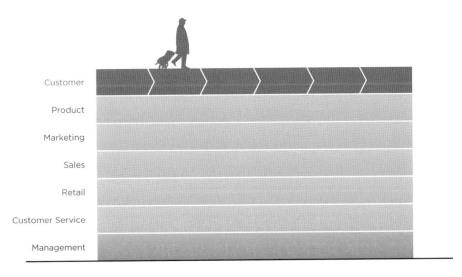

그림 5.5

조직의 전통적인 사일로 모델을 90도로 뒤집고 이것을 고객 여정의 관점에서 바라본다면, 일관된 고객 경험을 전달하고 여러 맞물리지 않은 부분들을 맞출 수 있는 기회를 가질 수 있다.

서비스 청사진
The Service Blueprint

한 서비스 경험 안의 각기 다른 접점들을 모두 연결하고 조직 이해관계자들의 욕구와 희망사항을 조율하는 작업을 진행하게 되면 복잡성이 급속도로 증가할 수 있는데, 이것이 서비스 청사진 탄생의 배경이 된다.

'서비스 청사진' 방법과 용어는 린 쇼스탁Lynn Shostack이 1980년대 초에 미국 씨티은행의 임원으로 재직하던 시절에 창안하였다.[3] 쇼스탁은 서비스를 운영할 때 발생하는 비용과 매출을 기획하기 위한 용도로 서비스 청사진을 개발하였으며, 그녀의 최초 서비스 청사진은 순서도와 매우 닮아 있다(그림 5.6).

그림 5.6의 사례는 구두닦이 서비스의 간단한 서비스를 다루고 있지만 두 가지 핵심적인 요소를 소개했는데, 하나는 고객 서비스 경험을 구성하는 시간이고, 다른 하나는 가시선Line of Visibility이다. 가시선은 말 그대로 고객이 보는 모든 것들의 경계를 의미하는데, 실제로는 시각 요소를 넘어서 고객이 **경험**하는 모든 것이 된다. 나쁜 냄새나 소음과 같은 비가시적 요소들 역시 고객 경험을 쉽사리 망쳐놓을 수 있기 때문이다.

쇼스탁의 가시선 개념은 '고객'이 경험하는 모든 것은 앞무대frontstage(비유상으로는 관객을 대상으로 실연實演 중인 무대-on-stage가 더 적절할 수 있다), 그리고 그것을 가능하게 해 주는 다른 모든 것들은 뒷무대라고 일컬었다.

오케스트라나 연극 공연의 비유는 서비스 디자인 분야에서 자주 사용된다. 서비스 디자이너들은 그들 스스로를 오케스트라 공연의 지휘자나 연극의 연출 감독에 비유하는 것을 좋아하기도 하는데, 이런 개인에 초점을 맞춘 비유는 실무에 그다지 도움이 되지는 않는 것 같다. 하지만 서비스 그 자체를 오케스트라나 연극 공연이 프로덕션 되는 과정으로 이해해 보는 것은 매우 가치

---

3   G. Lynn Shostack, "How to Design a Service," *European Journal of Marketing* 16, no. 1 (1982): 49–63; and "Designing Services That Deliver," *Harvard Business Review* 62, no. 1 (1984): 133–39.

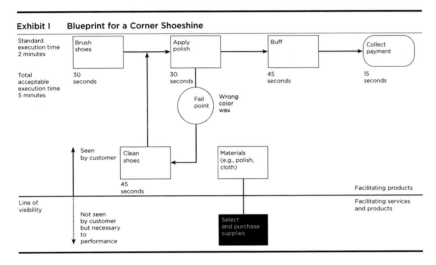

Exhibit I   Blueprint for a Corner Shoeshine

그림 5.6

서비스 청사진의 최초 사례 From G. Lynn Shostack, "Designing Services That Deliver,"
Harvard Business Review 62, no. 1 (1984): 133–39.

있는 비유이며, 디자이너들의 전통적인 역할에 대안을 제시할 수 있다. 서비스는 제조업이라기보다는 퍼포먼스이다.

일례로, '무대set'의 개념, 혹은 서비스의 '환경setting'이라는 개념이 중요한 이유는 그것이 우리로 하여금 서비스 종업원들과 사용자들이 상호작용하는 맥락을 생각해 볼 수 있도록 해주기 때문이다. 또한 여러 가지가 뒷무대에서 원활히 잘 맞물려 돌아가야 성공적인 퍼포먼스가 될 수 있다는 것을 상기시켜 주기도 한다.

고전 희곡에서는 배우들의 역할이 명확하게 정의되어 있기에 극의 시작부터 그들의 목적은 명확하다. 극적 연출이 일어나는 부분은 배우들이 어떻게 장애물에 마주치고, 그것을 극복하는가에 대한 부분이다. 서비스의 맥락에서 직원과 고객은 모두 그들이 성취하고자 하는 구체적인 것들이 있는데, 이는 고전 극작법에서의 배역, 동기 및 목표와 유사하다. 서비스 퍼포먼스의 경험은 어떻게 그들이 서로 도와서 해피 엔딩에 도달하는가에 따라서 결정된다.

마지막으로 연극에는 소품들이 있는데, 서비스 디자인 용어로 하자면 이는 접점touchpoint에 해당한다. 소품들은 배우들이 서사 구조 속에서 사용하는 물품들이며 극의 전개에 있어서 필수적인 역할을 수행한다.

대표적인 사례로 호텔에서 머무는 경험을 들 수 있다. 손님들은 대개의 경우 호텔 직원들이 청소를 하고 방 정리를 하는 모습(뒷무대)을 목격하지 않으며, 단지 그 결과(앞무대)만 겪을 뿐이다. 종종 이러한 뒷무대에서의 활동들은 특정 방식으로 앞무대에 등장하면서 한 서비스 경험에 대한 준비의 흔적, 혹은 좋은 서비스 경험에 대한 증거를 남기기도 한다. 일례로, 호텔 화장실 내의 접혀진 화장지는 방이 청소가 되었다는 것을 표시해 준다.

서비스를 연극에 비유하는 것에는 한계점도 있다. 실제 사람들은 대본에 따라 움직이지만은 않으며, 사람들이 서비스를 제공하거나 사용할 때엔 필연적으로 예기치 못한 상황들이 발생하곤 한다. 서비스들은 마치 연극과 같이 정해진 시간에 시작하거나 끝나지 않으며, 사용자들은 종종 서비스 제공자 및 시스템의 미묘한 부분, 사려 깊음, 혹은 깊은 의미를 파악하지 못하곤 한다. 또한, 서비스 제공자들이 서비스가 제공되는 환경에 대해 완전한 통제권을 행사하는 경우 역시 드물다.

서비스-연극 비유를 활용하는 가장 바람직한 방법은 서비스를 마치 즉흥 연극과 같이 생각해 보는 것이다. 만약 서비스 사용자와 종업원들이 상호작용할 수 있는 좋은 '무대'를 깔아주고, 그들에게 잘 정의된 역할, 명확한 목표, 필수적인 소품들을 제공해 준다면, 아마도 사람들은 그 상황에서 최선의 결과를 얻기 위해 행동하고, 모두에게 훌륭한 경험을 만들어 내지 않을까 생각한다.

무대의 비유는 서비스 제공 조직 내부의 활동들을 '고객'의 경험과 함께 더불어 조율해 볼 수 있는 유용한 방법이다. 여기서 '고객'을 생각할 때, 천편일률적인 고객-서비스 제공자의 구성 외적인 것들도 고려해야 한다. 서비스 청사진을 다룰 때 각각의 사람, 심지어는 각각의 비-인간 활동자non-human actor들의 배역들을 생각해보고, 그들 간의 상호작용을 모든 접점에 걸쳐 매핑하여 보는 방식으로도 접근해 볼 수 있다.

수년 동안, 서비스 디자이너들은 서비스 청사진을 고객과 서비스 이해관계자들을 배치해보는 종합적인 도구로 개발해 왔으며, 이는 다양한 서비스 디자인 및 서비스 혁신 프로젝트에서 핵심적인 역할을 수행했다. 서비스 디자이너들이 그들 고객사 내부의 프로세스에 깊이 관여하고 고객사의 서비스 제공 시스템 정리를 돕는 과정에서, 서비스 디자인은 고객사 비즈니스와 운영의 중심이 되어갔다.

서비스 청사진은 아래 세 가지 요소의 도해이다.

- 사용자 여정: 단계Phase 및 절차Step들
- 접점들: 채널들 및 접점들
- 뒷무대 절차들: 이해관계자들 및 활동들

전형적인 서비스 청사진 템플릿은 그림 5.7과 유사하다.

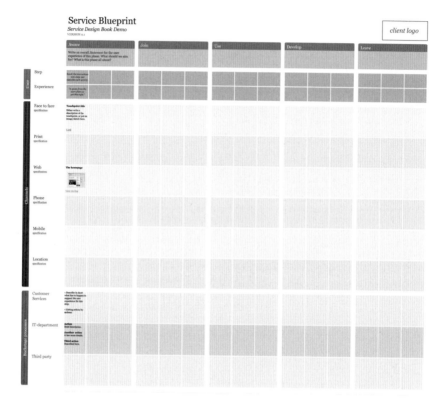

그림 5.7

전형적인 서비스 청사진 템플릿. 고객 여정의 단계들이 가장 상위에 있고(여기서는 지각한다-참여한다-사용한다-전개한다(develop)-떠난다) 다양한 접점의 채널들이 그 밑의 각 열에 배치되어 있으며, 뒷무대에서의 활동들은 가장 밑에 있다. 예시로 몇몇 접점들의 빈 칸이 채워져 있다.

좋은 소식은, 서비스 청사진이 매우 유용한 도구라는 것이다. 서비스 청사진은 서비스의 큰 그림 및 상호 연결고리들을 포착하는 것을 도와주며, 프로젝트를 기획하거나 서비스 디자인 의사결정을 최초의 인사이트 리서치 결과물과 연관짓는 데에 활용할 수 있다. 서비스 청사진은 그것이 서비스의 각 요소들과 경험들 및 한 서비스 안에서의 전달을 다루는 반면, 서비스 생태계 도해는 서비스를 더 상위 관점에서 다루고, 전체 서비스가 다른 서비스들 및 환경들과 어떤 관계를 맺고 있는가를 보여준다는 점에서 구별된다.

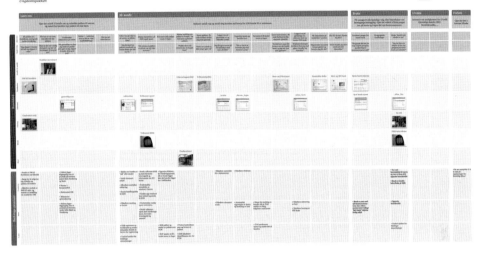

그림 5.8

다양한 접점이 채워진 서비스 청사진의 사례. 두 번째 사용자 여정 단계는 더 자세한 단계들을
서술하기 위해 확장된 형태로 기술되었다.

나쁜 소식은, 엔지니어링이나 건축에서의 설계도면과는 달리, 시각 언어와
활용 용어가 통일된 '표준 규격'의 서비스 청사진이 없다는 것이다. 책의 저자
인 앤디는 루체른 대학에서의 연구 과제에서 서비스 청사진의 다양한 종류와
범주에 대해 다뤘는데, 그 결과 각각의 조직이 서비스 청사진을 만들 때마다
각기 다른 형태의 도해가 탄생함을 알 수 있었다.[4] 심지어 한 회사 내에서도
서비스 청사진은 디자인과 콘텐츠에 따라 차이가 났고, 가끔은 추가적인 채
널, 내진 많거나 적은 사용자 여정 단계가 활용되었다(그림 5.8).

하지만 근저에 깔린 원칙은 동일하다. 서비스의 사용과 제공 과정에 연계

4　Andy Polaine, "Blueprint+: Developing a Tool for Service Design," Service Design Network
conference, October 27, 2009, Madeira, www.slideshare.net/apolaine/ blueprint-developing-a-
tool-for-service-design.

된 사람들을 커뮤니케이션 및 상호작용 채널에 따라 조사하여, 서비스 생태계를 도해하고, 이들이 시간의 흐름에 따라 어떻게 발현되는가를 매핑하며, 인사이트 리서치 결과와 연계하는 것이다.

서비스와 관련된 실제 사람들을 만나보면 서비스 제안의 모든 차원에서 인사이트를 얻을 수 있다. 사람들이 그 서비스와 브랜드를 가치 있게 생각하는가? 사람들이 요금 고지서의 상세한 부분에 짜증을 내는가? 서비스 관점에서 이러한 당면 과제들은 각각의 개별 시스템 차원을 넘어서서 하나의 종합적인 그림에 포함되어야 한다.

서비스 디자인 팀은 뒷무대에서 일하는 서비스 직원에서 얻은 인사이트와 고객의 니즈를 연계해야 하며, 고객 여정상 어느 곳에서 서비스 경험이 저해되는지, 혹은 훌륭한 기회가 존재하는지를 파악해야 한다. 어디에서 서비스 채널들과 기술들이 서로 잘 작동하여 가치를 창출하는지, 언제 그들이 불협화음을 내는지와 같은 질문에도 답할 수 있어야 한다. 마지막으로 서비스 디자인 팀은 모든 접점에 대한 디자인 명세서를 작성하거나, 실제 디자인 작업을 수행해야 한다.

서비스 청사진의 다양한 활용
Different Uses of Blueprints

서비스 청사진은 복잡한 네트워크 속에서 인사이트를 분류하고, 이를 활용하여 체계적인 작업을 수행할 수 있는 프레임워크를 제공한다. 서비스 청사진은 서비스 디자이너가 서비스의 디자인 요소에 대해서 구체적인 의견을 형성하고 주장할 수 있는 여건을 마련해 주며, 그 대상은 서비스 제안을 재구성하는 것에서부터 서비스 시스템의 사소하지만 심각한 디테일을 개선하는 것까지를 아우른다. 또한 서비스 청사진은 사람, 기술, 업무 프로세스의 복잡한 연결망을 아우르는 해결책을 디자인하거나 아이디어를 발상해내는 근간이 되어줄 수 있다. 이와 같이 서비스 청사진 작업은 분석의 과정으로 활용될 수도, 아이디어 발상의 방법이 되어줄 수도 있다. 서비스 청사진을 통해 기존의 서비스를 분석하고, 문제를 발견하고, 새로운 개선점이나 혁신적 해결책을 발상해 내기 위해서는 청사진 작업을 반복적으로 수행하는 것이 필요하다.

서비스 청사진과 스토리보드 스케치(접점들에 대한 보다 세밀한 설명과 묘사), 서비스 디자인의 관계는 3D 스케치와 제품 디자인, 와이어프레임과 UX 디자인의 관계와도 같다. 마치 전기 모터의 분해도와 같이, 서비스 청사진은 그 서비스의 디자인과 제공에 연관된 모든 사람들이 서비스의 일부분이 어떻게 전체를 이루어 내는가를 볼 수 있게 해 준다. 서비스 청사진은 각 사업 부서 사이의 장벽을 허무는 데에 도움을 줄 수 있고, 프로세스를 합침으로써 더 일관되고 한결같은 경험을 창출할 수 있는 기회들을 드러내어 준다.

기존 서비스 '분석'을 위한 서비스 청사진

과거에는 사람들이 다수의 접점을 거쳐서 경험하는 서비스의 품질을 테스트할 수 있는 단일 방법론을 찾기 힘들었다. 서비스 청사진은 한 서비스가 어떻게 구성되고, 모든 채널과 접점들이 고객의 여정에 어떻게 연결되며, 어떠한 뒷무대의 프로세스가 서비스 제공을 위해 필요한지를 도해한다. 이를 기반으로 서비스 디자이너들은 사람들의 각기 다른 서비스 사용 여정을 체계적으로 탐사해볼 수 있다. 시간의 흐름과 접점에 따라 고객의 경로를 추적해 봄으로써 어디에서 실제 가치가 창출되고, 어디에서 기회가 무색해지는지를 발견해 낼 수 있다. 이 작업은 어디가 잘못되었는지를 말해줄 뿐 아니라, 어떻게 고쳐야하는지 역시 말해준다.

가끔은 서비스 뒷무대의 오류가 전체 과정상으로는 일찍 발생했는데 고객 경험의 수면에 바로 나타나지 않는 경우가 있다. 예를 들어 세금이나 요금 정산 프로세스와 같은 서비스 뒷무대 프로세스에 기반한 커뮤니케이션이 제대로 디자인되지 않은 경우는 고객의 혼란을 야기하고, 고객 센터에 숱한 불만 및 항의 전화를 불러일으킬 수 있다.

이렇게 분석 도구로서의 서비스 청사진은, 클라이언트에게 인사이트 리서치의 결과물들을 시각화하여 제공하고, 집중적으로 자원을 배분해야 할 영역을 강조하는 경우에 유용하다. Gjensidige* 서비스 디자인 프로젝트의 사례에서, 디자인 팀은 고객의 상황별 경험과 연결된 50개에서 100개 사이의 접점들을 발견해냈다. 각 접점에 해당하는 고객 인사이트 결과를 서비스 청사진을 통해 정리함으로써 서비스 디자인 팀은 서비스 개선을 위해 어디부터 시작해야 하는지에 대한 기본 근거를 마련할 수 있었으며, 프로토타이핑 과정에서 특히 어떤 접점에 초점을 맞춰야 하는지에 대한 이해를 구할 수 있었다. 이상적으로는 서비스 경험에 가장 중차대한 영향을 주는 접점부터 작업을 하는 것이 맞겠지만, 실제 고객들이 프로토타입과 상호작용하는 모습을 보기 전까지는 이를 정확하게 판단할 수는 없다(프로토타이핑에 대해서는 7장을 참고).

서비스 혁신을 위한 서비스 청사진

서비스 청사진의 또 다른 용례는 새로운 혁신적인 서비스를 만들어 내거나, 기존의 조직이 완전히 새로운 비즈니스에 새로운 서비스를 통해 전략적으로 접근하는 전환을 도울 때이다. 새롭고 혁신적인 서비스 아이디어는 머릿속에서는 단순하고 매력적으로 보일 수 있지만, 그것이 실제 실행될 경우 결국 수행조직의 사일로에 갇힌 채 상상으로만 끝나게 되기가 쉽다. 예를 들어 혁신적인 리테일 경험에 대해 상상해 보는 것은 쉬울 수 있으나, 그 경험이 발현되기 위한 서비스 뒷무대에 대한 부분들을 고려하는 것은 쉽지만은 않은 일이다.

서비스 청사진의 모든 단계들을 매핑하는 것은 훨씬 탄탄한 서비스 제안을 개발하는 데에 도움이 되는데, 그 이유는 청사진 작업을 통해 각 요소들의 연결고리들과 시간의 흐름에 따른 작동방식들을 볼 수 있기 때문이다. 이 단

역자 주   노르웨이의 보험 회사

계의 또 다른 이점은 서비스 청사진을 스케치하는 행위를 통해 미처 생각하지 못했던 또 다른 아이디어와 연결고리들을 발견할 수 있다는 것이다.

뒤에서 매우 상세한 청사진 제작 과정을 소개할 예정이지만, 서비스 청사진의 기본 골격을 재빨리 짜보거나, 네다섯 컷의 서비스 사용 경험 스토리보드를 스케치하여 보는 것은 초기 아이디어 발상 단계에서 만들어 낸 서비스 컨셉을 더욱 꼼꼼하게 가다듬는 데에 도움이 된다. 서비스들은 그 자체로 복잡하게 구성되고 존재하며 제공되기 때문에, 특정 서비스 컨셉을 생각할 때에 치명적인 부분들을 놓치기가 쉽다. 또한 서비스 컨셉을 다른 사람에게 커뮤니케이션할 때, 그 서비스의 핵심 요소들이 시간의 흐름에 따라 어떻게 전개되는지를 보여주지 않고서는 어려움을 겪을 수 있다. 가끔은 스토리보드를 신속하게 스케치해 봄으로써 이 아이디어가 비현실적인지 아닌지를 실감해 볼 수 있으며, 단 몇 시간의 스케치를 통해 몇 달에 걸친 노력을 상회하는 깨달음을 얻을 수 있다.

대부분의 서비스 디자인 프로젝트들은 위에서 서술한 분석 및 혁신을 위한 두 접근의 조합을 포함하곤 한다. 어떤 프로젝트에서는 일부분의 개선 작업을 위한 분석에서 시작했지만, 그것이 새로운 서비스 혁신 프로젝트로 이어지기도 한다. 매우 야심찬 대규모 서비스 혁신 과제가 소소하고 세부적인 기존 서비스 개선 과제로 이어지는 경우도 있다.

광범위한 단계 및 활동들로부터 시작하기
Start With Broad Phases and Activities

서비스 개선을 위한 프로젝트, 새로운 서비스 혁신, 혹은 이 둘 모두의 조합에 대한 프로젝트 등 어떤 과제에서도 서비스 청사진 제작의 첫 단계는 시간의 흐름에 따른 서비스 경험의 단계—서비스 생애 주기—를 설정하는 것이다. 그 후에 서비스에 연관된 사람들(보통 고객 혹은 서비스 사용자부터 시작

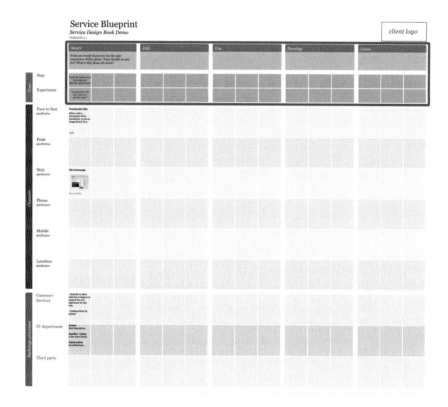

그림 5.9

서비스 청사진은 시간의 흐름을 횡축으로 하는 단계 및 절차와 고객, 채널별 접점, 기타 이해관계자들을 종축으로 하는 격자의 형태이다.

한다)의 역할을 추가하며, 채널 및 접점을 더한다. 이들은 여러 역할과 채널들로 구성된 그리드에 펼쳐질 수 있는데, 역할 및 채널들은 하단 및 측면에, 시간별 단계는 상단에 기재한다(그림 5.9).

앞서 언급했듯이 프로젝트나 요소별로 표준이 되거나 전형이 되는 서비스 청사진은 없으며, 개별 프로젝트의 성격에 따라 각기 다른 요소 혹은 단계의 구별이 필요할 수 있다. 하지만 일반적으로 청사진의 가장 위에서 광범위한 사용자 여정의 기본 단계를 생각해보는 것부터 시작해 보는 것이 타당하며(그림 5.10), 이는 다음과 같다.

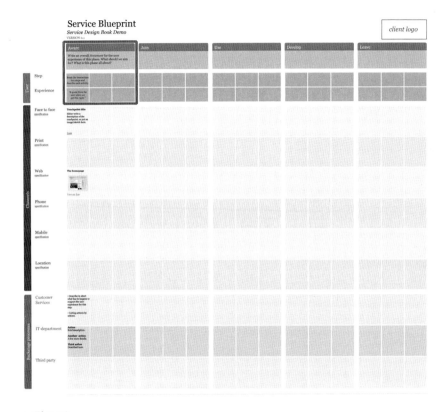

그림 5.10

서비스 청사진 제작 과정을 그리드 상단의 시간별 단계를 매핑하면서 시작한다. 각 단계는 초기에는 '지각한다', '사용한다'와 같이 상당히 광범위하다.

- **지각知覺한다**: 사용자가 서비스를 처음 알게 되는 시점
- **참여한다**: 회원 가입 혹은 서비스 등록 단계
- **사용한다**: 서비스의 일반적인 이용 기간
- **전개한다**: 사용자가 서비스를 확장하여 사용한다
- **떠난다**: 사용자가 서비스 사용을 종료하는 시점(단일 세션의 종료 혹은 영원히 종료)

  프로젝트에 따라서 특정 단계들을 추가시킬 수 있는데, 이를테면 '체크인'

그림 5.11

필요에 따라서 지각, 참여, 사용, 전개, 떠남의 주 단계를 상세화시켜 본다. 이를테면 비행기 도착 홀의 '사용' 단계는 '입국' 혹은 '도착', '체크인 카운터 찾기', '수하물 찾기', '보딩 패스 받기', '보안 검색대 통과'와 같이 상세화해 볼 수 있다. 이들은 각각 해당 단계의 모든 접점에 걸쳐 있는 얇은 행에 표현되어 있다.

이나 '계정 폐쇄'와 같은 것들이다. 혹은 몇몇 단계들을 프로젝트의 성격에 따라 상세화시켜 볼 수도 있으며, 특히 '사용'이나 '전개'와 같은 단계가 그러하다 (그림 5.11). 명료함을 더하기 위해서는 각 단계나 절차별로 간략한 설명을 달아주도록 하며, 이 텍스트는 하나의 서비스 청사진이 어떤 전체의 일부 단계만을 다루는 경우일 경우 특히 유용하다.

　　서술의 상세한 정도는 프로젝트의 필요에 따라서 결정하되 너무 많은 디테일을 뒤섞는 것은 지양하는 것이 좋다. 이를테면 한 웹서비스의 가입 과정을 보여주는 단계별 스크린 화면은 추후의 와이어프레임 문서에 포함될 수 있고, 이러한 특정 접점을 구체화하는 것은 다음 단계이다. 서비스 청사진에 너무 많은 상세한 내용을 적는 것은 서비스의 면모의 종합적 개괄을 저해할 수 있다.

채널별 접점을 더하기
Add the Touchpoint Channerls

위에서 설명한 서비스 단계들이 '참여하기' 혹은 '사용하기'와 같은 활동, 내지는 동사임을 기억해보자. 이 표현은 마치 "웹 사이트의 양식을 채워서 회원을 가입한다"와 같이 각 단계들이 어떻게 수행되는가에 대해서 다루지 않는다. 이러한 상세 방식을 생각하는 부분은 서비스 청사진의 왼편에 다양한 채널별 접점을 채운 후에 이뤄진다. 서비스 청사진의 각각의 열은 채널별 접점을 나타낸다(그림 5.12).

이 채널들은 대부분의 경우 인쇄물, 이메일, 웹사이트와 같은 매체들을 포함하게 되지만, 직원 혹은 또 다른 서비스 이해관계자와 같은 사람 역시 채널별 접점 영역에 포함될 수 있다. 하나의 서비스는 여러 제품들, 제3의 서비스들, 심지어는 다른 서비스의 고객 및 사용자들과의 상호작용 역시 포함할 수 있으므로, 채널의 종류는 필요한 만큼 밑으로 확장하여 기재할 수 있다. 여기에 포함되는 줄의 개수는 프로젝트의 맥락에 따라 결정되지만, 최초에 생각했던 것보다 더 많은 형태의 접점들을 포함시켜 봄으로써 "만일 이런 접점이 있다면?"과 같은 창발적인 질문을 던져볼 수도 있다.[5] 만일 당신의 프로젝트가 서비스의 앞무대와 뒷무대 사이에 더 넓은 틈을 필요로 한다면, 이 부분에서

---

[5] 오슬로 건축학교의 Simon Clatworthy 는 각기 다른 형태의 접점들이 인쇄되어 있는 카드를 개발했는데, 이는 한 서비스에서 가능한 접점들이 얼마나 많이 있을 수 있는지를 상기시키는 데에, 또한 개별 서비스 활동에 대한 브레인스토밍 작업에도 유용하다. 자세한 내용은 "Touch-point Cards Now Available" www.service-innovation.org/?p=577를 참고

서비스 디자인 | *Service Design*

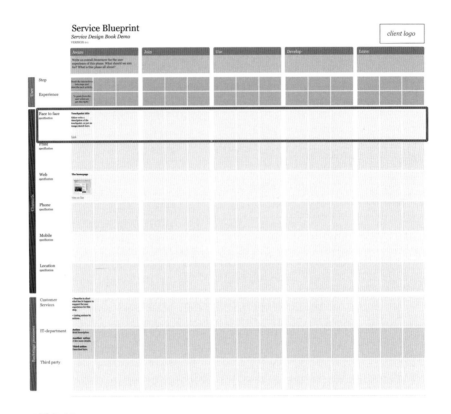

그림 5.12

고객 여정 단계 밑의 각 열은 '인쇄물', '면대면', '웹', '핸드폰'과 같은 채널별 접점들을 나타낸다.

그 공간을 확보할 수 있다.

　단순한 서비스라도 많은 접점들을 가질 수 있으며, 정교하고 복합적인 서비스의 경우에는 그것을 도해해내는 작업이 매우 복잡해지기 십상이다. 여기에 사람들과 각각의 역할들, 예를 들어 환자, 간호사, 의사, 사무원 등과 같은 내용을 더한다면 서비스 청사진은 매우 급격하게 복잡해진다. 서비스 청사진 작업의 기본 아이디어는 서비스 컨셉의 전체적인 그림을 그림과 동시에 개별 접점에서의 경험을 구성하는 구체적인 내용들을 포착하는 것이라는 점을 상기해본다면, 서비스 청사진 작업을 통해 서비스 설계의 복잡성을 관리할 수

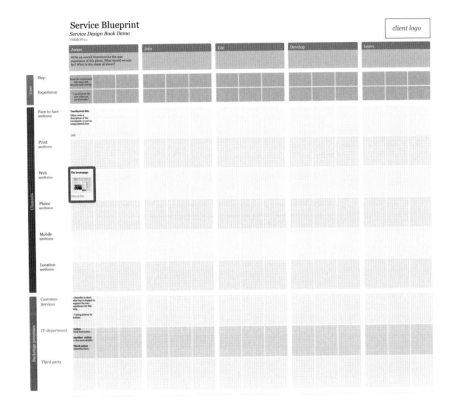

그림 5.13

각 칸은 고객 여정의 한 단계 혹은 한 절차 내의 개별 접점 경험을 나타낸다.

있는 하나의 방법을 얻을 수 있다고 할 수 있다. 다양한 접점별 여정에 따라 생각을 전개해보는 것 역시 중요하다. 이를테면 환자의 입장에서 의사와의 진료, 그리고 CT 스캐닝실에서의 경험이 훌륭하다고 하더라도, 환자가 어두운 병원 복도의 불편한 의자에서 몇 시간 동안 기다려야 했다면 무용지물이다.

이제 그리드가 완성되었으니 각각의 칸에 개별 접점 경험을 나타내는 내용을 채워넣을 수 있다(그림 5.13).

만약 서비스 청사진을 통해 기존의 서비스를 분석하고 있다면, 인사이트 리서치의 결과들을 각 칸에 추가해볼 수 있다. 각각의 칸에 개별 상호작용의 경험을 묘사하는 문장을 작성해본다. 이를테면 고객이 새로운 핸드폰 사용을 위해 온라인에서 회원 가입을 하는 상황이나, 매장 내에서 직원과 상호작용하는 상황과 같은 것이다. 축소되어 전체가 한 눈에 보이는 서비스 청사진에서는 이러한 부분들이 몇몇 단어 혹은 간단한 스케치면 충분할 것이다. 만약 공간이 있다면 사진을 더하거나 상황을 잘 묘사할 수 있는 부연 스케치 및 단어들을 추가해 볼 수 있다.

만약 서비스 청사진을 통해 새로운 서비스를 개발하고 있다면 모든 접점들이 어떻게 서로 연결되어 총체적인 경험을 이루는지를 곰곰이 생각해본다. 이와 같이 각 접점의 연결과 총체성을 점검하는 것은 기존의 서비스를 개선하는 경우에도 유효하며, 이 경우에는 해당 서비스 청사진 버전을 문제를 드러내는 분석을 위해 사용할 것인지, 새로운 모든 아이디어를 포함시키기 위해 사용할 것인지를 구분하고, 적절한 의도를 선택하는 결정을 내려야 한다.

제품에서 서비스로의 여정
The Journey from Products to Services

나의 과거 사용자 경험(UX: User Experience) 중심의 디자인 프로세스에서 서비스 디자인 작업에 아마도 가장 유용하게 쓰인 도구는 고객 여정 지도(혹은 고객 경험 지도—이 둘은 항상 일치하지는 않는다)라고 할 수 있겠다. 처음으로 이 고객 여정 지도를 사용한 것은 서비스 청사진 작업을 완료한 후였다. 한 회사의 내부 디자인 팀에서 일할 때, 나는 서비스 청사진 작업이 여러 채널을 아우르는 경험을 이해하는 데에 훌륭한 방법이라는 것을 깨달았고, 이는 특히 수많은 부서와 사일로가 존재하는 조직에서 그러했다. 하지만, 서비스 청사진은 이러한 특정 상황에서는 훌륭한 도구였지만 뭔가가 빠진 느낌이었다. 서비스 청사진은 애당초 그 서비스의 여정이 어떻게 '경험'되어져야 하는가에 대한 디자인 인사이트를 주는 목적으로 고안되지 않았다. 나는 고객의 총체적 경험을 사람들에게 십분 공감이 가는 방식으로 묘사해내는 단계가 있어야 한다고 생각했으며, 이는 조직의 개별 부서들을 하나의 비전으로 묶어낼 수 있어야 했다(그림 5.14). 나는 서비스 디자인 도구나 방법론들을 신봉하거나 거기에 깊이 빠져 있었다기보다는 고객의 여

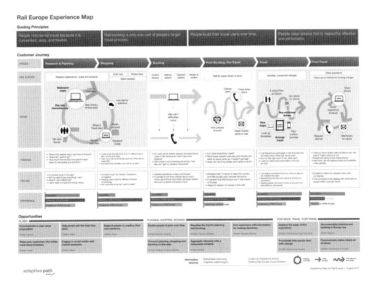

그림 5.14

고객 여정 지도(by Adaptive Path)

정을 묘사함에 있어서 조금 더 경험의 렌즈를 강조하는 방법을 찾고 있었다.

고객 여정 지도에서 내가 좋아하는 몇 가지가 있다. 첫째로 이것은 정적인 '지도(map)'라는 사물이라기보다는 '작도(mapping)'에 가까운 활동이다. 고객 여정 지도가 제대로 되어 있다면 조직의 서로 다른 부서를 포괄하게 된다. 이들이 협업하여 고객 여정을 매핑하는 과정에서 사람들은 부서 내의 근시안적 시각을 벗어나 총체적인 고객의 경험을 바라보게 된다.

둘째로, 매핑은 고객이 서비스 기업과 갖는 상호작용들의 맥락이 시간의 흐름에 따라 변화하는 것을 포착하는 가장 효과적인 방법 중 하나이다. 여정을 매핑하는 것은 고객들이 서비스와 상호작용하는 시간 내 임의의 시점에서 무엇을 느끼고, 생각하고, 행하는지에 대한 이해를 가져다주며, 그러한 느낌, 생각, 행동이 어떻게 변화하는지를 알 수 있게 해 준다.

셋째로, 매핑이 제대로 되었다면, 그 지도는 인간적인 경험을 깊이 있고 풍부한 이야기로 전달하여 준다. 나는 이야기를 시각화시키는 것의 효과를 굳게 믿는데, 그 이유는 시각 자료들은 글 몇 문단보다 훨씬 빠른 이해를 가능하게 해 주기 때문이다. 여정에 대한 좋은 시각화된 모델은 질적 및 양적 정보의 레이어를 통해 하나의 이야기를 말해준다. 시간이라는 요소와 더불어 이렇게 시각화된 모델은 이야기를 전달하는 데에 있어서 가장 빠르고 효과적이다.

경험의 각기 다른 부분들을 연결시키는 전통적인 사용자 경험 도구들에는 다른 것들도 있다. 그 중 하나는 '개념 모형(concept model)'인데, 이는 시간, 그리고 맥락이라는 요소를 포함하고 있지 않다. '시나리오'는 경험의 한 부분에 너무 집중하고 있다. 이러한 전통적인 사용자 경험 방법론들은 개발되었을 당시에 총체적인 사고(systems thinking)가 결여되어 있었다. 고객 여정 매핑은 각각의 요소들을 다룸과 동시에 그들이 어떻게 함께 잘 조율될 수 있을지를 이해할 수 있게 해 주었는데, 특히 경험에 있어서 디지털과 관련되지 않은 부분들까지 확장될 수 있다는 점이 유용했다.

내가 참고했던 과거 고객 여정들의 많은 사례들은 유통 채널 경험에 대한 자료들 혹은 서비스 마케팅 자료들에서 찾을 수 있었고, 십 년도 더 된 고객 여정이나 경험 지도의 사례들도 있었다. 하지만 이렇게 모든 것이 연결되어 있고, 디지털 경험과 물리적 경험이 융합되는 시대에서 우리는 이러한 과거의 프로세스나 방법론들이 수정되고 다시 창조되어야 함을 느낀다.

나는 서비스 디자인 방법론을 지금 내가 하는 거의 모든 프로젝트에 적용하며, 이러한 접근들을 계속 발전시키고자 노력한다. 글을 쓰기도 하고, 워크샵을 진행하기도 하며, 실무에 대해 이야기를 하기도 한다. 하지만 나는 내 스스로를 '서비스 디자이너'라고 생각하는 것 같지는 않다. 그보다는 여러 채널에 걸쳐지게 되는 디자인과 디자이닝의 본연적 속성이 내가 계속해서 서비스 디자인 방법론과 활동들을 수행하게 한다고 보는 것이 맞을 것 같다. 이를테면 고객 여정 매핑이나 서비스 청사진 제작, 그리고 역할극이나 연기, 비즈니스 모형 제작과 같은 새로운 형식의 프로토타이핑과 같이 전체 시스템을 파악하는 것을 돕는 접근들이 그것이다.

결국 이런 것들이 최종적으로 어떤 단어나 용어로 정착될지는 알 수 없다. 내 생각에 최고의 조직은 사용자 경험—고객을 행복하게 만드는 창의적이고 공감을 불러 일으키는 접근—을 중시하며, 이 사용자 경험을 단순히 그들의 제품에 적용하는 것으로 치부하기보다는 전체 조직에 스며들게 하는 것으로 간주한다. 서비스 디자인은 우리가 사용자 경험 디자인 안에서 다양한 채널을 거쳐 만들어지는 훌륭한 고객 경험을 정의해기 위한 더욱 총체적인 접근, 그리고 일련의 활동들이 될 수 있다. 몇 년 후에 내가 내 스스로를 무슨 디자이너라고 부르게 될지, 혹은 우리가 우리의 디자인 작업에 어떤 이름표를 붙이게 될지는 다음번에 토론하는 것으로 남겨두도록 하자.

— 이 글은 미국의 디자인 컨설팅 회사인 *Adaptive Path*의 경험 디자이너, 크리스(*Chris Risdon*)의 글이다. 크리스는 디자인에 대한 다 학제적인 접근을 통해 정보 구조 설계, 시각 디자인, 인터랙션 디자인 커리어를 밟아 왔다.

낮은 충실도 vs 높은 충실도
Low Fidelity versus High Fidelity

이제 서비스의 개괄을 보여주는 서비스 청사진이 준비되었다. 책에 기재된 사례는 컴퓨터를 통해 취합되었지만, 일반적으로는 빨리 진행할 수 있는 낮은 충실도를 갖춘 서비스 청사진을 먼저 제작하는 것이 타당하다. 큰 화이트보드 혹은 백지 위에 열과 행을 그리고, 포스트잇과 같은 접착식 종이에 접점들을 채워 붙이는 방식(그림 5.15)이나, 간단한 스프레드시트 혹은 표에 채워넣는 방식(그림 5.16) 등이 그것이다. 이렇게 낮은 충실도를 가진 서비스 청사진 제작을 통해 여러 요소들을 자유롭게 이동해볼 수 있고, 필요 없는 사항을 제거할 수 있으며, 전체 작업 과정에서의 유연성을 확보할 수 있다. 특정 시점이 오면 이미지와 스케치들을 포함할 수 있도록 시각적으로 청사진을 조금 더 가다듬는 것이 필요하다. 특정 디지털 형태의 파일을 통해 서비스 청사진을 쉽게 업데이트하고 공유하는 것 역시 가능하다(161 페이지의 노트를 참고).

서비스 청사진을 확대 및 축소해 보기
Zooming In and Out

서비스 청사진은 전체를 아우르는 관점이 필요할 때에 특히 유용하다. 이런 종합적인 관점은 서비스 생태계의 제반 요소들이 고려되었는지, 그리고 앞서 서술한 조직 내 사일로의 문제를 피하고 있는지와 같은 부분을 고려할 때에 필요하다. 하지만 서비스 청사진을 제작하는 과정에서 개별 셀보다 더 상세한 부분까지 파고 들어가는 것 역시 필요할 수 있으며, 이때에 전체를 아우르는 서비스 제안 역시 염두에 두어야 한다. 상세한 것에 초점을 맞추는 확대 모드와 전반적인 그림을 보는 축소 모드가 필요하다. 예를 들자면 인쇄물이 어떻게 시각적으로 보여지는지와 그것이 어떻게 전체 서비스 제안에 부합하는지

그림 5.15

화이트보드 혹은 벽 위에 포스트잇을 붙이면서 서비스 청사진을 만들어 봄으로써 개별 요소들을 쉽게 움직여 볼 수 있다. 이는 특히 서비스에 대한 브레인스토밍을 진행할 때 유용한데, 포스티잇은 비영구적이면서 공간이 제한되어 있기 때문에, 너무 이른 시점에서 세부적인 내용의 서술과 상상에 필요 이상으로 깊이 파고드는 상황을 방지할 수 있기 때문이다.

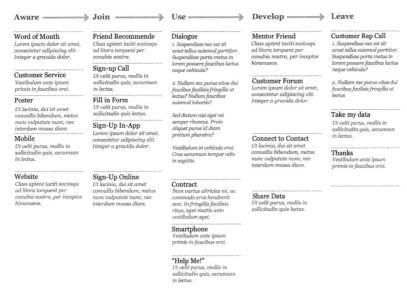

그림 5.16

표나 스프레드시트는 인사이트 혹은 접점에 대한 분석 결과를 디지털 파일로 빨리 제작하는 데에 유용하다.

를 생각해 보는 것이나, 끊김없는 스마트폰 사용 활동이 어떻게 뒷단의 기술적 요구 사항들에 영향을 미치는지를 생각해 보는 것이 이러한 확대/축소 모드의 전환을 필요로 한다. 이와 같은 질문들은 전통적으로 요구사항 수집에 기반한 제품/서비스 개발 과정에서도 발견되어 왔다. 이상적인 서비스 청사진은 모든 요소들이 사용자 중심, 또한 서비스 제공 기업 중심의 양 관점에서 어떻게 상호 연결되었나를 동시에 확인할 수 있도록 도와준다.

여타 디자인 방법들과 같이 서비스 청사진은 그 자체로 하나의 작품으로서 완성되는 것이 아니다. 프로젝트별 및 개별 프로세스별로 개선과 변형이 발생하고, 어떤 고객들은 그들의 조직 내부 프로세스에 따라 특정 용어를 사용하는 것을 원할 수 있으며, 개별 디자인 전문회사들은 그들만의 도구와 기법들을 개발해낸다. 하지만, 다음 장에서 다룰 내용과 같이 서비스 청사진은 전체 서비스 디자인 과정에 있어서 중추가 된다. 그간 서비스 청사진은 인사이트 리서치 결과의 분석과 매핑, 서비스 생태계의 매핑, 서비스 제안의 개발과 디자인 및 그 결과 측정에 이르기까지 다양한 용도로 활용되어 왔으며, 이는 물론 반복적인 작업을 통해 이루어진다. 서비스 청사진은 아이디어 발상을 도울 수 있지만, 새로운 아이디어 및 서비스 요소들이 떠오르고 개입되는 과정에 따라 변화하고 또 수정되어야 한다. 서비스 청사진 다음 단계를 다루기 전에, '서비스 제안'에 대해 살펴보고, 이를 어떻게 디자인하고 개발하는지를 알아보자.

서비스 청사진 작업 도구에 대한 노트
A Note about Blueprinting Tools

우리가 이 책을 쓸 때에는 서비스 청사진 제작을 위한 구체적인 도구가 따로 존재하지 않았다. 포스트잇과 화이트보드에서부터 인디자인(Adobe InDesign)이나 옴니그라플(Omnigraffle) 혹은 Vision과 같은 일상적인 디자인 도구들을 활용했고, 일부 서비스 디자이너들은 마이크로소프트의 엑셀을 쓰기도 했는데, 이는 엑셀이 대부분의 고객사 및 고객 부서들이 활용하는 도구이기도 하고, 특히 고객사와 서비스 청사진 작업을 함께 진행해야 하는 경우에 그랬다.

물론 엑셀은 디자인 툴과는 거리가 멀지만 다른 스프레드시트, 혹은 외부의 PDF 문서로 연결되는 클릭 가능한 링크를 만들 수 있기에 엑셀을 통해 만든 서비스 청사진은 서비스 접점별 상세 내용을 다룬 문서들의 종합적인 지도의 역할을 하는 성격의 것이 된다. 조금의 노력을 기울이면 엑셀로도 서비스 청사진의 세부 디자인을 훌륭히 만들 수 있기도 하다.

앞서 언급한 도구들이 모두 만족스러운 것은 아닌데, 이는 서비스 청사진을 확대-축소해 볼 수 있고 서로 다른 레이어를 숨기거나 나타낼 수 있어야 하기 때문이다. 하지만 이러한 디지털 도구들이 서비스 청사진 작업의 본질이 아니라는 것을 명심해야 한다. 부분과 전체를 연결하는 것이 목적이며, 이를 달성하기 위해 당신에게 적합한 도구를 선택하여 활용하는 것이 좋다.

서비스 디자인 | *Service Design*

Summary

- 서비스는 서로 다른 많은 채널별 접점을 포함하며, 이들은 시간에 따라 전개된다. 서비스의 디자인 작업을 수행해 나가기 위해서는 이러한 복잡성을 시각적으로 매핑하는 방법이 필요하다.

- 전체 서비스를 조망하고, 서비스의 상세 부분에 초점을 맞추는 확대-축소 작업에 능해야 한다. 서비스 생태계 매핑은 한 서비스가 운영되는 거시적인 맥락을 볼 수 있도록 도와주며, 서비스 청사진은 접점별 상호작용을 시간의 흐름에 따라 그 전개를 구성하고, 디자인하며, 조율하는 데에 도움을 준다.

- 서비스 디자인의 핵심적인 활동은 사람들이 원하는 것, 서비스 앞무대에서의 접점에서 그들이 경험하는 것, 이를 뒷받침하는 서비스 뒷무대에서의 비즈니스 프로세스를 조율하는 작업이다.

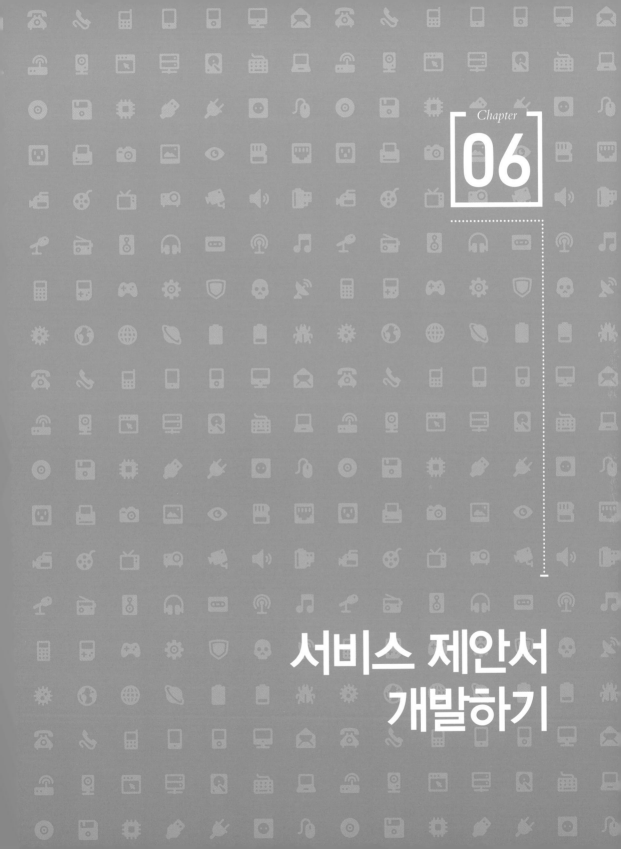

Chapter

06

서비스 제안서
개발하기

[*Service*

Design] 기존에 있는 서비스를 향상시키는 것이 목적일 경우에는 서비스 청사진을 사용하면 그 서비스가 포함하는 구성요소들에 대한 전반적인 그림을 잘 이해할 수 있을 뿐 아니라, 그 구성요소들이 시간의 흐름에 따라 어떻게 경험되는가를 효과적으로 파악할 수 있다. 하지만 만약 완전히 새로운 서비스를 개발하고자 한다면 사용자의 니즈나 중요한 접점들에 대한 대략적인 아이디어는 있을지 모르나 세부 사항들에 대한 아이디어는 없을 가능성이 크다. 이러한 모든 세부 사항이나 프로젝트에 들어가게 될 주요 리소스들에 대해 결정하기 전에 *서비스 제안서*를 먼저 개발하여야 한다.

인사이트를 기반으로 한
서비스 제안서 만들기
Basing the Service Proposition on Insights_____

서비스 제안서란 근본적으로 비즈니스 제안서와 같은 것이지만 비즈니스적인 관점뿐 아니라 고객과 사용자 입장을 함께 생각한다는 점에서 차별점이 있다. 서비스가 공공 서비스이든 무료 서비스이든 간에 비즈니스 모델이 서비스를 받쳐줘야 한다. 그렇지 않으면 서비스의 지속 가능성이나 변화에 대한 적응력이 생기기가 매우 힘들기 때문이다. 일반적으로 해야 할 질문들은 다음과 같다. 누가 자금을 댈 것인가? 기준 소매가격과 세분시장market segment은 무엇이 될 것인가? 서비스 개발에 필요한 것은 무엇이며 자금은 얼마나 들 것인가?

서비스 제안서는 리서치로부터 얻어진 실제 인사이트를 바탕으로 만들어져야 한다. 충족되지 않은 니즈가 있는지, 시장의 간극은 어디에 있는지, 미발달된 시장은 어디인지, 새로운 기술 도래로 인해 기존 모델을 바꿀 수 있는 가능성은 없는지, 복잡한 서비스 기반 시설을 혁신적으로 단순화할 수 있는 기회는 있는지, 혹은 환경의 변화가 있는지 등을 알아낼 수 있을 것이다. 이러한 인사이트는 비즈니스 아이디어로 승화되고 결과적으로 서비스 제안서를 만들도록 도울 것이다.

조파 서비스 제안서
The Zopa Service Proposition

P2P 대출 서비스인 Zopa.com(그림 6.1)은 서비스 제안서의 아주 훌륭한 예시 중 하나로, 회사와 금융 서비스가 갖는 관계가 개인이 갖는 금융 서비스와의 관계와는 전혀 다르다는 인사이트를 바탕으로 개발되었다. 이 관계가 다른 이유 중 하나는 한 회사에 대한 제3자 기관(혹은 시장)의 평가 결과가 그 회사의 대출 실효성을 결정하기 때문이다. 이러한 시스템은 채권 시장의 발달을 낳았고, 금융 기관들이 위험을 감수하고서라도 회사들에 투자하는 것을 가능하게 한다. 결국에는 이것이 개인 고객들에게는 허용되지 않는 방법으로 회사들이 돈을 빌릴 수 있는 것을 가능하게 하였고 일반적으로 더 좋은 대우를 받는 것을 가능하게 하였다. 조파 공동 창립자들은 이런 종류의 '채권 시장'을 개인 고객들에게도 가능하게 만들 수 있음을 본 것이다. 한 사람에게 1,000 파운드(한화 약 180만 원)를 한꺼번에 빌려주기는 꺼려하는 사람도 만약 그 돈이 100명에게 나뉘어 빌려주게 된다면 전액을 부도 맞게 될 확률이 극히 줄어들므로 투자 의지가 높아지게 될 것을 본 것이다.

또한 조파는 네트워크와 데이터가 (기존 시장을 변화시킬 수도 있는)파괴적 혁신disruptive innovation을 가능하게 하는 연료로서의 힘이 있다는 인사이트의 좋은 예시이기도 하다. 조파의 공동 창립자인 Giles Andrews는 다음과 같이 설명했다. "은행은 모든 고객의 데이터를 은행이 소유하고 있는 것이 옳은 것처럼 말하는 것에 탁월한 능력이 있는 듯하다. 하지만 그들은 절대 그럴 수 없으며 자신의 금융 데이터는 자신만의 것이다. 그럼에도 불구하고 모든 산업이 그것이 은행의 소유인 양 구조화되어 있으며, 그로 인해 그 데이터를 얻는 것이 매우 어렵게 되어 있는 실정이다."[1]

---

[1] 좀 더 자세한 정보는 Giles Andrews의 IPA 강연에서 접할 수 있다. (https://vimeo.com/4843653)

그림 6.1

P2P 대출 서비스인 Zopa.com의 서비스 제안서가 간결하게 명시된 웹 페이지

물론 신용 조사 기관에서 자신의 금융 정보를 얻을 수는 있으나 그 데이터에 대해 무언가를 할 수 있는 것은 거의 없다. 그런 반면, 조파는 개개인이 이러한 데이터를 사용하여 P2P 대출 시장에서 자신의 신용도를 직접 평가할 수 있도록 돕는다. 조파의 서비스 제안서는 빌려주는 사람과 빌리는 사람 모두 은행보다 더 좋은 평가를 받을 수 있게 하는 것이다.[2] 이를 위해, 조파는 개개인의 금융 사고방식을 그들이 납득할 수 있을 뿐 아니라 사용하기 원하게 되는 경쟁력 있는 서비스와 사회적 경험으로 옮겨놓을 필요가 있었다.

사실 조파에 기회를 제공한 또 다른 인사이트는 인터넷의 사회적 사용의 증가와 더불어 이베이eBay가 엄청나게 성공하고 있었던 상황과 연관이 있다. 조파의 창립자들이 2004년 처음 창업을 계획할 무렵 이베이는 크게 성공하고 있었는데, 사실 그 어떤 합리적인 경제 모델로도 이베이의 성공을 설명할 수는 없었다. 많은 사람들이 아무런 안전적 장치가 거의 없는 상황에서 전혀 모르는 사람들에게 돈을 보내는 위험을 감수한다는 것을 보여주고 있기 때문이다. 이런 것은 은행 산업에서는 전혀 기대할 수 없는 현상이다. 사람들 간에 평판을 쌓아나가는 사회적 경험만이 이러한 현상을 설명할 수 있는 유일한 방법이라는 것을 조파 창립자들은 깨달은 것이다.

조파는 사람으로부터 시작된 기관의 좋은 예시이다. 다음과 같은 질문이 바로 그것을 가능하게 하였다. "은행을 신뢰하지 않는 사람들을 위해 무엇을 해줄 수 있겠는가? 그러한 사람들을 위해 어떤 서비스 비즈니스를 만들어낼 수 있는가?" 이것은 왜 서비스 디자인이 상향식 접근을 통해 사용자 요구에 기반한 접근방식으로 진행되어 사람들과 **함께** 서비스를 디자인하는지를 잘 보여준다.

서비스 제안서 개발로 다시 돌아가서, 이러한 초기 아이디어를 잘 형성하려면 다음 3가지 질문에 답할 수 있는 것이 중요하다.

---

2 Zopa는 "Zone of Possible Agreement"의 준말로, 파는 사람이 받기를 원하는 가치와 사는 사람이 지불하려는 가치 사이의 겹치는 부분이라고 할 수 있다.

1. 새로운 서비스가 무엇이며 무엇을 하는 것인지 사람들이 이해하는가?
2. 서비스가 자신들의 삶에서 어떤 가치를 가져다 줄 수 있는지 인식하는가?
3. 서비스를 어떻게 사용하는 것인지 사람들이 이해하는가?

이러한 질문들에 대해서 제7장에서 좀 더 자세히 다룰 것이지만 지금은 간단하게 이 3가지 질문에 대해 차례대로 살펴보기로 하자.

새로운 서비스가 무엇이며 무엇을 하는 것인지 사람들이 이해하는가?

이 질문은 너무 당연하게 느껴질지도 모르겠다. 하지만 물리적 어포던스 affordance로 사용 방법을 자연스럽게 알 수 있게 하는 일반 제품들과는 다르게, 서비스는 추상적이거나 눈에 보이지 않는 특성을 지니고 있다. 그러므로 새로운 서비스일 경우는 종종 새로운 영역을 도표화하는 것이 중요한데, 이런 측면에서 P2P 대출 서비스란 무엇인지에 대해 도표화하여 설명한 조파가 그 좋은 예시라고 할 수 있다. 은행을 통해 돈을 빌려왔던 사람들이라면 조파 서비스를 이해하기 쉽지 않을 것이다. 이 경우를 위해 조파는 웹페이지에 자신의 서비스를 다음과 같이 설명하고 있다. "조파에서는 남는 돈이 있는 사람들이 돈을 빌리길 원하는 사람들에게 직접 대출한다. 그들 중간에는 은행도 없고 간접비도 없고 원치 않는 요금도 없기에 모든 사람들이 더 나은 조건으로 거래하게 된다."

이제 이 서비스가 무엇이며 무엇을 하는지에 대해서는 괜찮은 그림이 그려졌다. 그러면 과연 사람들이 이 서비스를 자신의 삶에서 필요로 하는가?

서비스가 자신들의 삶에서 어떤 가치를 가져다 줄 수 있는지 인식하는가?

디자이너, 엔지니어, 기술자는 아무에게도 필요 없는 물건을 자신들이 훌륭하다고 판단해 마구 만들어내는 죄를 얼마나 많이 짓고 있는지 모른다. 역사는 그런 쓸데없는 제품과 서비스들로 채워져 왔다. 역사는 또한 사람들이 처음에는 왜 필요한 것인지 알아채지 못하다가 나중에는 그것들 없이는 삶을 제대로 살기 힘들 정도로 필수불가결한 것들로 채워져 왔다. 문자 메시지, 포스트잇, 혹은 고양이의 재미있는 사진들을 올릴 수 있는 웹사이트가 그런 예들이다.

만약 당신이 지금 새로운 서비스 제안서를 개발 중이라면, 그 서비스가 어떻게 사용자의 삶에 가치를 더해줄 것인지 생각해야만 한다. 물론 이것은 인사이트 리서치를 통해 발견한 니즈를 바탕으로 해야 한다. 프로젝트들이 조직의 임원들에 의해 영향을 받을 수 있을 것이다. 하지만 서비스 제안서가 고객보다 기업의 니즈에 초점을 맞추지 않도록 조심해야 한다. 가장 이상적인 것은 그 서비스 제안서가 서비스 제공자와 서비스 사용자 모두에게 유리한 결과를 가져다주는 것이다. 서로가 서로에게 가치를 제공할 수 있어야 한다.

이것이 바로 조파가 그들의 가치를 설명하는 방식이다. "당신이 '전혀 모르는 사람에게 무슨 이유로 돈을 빌려주겠습니까?'라고 질문할지도 모르겠습니다. 그것은 은행에 돈을 저축하는 것보다 이 서비스를 통해 더 큰 돈을 벌 수 있기 때문입니다. 우리 서비스를 통해 1억 6천파운드(약 2천 8백억 원)가 넘는 돈이 거래되고 은행보다 더 확실하게 돈을 꾸려나갈 수 있다는 것을 증명하는 실적 기록이 있는데 우리 서비스를 사용해보지 않을 이유가 무엇이겠습니까?"[3]

많은 사람들이 은행을 허위 요금으로 자신들에게 바가지를 씌우는 필요악으로 생각하고 있는 것이 현실이다. 이러한 이유로 은행에 대한 신뢰가 사라지고 있는 것도 사실이다. 조파는 이러한 (조금만 생각해보면 매우 명백한)인사이트가 사실임을 그들의 리서치를 통해 보여주었다. 사람들은 자신에게 은행이 자신을 최우선으로 여겨준다고 생각하지는 않지만, 자신의 돈이 커다란 은행 금고 어딘가에 안전하게 보호되고 있을 것이라고는 믿는다. 설령 그 금고

---

3 2012년 2월 Giles Andrews와 나눈 대화에 따르면, 2012년 말에는 거래량이 2억 3천파운드를 넘어선다고 한다.

가 디지털 형태라고 할지라도 말이다.

스타트업인 조파는 고객들이 은행에 대해 가지고 있는 이러한 '애증관계'와 맞서 어떻게 경쟁할 수 있을 것인지에 초점을 맞추었는데, Giles의 말에 따르면 그것의 결과는 "문서화되어 있지는 않지만 자연스럽게 쌓이는 신뢰soft-side of trust에 힘을 기울이자"였다.[4] 조파의 전략 중 하나는 친근하면서 쉽고, 적절한 유머가 곁들어진 어조로 고객들과 소통하는 것이다. 이러한 전략이 조파의 접점 디자인과 그것의 커뮤니케이션을 위한 가이드가 되었다. 고객들이 어떻게 돈을 벌 수 있고, 어떤 요금들이 있으며, 어떤 잘못된 상황이 생길 경우에는 어떤 일이 일어나는가를 가장 투명하고 명백하게 드러내는 것에 심열을 기울였는데, 이러한 전략은 일반 은행들과는 정반대되는 어프로치이다. Giles는 다음과 같이 말한다. "은행들은 작은 글씨로 프린트된 수많은 계약조건들을 가지고 있다. 그들은 고객들의 작은 실수들을 통해 돈을 벌며, 대부분의 경우 공정한 서비스를 통해 돈을 벌지 않는다." 조파는 또한 돈을 빌려주고 빌리는 상황에서 경험되는 사람들의 서로를 돕는 마음에 초점을 둔다(그림 6.2). 이러한 것은 은행 거래에서는 전혀 경험할 수 없는 것이다.

서비스 제안 기저에 깔린 원리들과 이러한 원리들이 접점들을 통해 어떻게 고객들에게 전달될 것인가에 대한 것이 함께 서로 잘 조합되어야 고객들은 서비스의 제안점이 무엇인지 이해할 수 있을 뿐 아니라 그 서비스를 통해 얻게 되는 가치가 무엇인지 잘 이해할 수 있게 된다. 그 다음 단계에서 다루어야 할 것은 실제로 고객들이 그 서비스를 사용하게 될 때 어떻게 사용할 수 있는가를 잘 이해시키는 것이다.

---

4 여기서 언급한 Giles Andrews의 두 인용문은 IPA에서 한 그의 강연에서 따온 것이다: https://vimeo.com/4843653

그림 6.2

조파는 일반 은행과의 차별화를 위해 돈을 빌려주고 빌리는 상황에서 생겨나는 인간적인 이야기에 초점을 맞추고 있다.

서비스를 어떻게 사용해야 하는지 사람들이 이해하는가?

당신이 새로운 서비스 디자인을 시도해 봤을지도 모르겠다. 당신의 클라이언트는 자신의 사업에 대해 당연히 알고 있었을 것이다. 그러나 서비스를 사용하게 될 고객들은 어떠한가? 그들도 당신의 새로운 서비스를 바로 이해할 수 있었는가? 문손잡이 디자인을 생각해보자. 문손잡이는 우리가 이미 오래전부터 접해왔고 그것의 물리적 어포던스는 그것을 당기거나 밀거나 돌리는 사용 행동을 직관적으로 보여준다. 하지만 P2P 어쩌고는 어떠한가? 이 서비스의 잠재적 고객들은 P2P 대출이라는 것이 무엇인지 조금이라도 알아야 할 것이다. 조파가 자신의 서비스를 '돈을 위한 시장'이라고 표현한 것이 그러한 이유이다. 뿐만 아니라 자신들의 서비스가 어떤 식으로 작동하는가를 설명해야만 한다(그림 6.3). 기존의 은행들에게는 이러한 수고는 필요 없는 일이다.

이제 서비스 제안서가 무엇인지 알았고, 그 서비스가 고객에게 가져다 주는 가치가 무엇인지 알았으며, 그것이 어떻게 작동하고 어떻게 사용할 수 있는지 어느 정도 알게 되었다. 조파는 새로운 영역을 개척하였기 때문에, 이 서비스가 어떻게 작동하느냐에 대한 설명을 위해 많은 시간과 노력을 투자하였다. 그리고 이러한 과정은 고객들이 서비스를 이해하고 그 서비스에 대한 신뢰를 쌓아갈 수 있도록 하며, 이것이 이루어지는 것은 사업의 성공에 가장 핵심이 되는 것이다.

또한 기존의 잘 알려진 제품이나 서비스의 메타포를 활용하거나 그에 편승하는 방법을 통해 자신의 서비스가 잘 이해될 수 있도록 돕기도 한다. 예를 들어, 윕카Whipcar는 P2P 자동차 공유하기 서비스로, 이용자가 차를 쓰지 않는 동안 다른 모르는 사람에게 차를 빌려줄 수 있도록 돕는 서비스이다. 이는 이미 잘 알려진 에어비앤비Airbnb의 모델을 차용했는데, 에어비앤비는 남는 방이나 아파트, 집을 다른 모르는 사람에게 빌려주는 것을 돕는 서비스이다(그림 6.4). 윕카는 자신들의 서비스를 '자동차 공유의 에어비앤비'라고 묘사하였는데 이를 통해 자신들이 할 일의 반 이상이 덜어진 셈이다(그림 6.5). 물론 사

서비스 디자인 | *Service Design*

그림 6.3

조파는 자신들의 서비스가 어떻게 작동하는지를 다음 4가지 포인트로 설명한다. (1) 빌려주는 사람은 돈을 넣습니다, (2) 빌리는 사람은 돈을 빌립니다, (3) 조파는 그 중간을 담당합니다, (4) 그리고 당신은 돌아오는 수익을 즐기시면 됩니다.

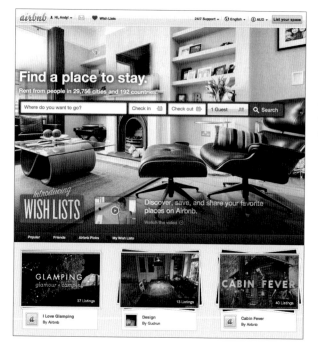

그림 6.4

"독특한 공간을 경험할 수 있는 커뮤니티 장터" 에어비앤비(Airbnb)는 웹사이트에 한눈에 이해할 수 있는 서비스 제안(proposition)을 명시하고 있다.

그림 6.5

웹카(Whipcar)는 에어비
앤비(Airbnb)와 비슷하게
P2P로 자동차를 공유하는
서비스이다. 마찬가지로 한
눈에 이해할 수 있도록 서
비스 사용법을 3단계로 요
약하여 설명하고 있다.

람들이 에어비앤비가 어떤 서비스인지 먼저 알아야 의미가 있다. 하지만 대부
분의 웹카 같은 서비스의 얼리어답터는 에어비앤비와 같은 다른 종류의 협동
적 소비 공유 서비스의 얼리어답터일 확률이 높다. 이러한 점에서 비교 대상
타겟을 잘 잡은 것이라고 할 수 있겠다.

청사진으로 쪼개보기
Taking Slices through the Blueprint

조파의 예시를 통해서 서비스 제안서 개발을 위해서는 5장에서 언급한 심적
확대-축소가 계속적으로 진행되어야 함을 알 수 있다. 기존의 은행과 고객들
간의 관계와 같은 디테일 정보가 서비스 및 비즈니스 제안서의 개발을 이끈다.

개발된 제안서의 정보는 사용자들에게 다시 전달되어야 하는데, 이를 위해 서비스 접점들에서 목소리 톤의 디테일에 대해 생각해야 한다.

서비스는 이윤을 창출해야 한다. 따라서 조파는 어떤 방식으로든 고객이 얻는 이익의 일부를 받거나 그들에게 요금을 매기게 될 수 밖에 없다. 이 부분에 대한 명확하고 투명한 전달이 필수이며, 이것은 특히 조파의 대상 고객들이 기존의 은행 시스템의 요금제에 불만을 품었던 사람들일 경우가 크기 때문이다. 조파는 이를 위해 "우리가 어떻게 돈을 버는가"라는 제목의 섹션을 웹사이트에 공지하고 있다. 모든 비즈니스 결정은 서비스 제안서와 그 제안서의 전달에 영향을 미친다. 그와 마찬가지로, 서비스 접점에서의 디테일들은 전체 비즈니스에 영향을 준다. 만약 사용자들이 어떤 것—예를 들어 조파가 어떻게 그리고 왜 그들의 이익의 일부를 가져가는가—를 이해할 수 없으면, 그것은 신뢰에 금이 가게 만들어 조파의 비즈니스에 악영향을 미칠 것이다.

디테일한 부분으로부터 큰 그림까지 확대-축소를 관리하는 방법은 서비스 청사진을 다른 여러 가능한 시나리오들을 펼쳐보는 공간으로 활용하는 것이다. 청사진은 서비스 생태계의 필수적인 부분들을 보여주어야 하는데 이는 "만약에…?"라는 여러 시나리오를 활용하여 서비스를 사용하는 사용자들의 다양한 여정들을 추적해볼 수 있게 하기 위함이다. 서비스 청사진은 프로젝트에 연관된 모든 이해당사자들—즉, 디자이너, 사용자, 직원, 경영진—이 서비스 제안서 및 경험을 정의하게 되는 모든 가능한 변수들에 대한 결정을 내릴 수 있도록 돕는다.

이 단계에서 실제 디자인 작업이 시작되게 되며, 서비스 디자인 프로세스 중 '새로운 아이디어 발산' 단계로 접어들게 되는 것이다. 견고한 인사이트를 바탕으로 한 청사진을 가지고 있는 것은 서비스 디자인 팀이 그 인사이트들을 비즈니스 목적과 전략으로 연결할 수 있도록 하며, 또한 잘 연합된 경험을 디자인할 수 있도록 돕는다. 청사진과 여러 다른 디자인 명세서들은 모든 사람들이 이해하고 있는 내용이 동일할 수 있도록 보장한다.

리소스를 어디에 분배할 것인가 선택하기

모든 프로젝트는 제한된 리소스를 가지고 있다. 규제 체계, 환경 이슈, 인력 등이 프로젝트의 범위를 제한할 수 있지만 대부분은 시간과 돈에 의해 제한된다. 모든 서비스 접점과 서비스를 통한 모든 가능한 여정을 완벽하게 디자인하는 것이 가장 이상적이겠지만, 이것은 일반적으로 불가능하다. 어떤 접점에 더 초점을 맞추어 모든 노력을 기울여야 할지 선택해야만 한다. 서비스의 핵심을 표현할 수 있는 가장 핵심이 되는 몇 개의 접점들을 잘 선택하는 것이 유용한 시작 방법이 되는데, 이는 새로운 서비스를 개발하든 기존의 것을 개선시키든 모든 경우에 해당된다.

만약 기존의 서비스가 개선되어야 하는 경우라면 작업해야 할 명백한 접점들이 인사이트 리서치(그림 6.6)와 비즈니스 전략의 조합을 통해 자연스럽게 떠오를 것이다. 어떤 것들은 아주 쉽게 달성될 수 있는 작업으로 여겨질 수도 있는데, 주로 현재 서비스에서 실패하는 접점들이나 쉽게 재디자인될 수 있는 접점들, 혹은 가장 눈에 띄는 이윤이 남을 수 있는 접점들이 그것이 될 수 있겠다. 예를 들어, 계산서를 재디자인해야 하는 것과 같은 종류의 접점들은 아마도 쉬운 그래픽 디자인 작업으로 개선될 수 있을 것이다. 하지만 그러한 재디자인을 온전히 실행될 수 있도록 하는 것은 예전의 투박한 주먹구구식 계정이나 계산서 시스템을 모두 바꿔야 하는 복잡한 일이 될 수도 있다. 어쩌면 쉽게 이루어질 수 있다고 생각되는 작업들이 결국 그렇게 쉬운 일이 아님을 발견하게 될지도 모른다.

만약 당신이 다른 디자인 분야에 종사하고 있다면, 청사진 개발 프로세스의 앞 단계에서부터 접점의 디테일을 디자인하고자 할지도 모르겠다. 어떤 경우는 그것이 프로젝트의 진입 지점이 될 수도 있다. 클라이언트가 당신을 어떤 특정한 서비스 접점—예를 들어 티켓팅 기계 인터페이스 등과 같은 재디자인—에서의 고객 경험을 디자인하도록 고용할지도 모르겠다. 하지만 인사이트 리서치를 하고 나면 개선이 필요한 서비스 요소들이 그것보다 훨씬 더

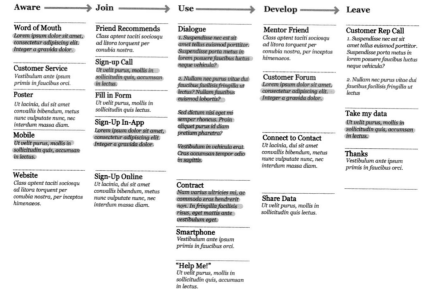

Aware ➔ **Join** ➔ **Use** ➔ **Develop** ➔ **Leave**

Word of Mouth
Lorem ipsum dolor sit amet, consectetur adipiscing elit. Integer a gravida dolor.

Customer Service
Vestibulum ante ipsum primis in faucibus orci.

Poster
Ut lacinia, dui sit amet convallis bibendum, metus nunc vulputate nunc, nec interdum massa diam.

Mobile
Ut velit purus, mollis in sollicitudin quis, accumsan in lectus.

Website
Class aptent taciti sociosqu ad litora torquent per conubia nostra, per inceptos himenaeos.

Friend Recommends
Class aptent taciti sociosqu ad litora torquent per conubia nostra.

Sign-up Call
Ut velit purus, mollis in sollicitudin quis, accumsan in lectus.

Fill in Form
Ut velit purus, mollis in sollicitudin quis lectus.

Sign-Up In-App
Lorem ipsum dolor sit amet, consectetur adipiscing elit. Integer a gravida dolor.

Sign-Up Online
Ut lacinia, dui sit amet convallis bibendum, metus nunc vulputate nunc, nec interdum massa diam.

Dialogue
1. Suspendisse nec est sit amet tellus euismod porttitor. Suspendisse porta metus in lorem posuere faucibus luctus neque vehicula?

2. Nullam nec purus vitae dui faucibus facilisis fringilla ut lectus? Nullam faucibus euismod lobortis?

Sed dictum nisi eget mi semper rhoncus. Proin aliquet purus id diam pretium pharetra?

Vestibulum in vehicula erat. Cras accumsan tempor odio in sagittis.

Contract
Nam varius ultricies mi, ac commodo eros hendrerit non. In fringilla facilisis risus, eget mattis ante vestibulum eget.

Smartphone
Vestibulum ante ipsum primis in faucibus orci.

"Help Me!"
Ut velit purus, mollis in sollicitudin quis, accumsan in lectus.

Mentor Friend
Class aptent taciti sociosqu ad litora torquent per conubia nostra, per inceptos himenaeos.

Customer Forum
Lorem ipsum dolor sit amet, consectetur adipiscing elit. Integer a gravida dolor.

Connect to Contact
Ut lacinia, dui sit amet convallis bibendum, metus nunc vulputate nunc, nec interdum massa diam.

Share Data
Ut velit purus, mollis in sollicitudin quis lectus.

Customer Rep Call
1. Suspendisse nec est sit amet tellus euismod porttitor. Suspendisse porta metus in lorem posuere faucibus luctus neque vehicula?

2. Nullam nec purus vitae dui faucibus facilisis fringilla ut lectus

Take my data
Ut velit purus, mollis in sollicitudin quis, accumsan in lectus.

Thanks
Vestibulum ante ipsum primis in faucibus orci.

그림 6.6

인사이트 리서치는 어떤 접점에 리소스를 분배해야 할 것인지를 결정하는 데 도움을 줄 것이다. 서비스 디자인 시작 단계에서 청사진에 이러한 것에 대한 디테일을 표기하고 정할 수 있을 것이다.

광범위하다는 것을 발견하게 될지도 모른다. 서비스 여정의 여러 단계를 걸친 채널 전체 혹은 여러 개의 채널을 모두 디자인할 필요가 있음을 깨닫게 될 수도 있을 것이다.

UX 혹은 인터랙션 디자이너들은 스크린에서만 작업하고 제품 디자이너들은 제품과 관련된 일들만 작업하는 등, 조직이 사일로화되는 디자인 과정으로 전락하는 것을 예방하기 위해서는 각 요소가 전체 그림 안에 어떻게 맞춰지는가에 대해 확실히 알아야 한다. 이를 위해서는 다시 축소하여 청사진을 확인하고 서비스 제안서를 디자인하는 과정을 거치는데, 이는 먼저 디테일한 이슈들로부터 한 걸음 물러서는 것을 의미하기도 한다.

이렇게 머릿속에서 디테일한 레벨과 거시적인 레벨을 왕래하면서 자유자재로 실행할 수 있는 능력은 서비스 디자인에서 필수적인 기술이다. 물론 머릿속에서 이러한 확대/축소를 진행하는 것이 가능하더라도, 여러 다른 레벨의 디테일을 출력하여 벽에 핀업하고 프로젝트를 진행하는 다른 사람들과 함께 논의하는 것 또한 필요하다. 청사진으로 쪼개보는 4가지 유용한 방법을 소개하고자 한다.

여정 요약

완전히 새로운 서비스를 개발하는 경우더라도(그리고 **사실상** 완전히 새로운 서비스를 개발하게 되는 경우는 거의 흔하지 않으며 대부분 기존의 서비스들을 수정, 치환, 조합하는 경우가 많다), 어떤 서비스 접점에 더 큰 노력과 시간을 투자해야 하는가를 선택해야 할 필요가 있다. 그렇다면 어떤 기준으로 선택해야 할 것인가?

선택을 위한 가장 쉬운 방법은 노력의 정도에 대한 결과의 가치를 생각하는 것과는 별도로, 청사진을 이용하여 핵심이 되는 사용자의 여정을 추적해보는 것이다. 만약 인사이트 리서치를 통해 페르소나persona를 개발했다면, 각 사용자 타입에 따라 그들이 서비스를 어떻게 사용할 것인지 상상해보는 것으로 시작할 수 있을 것이다. 예를 들어, 나이 70세 남성 아날로그 씨_{Mr. Analogue}가 면대면 접촉방식의 채널을 선호하는 반면, 나이 22세 여성 테크노파일 양_{Miss Technophile}은 온라인과 모바일 셀프 서비스 채널을 선호하는 경우를 상상해볼 수 있을 것이다. 일반적으로 대부분의 사용자들은 여러 타입의 채널들을 경험하게 될 것이며, 자신이 위치한 상황—예를 들어 일터, 집, 여행 중에 있느냐 등에 따라—그 상황에 맞는 종류의 채널을 선택하여 사용할 것이다. 이것이 바로 서로 다른 채널들 간의 일관성이 중요한 또 하나의 이유이다.

서비스 디자이너들은 무대 뒤에서 일하는 직원_{backstage staff}으로부터 얻은 인사이트를 고객의 니즈와 맞추어 조정할 필요가 있다. 고객 여정의 어느 부분에서 문제가 일어나며 어디에 좋은 기회가 존재하는지, 어느 부분에서 서비스 채널과 기술이 가치 창출을 위해 서로 잘 실행되는지, 언제 그것들이 서로 거스르고 어긋나는지를 정의해야 한다. 청사진을 통해 여정을 그려보는 것은 수많은 이러한 이슈들을 효과적으로 해결할 수 있는 방법이다(그림 6.7).

일단 어떤 특정 사용자가 얻게 될 서비스 경험의 단계들과 그가 선택하게 될 일부 접점들을 따라 여정을 그려내면 그것을 바탕으로 여정 요약본을 만들어낼 수 있다. 여기에 각 단계에서 무슨 일이 일어나며 거기서 사용자가 어떤 경험을 하게 될 것인가에 대한 설명이 덧붙여지면 결과적으로 여정(세부적인 디테일을 들여다보는 경우라면 스텝)의 각 단계에 대한 시나리오 스토리보드가 된다(그림 6.8).

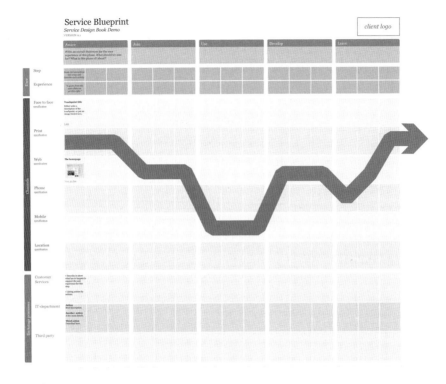

그림 6.7

청사진을 통해 사용자 여정 추적하기

그림 6.8

특정 사용자의 여정에 대한 여정 요약본 예시. 주요 서비스 단계들과 각 스텝에서의 디테일을 설명한다. 선택된 접점들에서 어떤 경험과 인터랙션이 일어나고 있는가를 시각적인 요소와 글로 함께 설명한다.

서비스 단계와 스텝 요약

서비스의 전체 생태계에 걸쳐 여정들을 그려내는 것 외에도 청사진의 격자 속성은 행 열 간을 오가며 정보를 얻을 수 있는 이점이 있다. 각 서비스 단계(그림 6.9) 혹은 스텝(그림 6.10)은 하나의 열로 표현될 수 있는데, 모든 접점 채널에 걸친 고객/사용자의 경험에서부터 무대 뒤에서의 이해당사자들과 그에 연관된 활동들에 이르기까지의 상황들로 구성된다.

여기서부터 좀 더 디테일한 단계 및 스텝 요약본 summary document 를 만들어

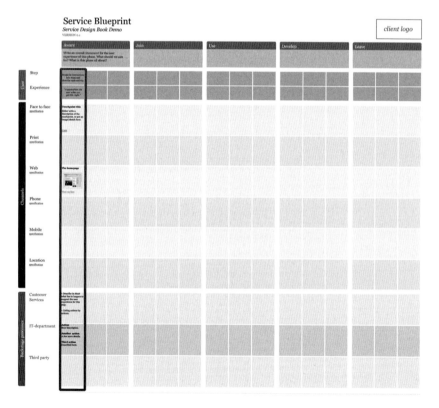

그림 6.9

각 단계는 모든 접점 채널들과 그것을 서포트하는 무대 뒤에서의 서비스들로 구성된 열로써 표현된다.

낼 수 있는데, 이 문서는 여정에서의 그 단계 혹은 스텝에 있는 모든 채널들에서 어떤 사용 경험이 이루어져야 하는가를 설명한다(그림 6.11). 이 요약본에는 서비스의 서로 다른 뒷무대에서의 요소들 간의 연결과 앞무대에서 요구되는 사용자 경험을 전달하기 위해 어떻게 그것들이 상호작용하는가에 대한 내용이 포함되어야 한다. 어떤 종류의 경험을 고객에게 제공하고자 하는지, 그것이 기술적 전달technology delivery과 비즈니스 프로세스에 대해 암시하고 있는 점들은 무엇인지에 대해 자세한 설명도 포함되어야 한다. 임무 수행에 필수적인 요소들이나 활동들을 표기/강조하는 용도로 요약본을 사용할 수도 있다.

그림 6.10

모든 접점 채널들에 걸쳐서 좀 더 자세한 스텝 또한 검토할 수 있다.

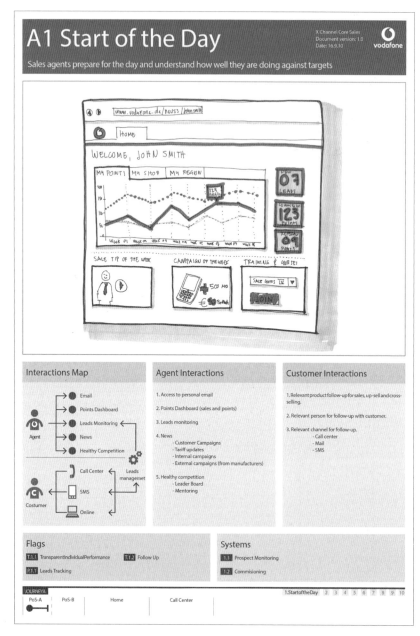

그림 6.11

서비스의 각 단계 요약본은 모든 채널들에 걸쳐서 있는 사용 경험이 어떠해야 하며 뒷무대(back-stage)와 비즈니스 요소들이 그것을 서포트하기 위해 어떻게 설치되어야 하는가를 설명한다.

인터랙션 디자인이나 제품 디자인 등과 마찬가지로 각 요소들에서 일어날 수 있는 여러 인터랙션을 세분화하여 모든 채널들에 걸쳐 배치해 보는 것이 매우 중요하다. 다음과 같은 질문들을 해보라. 제3자 서비스가 참여하는 것이 필요한가? 새로운 제품들과 기술들이 디자인되고 개발되어야 하는가? 화면상 어떤 종류의 인터랙션이 일어나야 하는가? 서비스 경험이 모든 채널들에 걸쳐 일관성이 있는가? 서비스 생태계의 어떤 부분들은 컨트롤할 수 있는 범위를 넘어서는 곳에 있지는 않은가? 거기서 일어날 수 있는 잠재적인 문제점들을 완화시킬 수 있는가?

예를 들어, 어떤 서비스에 가입하기 위해서는 직접 가입, 온라인 가입, 혹은 핸드폰을 통한 가입 등이 가능할 것이다. 이 과정은 지불 시스템 혹은 등록 확인 절차 등을 수반할 것이다. 어떤 서비스들은 우편으로 보내오는 신규가입 안내물이나 액세스 ID 카드 등의 물리적인 요소들을 포함할 수도 있을 것이다.

서비스 단계 및 여정 요약에는 인사이트 리서치를 통해 발견한 자료들을 기록한 노트 또한 포함시킬 수 있다. 이것은 기존의 사용자들이 현재 서비스에 대해 이야기한 것들이나 인사이트 리서치로부터 발견된 새로운 서비스에 대한 니즈 등이 될 수 있을 것이다. 컨셉 개발과 인사이트 리서치 결과 사이를 넘나드는 작업은 디자인 프로세스가 실제 상황을 토대로 전개되는 것을 돕는다. 주의하지 않으면 실제로는 필요하지도 않은 새로운 기능들만 잔뜩 포함된 뜬구름 잡는 아이디어들이 나올 수 있는데, 마케팅 중심의 제품 혹은 서비스 개발 케이스들에서 자주 볼 수 있는 현상이다.

서비스 채널 요약

서비스 청사진에서 한 채널의 행을 따라 가로 방향으로 쪼개 보면, 전체 채널이 서비스의 수명 주기life cycle에서 어떻게 실행되는가를 검토할 수 있다(그림 6.12 참고).

이 측면은 또한 그 채널에서의 사용자 경험에 대한 포괄적인 명세서나 브리핑 문서를 만들어내는 데 도움을 준다. 2~4페이지 안에 사용자 여정에서의 서비스 단계들 및 스텝들에서 정의된 것을 참고하여 그 채널에서의 인터랙션이 일어나는 각 순간에 대해 문서화하라. 이 명세서는 서비스 웹사이트의 재디자인과 같은 큰 프로젝트에서 사용될 수도 있는데, 이는 디자인 과정이 고립되어 일어나지 않도록, 더욱 중요하게는 다른 채널에서의 인터랙션 상황 및 시간의 흐름을 고려하여 진행될 수 있도록 보장해준다.

각 서비스 접점 명세하기

각 접점은 시간, 즉 여정에서의 각 단계 혹은 스텝이 채널과 교차하는 지점인데, 고객이 웹사이트에서 가입양식을 사용하여 서비스에 가입하는 상황이 그러한 지점의 예가 될 수 있다. 서비스 청사진에서 이러한 지점은 하나의 셀로 표현되는데(그림 6.13 참고), 각 셀은 그 접점이 언제 무엇에 대해 어떻게 펼쳐지는가를 설명한다.

"사용자가 온라인으로 등록한다"라는 것은 접점의 한 예시가 될 수 있지만, 디자인 브리프라고 할 수는 없다. 그 접점을 쪼개어 자세하게 기록해야할 필요가 있다. 이것은 그 접점을 디자인하고 개선하는 데 도움이 된다(그림 6.13). 이것이 바로 다른 디자이너들과 개발자들에게 가이드를 제공할 수 있는 브리핑 및 명세서의 기본을 형성하게 된다.

이러한 마지막 단계의 디테일에 이르면 서비스 디자인 팀은 그 접점에 연관되는 디자인 분야에서 쓰이는 방법들을 사용할 가능성이 높다. 웹과 모바일 인터랙션은 UX 와이어프레임wireframe과 워크쓰루walkthrough 사용이 필요하

Service Blueprint for trykksaker
Ungdomspakken

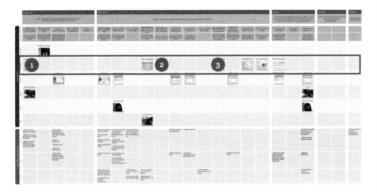

① DM til foreldre som er gjensidigekunder

BESKRIVELSE
Ungdom som fremdeles har folkeregistrert adresse hos sine foreldre er dekket av deres innboforsikring. Derfor kan eksisterende gjensidigekunder kjøpe Alt-i-orden-pakken til barna sine til en lavere pris. Denne DMen skal kommunisere dette som en fordel, slik at pakken oppleves av foreldrene som noe fint man kan gi barna på veien.

FUNKSJONSKRAV
Sendes ut på sensommeren før studiestart.

Evt. legges ved årlig utsendelse av polisedokumenter eller lignende.

Det må klargjøres for mottak av:
* avklippbar svardel med bestilling av pakken
* SMS til 1960 for å bli oppringt av selger

INNHOLD
DMen skal inneholde:
* Et brev med tilbud om Alt-i-orden-pakken og avklippbar svardel
* Ferdigfrankert svarkonvolutt

Brevet skal:
* forklare at Gjensidige har en pakke som inneholder det unge voksne trenger av forsikring- og banktjenester
* forklare at de som gjensidigekunder kan kjøpe denne pakken til lavere pris fordi deres innboforsikring dekker barna, så lenge de ikke melder flytting til folkeregisteret
* kort beskrive fordelene med Gjensidige bank
* kort beskrive forsikringsdekningene som er i pakken
* foreslå at foreldrene kan *gi* denne pakken til sine barn
* gjøre det lett å bestille pakken fra Gjensidige med svardel og ferdig frankert svarkonvolutt
* gjøre det lett å lære med om pakken ved å sende SMS med kodeord ORDEN til 1960

FORM
Bør se ut som vanlig kommunikasjon fra Gjensidige.

그림 6.12

채널 명세서의 첫 페이지로, 어떤 특정 접점 채널에서 일어나는 사용자 인터랙션의 각 단계 및 스텝을 묘사하고 있다. 그에 이어지는 페이지들에서는 그 채널의 행에 강조되어 있는 다른 접점에서의 인터랙션들(2 & 3)에 대한 자세한 내용들이 명시되어 있다.

그림 6.13

옌시디거(Gjensidige)가 시작한 젊은 사람들을 위한 은행 및 보험 상품을 위한 웹에서의 각 접점에 대한 브리핑 문서다. 제품은 3D 스케치 및 렌더링이 필요하며, IT 서비스와의 연결을 위해서는 데이터베이스 전달에 대한 서술이 필요하다. 프린트 접점들은 마케팅에서부터 청구서에 이르는 모든 사람들과 그래픽 디자이너들 및 프린터들을 필요로 할 것이다. 시간을 중심으로 서비스 내용을 전달하기 위한 스토리보드를 만들어야 할 수도 있는데, 비디오나 서비스 경험을 스틸컷이나 애니매이션으로 각 단계를 표현하는 해설이 함께 녹음된 슬라이드쇼와 같은 자료들로 표현하는 것이 필요할 것이다.

서비스 디자인은 이렇게 다양한 기술의 융합이 불가피하기 때문에, 디자인이나 비즈니스 등 다양한 분야의 사람들이 서비스 디자인을 자신들이 이미 하고 있는 활동들과 같은 것이라고 여기게 되기 쉽다. 각 접점 레벨에서 이러한 상황은 종종 사실임을 알 수 있다. 서비스 디자인 프로젝트는 이러한 특정 전문성들이 적절하다고 생각되는 곳에서 이를 활용하며, 청사진 및 그와 관련된 자료들은 이러한 전문성들이 활용되기 위한 디자인 제안서의 역할을 하게 된다. 서비스 디자인이 다른 점은 전체 서비스의 생태계가 디자인되고 연결된다는 점이다. 어떤 것이 그저 우연히 생겨나는 것이 아니다. 그것은 여러 다른 부분들이 하나의 서비스를 이루고 있기 때문이다. 서비스 디자인 청사진 만들기의 궁극적 목적은 모든 접점들에 걸쳐 있는 모든 서로 다른 요소들이 별개로 고립되어 디자인되지 않도록 보증하는 것에 있다. 청사진은 각 접점에서의 디자인 제안서들을 개발하는 출발점이 되며 그 모든 것들을 조직하고 조정하는 방법이 된다. 서비스 디자인은 폭넓게 진행되어야 하는 동시에 깊게 진행되어야 한다.

청사진 만들기는 서비스 디자인에서 필수적인 툴일 뿐 아니라 클라이언트와 서비스 컨셉에 대해 논의하고 각 요소들이 서로 어떻게 연결되는가를 설명하며 함께 일할 때 매우 유용하다. 청사진은 그 프로젝트에 연관된 모든 사람들이 자신들의 파트가 큰 그림에서 어떻게 서로 연결되고 들어맞는가를 이해하도록 도움으로써 비즈니스 단위 간의 장벽들을 깨뜨려준다. 또한 서비스 경험 안에서의 여러 과정들을 연결시킬 수 있는 기회들을 발견하도록 도울 뿐만 아니라, 서비스 전달 과정 중에 모든 사람들이 다른 사람에게 책임이 있을 것이라고 생각하여 신경 쓰지 못하는 부분들이 생기지 못하게 함으로써 중간에 끊어짐 없는 매끄러운 경험들을 만들어낼 수 있는 기회들을 발견하도록 돕는다. 클라이언트에게 청사진을 프린트하여 벽에 걸도록 정중하게 부탁하고, 또한 그 복사본을 미팅에 가져가라.[5] 도움이 될 것이다.

| *Summary* |

서비스를 디자인하기 위해 인사이트 리서치를 하는 것은 매우 중요하다. 하지만 서비스는 또한 비즈니스 아이디어가 그 기저에 있어야 한다. 즉 *서비스 제안서*가 존재해야 한다. 이것 없이는 가장 좋은 아이디어들도 경제적으로 실행 가능하거나 지속적일 수 없게 된다. 서비스 제안서의 가장 중요한 것은 다음 질문들에 답할 수 있느냐이다.

- 새로운 서비스가 무엇이며 무엇을 하는 것인지 사람들이 이해하는가?
- 서비스가 자신들의 삶에서 어떤 가치를 가져다 줄 수 있는지 인식하는가?
- 서비스를 어떻게 사용하는 것인지 사람들이 이해하는가?

서비스 청사진을 통해 사용자 서비스 여정들을 그려보고 쪼개 보는 것은 각 접점에서 서비스 사용자의 시점에서 이러한 질문들에 대한 대답을 적절하게 소통할 수 있는가를 탐색하는 것을 가능하게 한다. 그러고 나면 청사진의 각 접점의 셀을 그 접점 개발에 필요한 디테일한 디자인 제안서로 개발시킬 수 있다.

---

5   Anders Kjeseth Valdersne에게 이 팁에 대해 감사한다.

서비스 경험
프로토타이핑

[*Service*]

[Design]

벤의 여섯 살배기 딸(그림 7.1)이 자전거에서 떨어지면서 혀를 깨물어 혀의 반이 찢어지는 사고가 있었다. 벤과 그의 아내는 딸을 근처 병원으로 데려갔으나, 혀를 꿰맬 수 있는 기술을 가진 의사들이 없어 결국에는 얼굴 부상 전문 팀이 있는 런던 대학 병원(University College London Hospital)으로 데려가야만 했다.

그곳에 도착했을 때 한 전문의 수련의는 이 수술은 일반 동네 정형외과에서도 가능할 것이라고 이야기했다. 벤과 그의 아내, 그리고 어린 아이들을 다루는 경험이 훨씬 많았던 한 간호사가 생각해볼 때에 그것은 말도 안되는 제안이었다. 그들은 수술 팀이 차 사고로 인해 더 심각하게 다친 환자를 다루는 10시간 동안을 거기서 기다리고 나서야 수술실로 안내될 수 있었다.

딸의 수술 시간은 20분 정도면 끝나는 짧은 시술이라며, 간호사는 벤과 그의 아내에게 딸의 수술이 끝나면 딸이 마취에서 깨어나는 것을 지켜볼 수 있도록 부르겠다고 하였다. 그러나 그 일은 일어나지 않았고, 그들은 1시간이나 밖에서 어떤 심각하게 잘못된 일이 생긴 것은 아닌지 걱

그림 7.1

벤의 딸이 그네 타는 모습

정하며 기다릴 수 밖에 없었다. 벤의 딸이 회복되는 동안 간호사 혼자 아이를 지키고 있었는데, 부모를 부르는 것은 규정상 불가능하게 되어 있었던 것이다. 벤의 딸은 깨어났을 때 엄마 아빠가 보이지 않자 경기를 일으키고야 말았다. 부모는 바로 가까이서 무슨 일이 일어났는지 몰라 불안해하며 마냥 기다리고만 있었고 말이다. 다행인 것은 이들이 결국에는 그날 다 같이 집으로 돌아갈 수 있었고, 지금 딸의 혀에는 눈꼽 만큼의 상처도 남아 있지 않다는 것이다.

헬스케어(healthcare)에서의 이런 이야기들은 빈번하다. 이것은 또한 '경험'이라는 단어에 대한 양면성을 설명하는 데 도움이 된다. 경험 자체는 끔찍했지만 시술 결과는 훌륭했다. 벤과 그의 부인은 무엇을 더 선호하는지 알고 있다. 이런 상황에서는 단기간에 일어난 나쁜 경험이 장기간에 얻어진 혜택과 가치에 의해 상쇄된다. 여기서 중요한 문제는 경험과 고객 기대(expectations)의 관리 능력에 있다. 그리고 이 부분이 서비스 디자인이 뒤틀린 부분을 바로잡는 데 도움을 주는 역할을 할 수 있다.

경험 정의하기
Defining Experience

'경험'이라는 용어와 그 용어가 서비스 디자인에 대한 논의를 지배하는 방식은 그다지 만족스러운 것 같지는 않다. 이는 '디즈니로의 휴가'와 같은 만들어진 경험이 연상되어 서비스 디자인은 전부 엔터테인먼트에 대한 것이라고만 느껴질 수도 있기 때문일 것이다. 기본적 니즈인 음식, 살 집, 건강 그 이상의 경험 경제를 추구하는 시대에 살고 있다는 생각은 운좋은 부유한 사람들에게만 초점을 맞추게 할 뿐이다.

또한 '경험'은 명확하게 정의되는 용어가 아니어서, 경제, 경영, 정책 등과 같은 서비스의 '딱딱한' 요소들에 대항해서 옹호하기는 더더욱 쉽지 않다. 예를 들어, 병원과 같이 다른 중요한 의학적 문제들이 더 중요하게 다루어져야만 하는 상황에서는 경험의 질에 대해 논하는 것이 더 어려울 수 밖에 없다.

서비스 디자인에서의 경험에 대한 논의는 그래픽 디자인에서의 커뮤니케이션에 대한 논의와 비슷하다. 고객, 클라이언트, 사용자, 환자, 소비자 등, 사람들의 현재와 미래에서의 경험들은 서비스 디자인이 적용되는 맥락이라고 볼수 있다. 서비스는 사용자의 기대를 만족하거나 넘어서는 긍정적인 경험을 통해 홍보될 수 있다. 경험이 중요한 이유는 서비스를 사용하거나 그것에 영향을 받은 사람들의 이야기들을 설명함으로써 서비스의 혁신이나 향상을 위한 기회들을 발견할 수 있을 뿐 아니라 미래의 경험을 설명하는 것 또한 가능하게 하고, 그것은 디자인 컨셉을 발견하는 방법이 되기 때문이다.

사람들이 호텔 방으로 들어갈 때 좋은 느낌을 갖도록 만드는 것이나 콜센터에서의 스태프와 좋은 대화를 나누는 것과 같은 '소프트한' 요소들에 대한 것이 서비스 디자인의 전부가 아니다. 서비스 디자인은 서비스의 효용성, 예를 들면, 긍정적인 경제적 결과, 성공적인 경영이나 수익 정책의 결과와 같은 '하드hard한' 요소들에도 공헌할 수 있다. 수많은 서비스 디자인 프로젝트들이 새로운 수입원을 만들어내고 있을 뿐 아니라 기존에 있는 사업들을 신장시키고 있다.

경험을 바로 세우는 것은 고객의 신뢰를 얻음으로써 그들이 다른 회사로 서비스를 바꾸는 확률을 줄이는 것을 의미한다. 이는 그 고객들이 다른 사람들에게 당신 회사의 서비스를 추천할 확률을 높이는 것이며, 당신이 해야 할 홍보 활동이 그들을 통해 저절로 일어나는 것을 가능하게 할 것이다. 세무나 고용보험과 같은 비영리적 맥락들에서는 몇 가지 규정된 서비스 외에는 다른 옵션이 없는 경우가 종종 있다. 사용자들이 서비스에 대한 다양한 옵션이 없는 경우라 하더라도 그들의 경험에 대해 무시해서는 안된다. 아니 어쩌면 그들에게 주어진 옵션이 그것밖에 없기 때문에 다른 어떤 상황보다도 사용자들에게 긍정적이고 호감 가는 경험을 제공해야 할 것이다. 이것은 환자의 건강 회복이나 공공 정책의 활용 결과를 완전히 뒤바꿔놓을 수도 있다.

경험이라는 것은 어떤 한 사람의 마음과 몸 안에서부터 생겨나는 것인데 다른 누군가가 그 경험을 디자인한다는 것이 과연 가능한가 하는 것은 여전히 논쟁거리이다. 물론 디자이너가 사람들이 경험하게 되는 것을 완전하게 지배하는 것은 불가능하지만, 누구든 영화, 소설, 놀이공원에서 몰입했던 적이 있었거나 다른 누구로부터 괴롭힘을 당해 봤었거나 혹은 누군가를 웃기려고 시도한 적이 있어본 사람이라면, 경험이라는 것은 다른 사람들에 의해 사람들 안에서 만들어질 수 있다는 것을 알 것이다.

디자이너는 사용자 경험을 위한 **조건**들을 디자인하며, 또한 디지털 인터페이스의 UX 디자인에서부터 국민건강보험NHS의 경험 바탕 디자인 툴킷에 이르기까지 디자인의 다양한 측면에서 사용자 경험이 중요한 위치를 차지하고 있음을 볼 수 있다.[1]

경험이 서비스 디자인을 이해하고 고려하는 데 있어서 이렇게 중대한 요소임에도 불구하고 이것은 경제, 영업, 전문 산업지식과 같은 수많은 요소들 중의 하나일 뿐이다. 서비스의 모든 측면에서 초점 맞추고 있는 서비스 사용자를 '공통 기반common ground'으로 하여 전체 서비스 제안의 모든 구성 요소들을 조합하는 것이 바로 서비스 디자인이다.

경험의 종류
Types of Experience

서비스를 디자인할 때 어떤 종류의 경험에 대해 말하고 있는가를 질문해보는 것은 유용한 일이다. **업무**와 관련된 경험, 즉 어떤 일을 끝내기 위한 것이 목적인 경험을 이야기하고 있는 것인가? **상업적인** 경험, 즉 어떤 경험에 대해 그것의 가치를 어떻게 인식하는가에 초점을 맞추고 있는가? 아니면 **삶**의 경험, 즉 우리 인생의 더 큰 삶의 질을 형성하는 경험을 말하고 있는 것인가?

---

1 NHS Institute for Innovation and Improvement, "The EBD Approach," www.institute.nhs.uk/quality_and_value/introduction/experience_based_design.html.

이러한 다양한 종류의 경험들을 다음과 같은 4가지 카테고리로 분류해 볼 수 있다.

- UX(사용자 경험): 테크놀로지와의 상호작용을 통해 얻어지는 경험
- 고객 경험: 소매 브랜드를 통해 얻어지는 경험
- 서비스 제공자 경험: 서비스를 제공하는 사람의 경험
- 인간으로서의 경험: 삶의 질이나 복지에 영향을 주는 서비스(예, 헬스케어) 를 통해 얻어지는 감성적 경험

물론 이것이 완벽한 리스트는 아니겠지만, 서비스를 디자인할 때 우리가 주로 고려하는 경험들의 종류라고 할 수 있다. 이는 또한 서비스를 디자인할 때 고려하고 알아야 할 대부분의 측면들과 상호작용들을 커버한다. 우리는 '사용자'와 '고객'의 경험을 구분했는데, 그 이유는 사용자가 고객이 아닌 경우들이 매우 많기 때문이다. 간호사들의 경우가 가장 명백한 사례 중 하나인데, 그들은 서비스를 사용하지만 서비스에 대한 가격을 지불하지는 않는다. 간호사들은 또한 서비스 제공자이기도 하다. 이와 같이 역할이 서로 겹쳐지는 경우가 잦아 앞무대front stage/뒷무대backstage 비유가 항상 들어맞는 것은 아니다. 어떤 사람이 리서치를 위해 웹사이트를 브라우징하는 경우와 같이 수많은 경우에 사람들은 사용자이기는 해도 고객이 아닌 경우가 많다. 셀프 서비스 시나리오들의 경우에는 사용자와 고객이 같은데, 그에 대해서는 뒤에서 더 자세히 설명하고자 한다.

UX (사용자 경험)

UX 디자인은 이 책의 독자들에게는 이미 익숙한 개념일 것이기에 여기서 따로 정의를 시도하지는 않겠다. 우리는 UX를 주로 업무와 관련된 경험의 관점에서 바라본다. 그러나 많은 경우에 이러한 경험은 상업적인 경험 및 삶의 질과 관련된 경험에도 영향을 준다.

한 개인이 어떤 서비스 안에서 주어진 업무를 수행할 수 있는가의 여부는 그 서비스의 성공을 좌우할 수 있다. 업무들이 어떻게 디자인되었는가는 서비스의 전반적인 효율에 큰 영향을 미칠 수 있으며, 주로 서비스의 성과와 수익을 높이기 위해 재디자인redesign된다. 많은 경우 단어 선택, 레이아웃, 혹은 기본적인 사용자 인터페이스가 혼동되게 디자인되어 사용자들이 그 서비스 사용을 중도 포기하고 다른 서비스 접점이나 채널, 혹은 더 나아가서 완전히 다른 서비스를 사용하게 되는 경우들이 발생한다.[2]

UX를 영업 방식에서 매우 중요한 구성요소로 초점을 맞춰온 선구자로는 웹기반 서비스를 들 수 있다. 구글은 웹 링크의 푸른색의 진하기 정도가 검색엔진에서의 사용자 클릭 비율에 어떻게 영향을 미치는가를 조사할 수도 있다. 이와 같이 사용자들이 그들의 목표를 얼마나 잘 달성하느냐가 주된 문제인 사용성 중심의 어프로치는 매우 중요하며, 쇼핑에서 도시 내비게이션에 이르기까지 디자이너들에 의해 다양한 상황에서 적용된다.

업무 기반 활동 상황에서의 서비스 사용 경험은 주로 툴의 사용 관점에서 드러난다. 기차 플랫폼을 찾거나, 티켓을 구입하거나, 요금제를 선택하는 것과 같은 일상 활동에서 사용되는 툴들은, 일반적으로 표지판, 인터페이스, 커뮤니케이션 등과 같은 실재의 것이다.

이런 맥락에서의 UX는 주로 업무, 짧은 시간 안에 일어나는 일들, 사람들이 개입되지 않은 서비스 접점들과의 상호작용과 관련 있는 경우가 많다.

2　Jared Spool은 Luke Wroblewski의 *Web Form Design* (www.rosenfeldmedia.com/books/webforms/)에서 웹사이트에서의 버튼 하나가 어떻게 디자인되느냐에 의해 온라인 쇼핑에서 3억달러의 수익 차이를 발생시킬 수 있음을 설명했다.

고객 경험

당신의 클라이언트 중에는 서비스 구입 고객의 경험을 향상시키는 것을 주요 목표로 하는 경우도 있을 것이다. 이러한 목표는 회사들이 당연히 성취하려 할 것 같지만, 내부 효율이나 절약에 더 힘을 쏟는 경우가 많다. 대부분의 회사들에 있어서 고객은 사업의 또 다른 일부이며 관리해야 할 리소스로 여겨지는 경우가 많다.

고객 경험을 향상시키길 원하는 회사들이 소프트한 요소들만 다루는 것은 아니다. 고객 경험 향상과 같은 변화가 서비스 사용량과 그에 대한 지불 가격을 증가시킬 것인지, 고객들이 다른 서비스로 옮길 가능성을 줄일 것인지 등에 대해서도 계산한다. 서비스 제공자를 바꾸는 고객은 사업상 많은 비용을 들게 한다. 떠나는 고객들을 대체할 수 있는 새로운 고객들을 유치해야 하는데, 이는 기존의 고객들을 유지하는 것보다 일반적으로 더 비싸다.

고객 경험은 서비스 사용과 관련된 업무 경험들의 합이라고도 할 수 있다. 만약 사용자들이 자신들의 목표와 업무 수행에서 계속적으로 어려움을 겪는다면 그들은 다른 서비스로 옮기게 될 것이며, 이런 경우는 단지 한두 개의 잘못 디자인된 서비스 접점들만으로도 야기될 수 있다. 뿐만 아니라, 고객 경험은 단순히 만족/불만족의 이분법적 역학을 넘어선다.

고객들은 하루하루 수행해야 하는 업무에 영향을 미치게 되는 서비스의 질과 가치에 대해 기대하는 바들이 있다. 이러한 기대들은 브랜드의 명성이나 다른 서비스에 대한 경험들을 바탕으로 만들어지며, 서비스에 대해 얼마를 지불하느냐와 밀접한 연관이 있다. 저가 항공사와 고가 항공사의 차이를 생각해보자―각 항공사의 브랜드는 그 서비스에서 기대하는 바를 결정한다. 만약 어떤 서비스에 대한 경험이 우리가 기대한 바에 부합하지 않으면 그 서비스에 대해 실망하게 되고 다음 번에는 다른 서비스로 전향할 가능성이 매우 클 것이다. 이러한 경우 나쁜 서비스에 대한 감정은 불만의 문제에서 뿐 아니라 지불한 값에 대해 얻게 되는 질에 대한 고찰과도 관련이 있다. 저가 항공사에서 받게 되는 서비스는 마음에 들지는 않겠지만 싼 가격이 뜻하는 바가 바로 그 것임을 고객들은 이미 알고 구입한다. 물론 가장 이상적인 상황은 저렴한 서비스이더라도 좋은 서비스를 제공하는 것일 것이다. 원가 절약 조치로써 서비스의 질을 낮추는 것은 분명히 위험을 내포하고 있는데, 이는 하향 출혈 경쟁으로 아주 빠르게 돌아서게 될 가능성이 높기 때문이다. 많은 다른 기업들이 가격 경쟁을 위해 새롭게 구조화할 수 있는데, 이런 경우는 서비스의 질이 제품 차별화의 핵심이 된다. 서비스의 질은 회사 문화의 한 부분인 경우가 많은데 그 문화는 한 번 자리를 잡으면 구조 개혁이 훨씬 더 힘들다.

고객 경험 운영은 많은 면에 있어서 서비스의 전달과 실제로 전달된 서비스에 대한 고객의 기대들을 운영하는 것에 대한 것이다. '고객 경험'이라는 단어는 교육이나 헬스케어와 같은 공공 부문 서비스들에 적용하기에는 조금은 어색하게 느껴지기도 한다. 그럼에도 불구하고 공공 기관에서 이 단어가 점점 더 많이 사용되고 있는데, 이것은 자신들의 서비스가 비슷한 분야의 상업적 서비스들과 비교되고 있음을 발견하게 되었고 서비스에 대한 기대들이 서비스 제공과 직접적으로 관련되어 있지 않은 정치인들이나 다른 사람들에 의해 결정되어 왔기 때문이기도 하다.

고객 경험은 사용자 경험보다는 더 오랜 기간에 걸쳐 있으며 일반적으로 몇몇 제한 사항들이 수반되는데, 자동차 렌탈, 휴대전화 요금제, 보험 등에서의 계약 관련 제한 사항들이 그 예이다. 아마존amazon.com에서의 지불 과정에서 신용카드 세부사항을 입력하려 할 때의 사용자 경험이 좋을 수도 있고 나쁠 수도 있을 것이다. 그러나 당신의 고객 경험은 이런 업무 수행 시의 인터랙션과 같은 그런 작은 범위를 넘어서는 것이 일반적이다. 고객 경험은 고객과 서비스와의 인터랙션의 합이라고 할 수 있다.

서비스 제공자 경험

상대적으로 더 짧은 기간 안에 일어나지만 사용자 경험과 고객 경험은 어떤 서비스 디자인에서든지 여전히 중요한 자리를 차지하고 있다. 서비스 경험들은 대부분 고객과 서비스의 각 접점과의 인터랙션에 의해 만들어지는데, 티켓 발매기를 사용하는 것이나 직원과 이야기하는 경우가 그 예들이 될 수 있다. 이 시나리오 예시들에서는 **사용자** 경험과 **고객** 경험이 같은 경우가 될 것이다. 만약 어떤 사람이 공항에서 셀프 서비스 체크인 기계를 사용할 수 없는데 직원이 체크인 카운터에 한 명도 없다면 그 잘못된 키오스크 접점에서의 사용자 경험은 나쁜 고객 경험이자 서비스 경험으로 귀결될 것이다.

서비스 디자인이 UX 디자인이나 고객 경험 디자인과 다른 점 중 한 가지는 서비스 디자인이 한 방향에만 초점이 맞추어져 있지 않다는 것이다. 비록 앞무대/뒷무대 비유가 서비스 디자인 프로젝트와 청사진에서 자주 사용되지만, 이 은유는 여러 상황에서 허물어질 위험이 있는데 이것은 고객 대면 경험에만 초점을 맞추고 있기 때문이다.

서비스에서 사람들의 역할에 대해 생각하는 유용한 방법은 각 출구, 혹은 '오프 스테이지off-stage'가 또 다른 입구가 된다는 것이다. 이것은 서비스를 전달하게 되는 직원이 서비스 사용자인 동시에 서비스 제공자가 되기도 하는 경우에 특히 그러하다.

앞에서 사용했던 예시를 활용해서 설명하자면, 간호사의 경우 적어도 두 가지 방향으로 서비스를 제공하는데, 환자를 향한 것과 의사들을 향한 것이다. 아마도 병원 행정부서와 의료보험 회사들에게도 서비스를 제공해야 할 수도 있을 것이다. 이와 동시에, 간호사는 IT 시스템, 음식 공급, 보안 서비스 등 병원의 내부 서비스들 및 영리 연구소 서비스, 혹은 구급차 운전사, 다른 간호사들, 서적, 전단지, 데이터베이스 등 다른 여러 서비스들을 사용하는 위치에 있게 되기도 한다.

뿐만 아니라, 환자와 그의 가족들이나 간병인 또한 정보를 제공하기도 하고 어떤 경우에는 간호사에게 서비스를 제공하기도 한다. 앤디가 이탈리아 가족 여행 중 그의 두 살배기 딸의 팔이 부러졌을 때, 간호사들은 통역 서비스를 사용하는 대신 이태리어에 능숙한 앤디의 친구를 충분히 활용하였다.

이런 경우가 바로 고객/사용자라는 용어 명명이 무의미해지는 경우이다. 이때 우리는 간호사를 뭐라고 불러야 할까? 고객도 아니고 사용자도 아니다—이러한 단어들은 간호사의 니즈를 위해 어떻게 디자인해야 하는가를 생각하는 방법을 제한시킬 뿐이다. 액터-네트워크 이론Actor-network theory에서는 아마도 간호사를 액터actor라고 부르도록 할 것이다. 혹은 에이전트agent라고 부를 수도 있을 것이다. 하지만 아마도 단순하게 그를 이런 양방향 인터랙션을 해야 하는 **역할**을 가진 한 사람으로써 바라보고 이를 가장 쉽게 할 수 있는 방법이 무엇인지 생각하며 디자인한다면 그것이 가장 좋은 방법일 수도 있을 것이다.

인간으로서의 경험

직원과 고객 간의 서비스 인터랙션을 검토하고 디자인하는 과정에서 우리(저자들)는 개인적인 터치가 있어야 되는 고객 서비스에서 그러한 터치가 없게 디자인될 경우, 고객들이 그것을 즉각적으로 알아리는 것을 확인할 수 있었다. 제1장에서 언급했던, 각 개인에게 뿌려지는 동일한 내용의 편지 예시가 이에 대한 명백한 예시들 중 하나일 것이다. 이보다는 덜하더라도 고객에게 전달해야 할 내용의 스크립트를 아무런 감정 교환 없이 읽고 있으면서 고객에게 적극적인 관심을 보이는 것처럼 가장하는 경우도 그런 예들 중 하나일 것이다. 만약 직원이 이런 것에 대해 신경 쓰지 않고 아무 생각 없이 사무적인 처리만 한다면 인간적인 차원에서 고객과 서비스 제공자가 서로 분리됨을 느끼게 될 것이다.

벤과 앤디의 병원 일화들이 보여주는 것에 따르면 어떤 서비스 경험들은 업무나 고객 레벨에서 멈추는 것이 아니라 우리의 감정에 그보다 훨씬 더 깊고 큰 영향을 미친다는 것을 알 수 있다. 대부분의 사람들은 교육이나 헬스케어와 같은 장기 공공 서비스들에서 이러한 것을 경험하게 된다. 물론 우리는 그 서비스들을 사용할 때 성공적으로 수행해야 하는 업무들이 있다고 여긴다. 하지만 이런 서비스 사용을 통해, 또한 우리의 가치가 충족되어야 하는 권리가 있다고도 느낀다. 왜냐하면, 그 서비스들은 우리가 인간으로서 기본적으로 존중되고 충족받아야 할 사항들에 직접적으로 연관되기 때문이다. 학생 한 명당 들어가는 비용 절감을 위해 교육을 줄인다면 교육이 가지는 진짜 의미를 잃어버리게 된다. 인간으로서의 경험은 자존감, 당황, 부끄러움, 희열, 절망감, 기쁨, 우울감, 사랑, 미움 등 큰 범위의 감정들을 포함할 뿐 아니라, 아기의 첫 단어 말하기, 일터에서의 승진, 낯선 사람과 친절한 인사말 나누기 등 더 작은 일상생활에서의 경험으로부터 생겨나는 감정들도 포함한다.

서비스 디자이너들이 자신들의 기술을 개인적, 공공적, 사회적 프로젝트들에 적용할 때, 서비스가 사람들과 각 사람의 자존감에 미치는 영향을 고려하는 것은 필수적이다. 인간으로서의 경험 차원에서 뭔가 잘못 된다면, 그 결과는 브랜드 이미지 손상이나 판매 감소와 같은 경제적 손실뿐만 아니라 사람들의 삶의 성장에 영향을 미치게 된다.

인간으로서의 경험과 같은 종류의 서비스는 일반적으로 장기간에 걸쳐져 있지만 짧은 기간의 경험들이 사람들의 평생을 좌우하는 것들로 구성되기도 한다. 교육이 이러한 것의 좋은 예이다. 대부분의 사람들에게는 선생님으로부터 인정받은 경우와 그렇지 못한 경우에 대한 기억들이 있다. 이런 경험들은 그들이 성인이 되어서도 계속해서 긍정적으로 혹은 부정적으로 영향을 미친다.

서비스에서 인간이 끼치는 영향은 브랜드 경험이나 상업적 서비스에서의 결과에 있어서도 중요하다. 호텔 숙박이나 전화 회사 콜센터를 통한 대화에서의 나쁜 경험은 짜증 나게 할 뿐 아니라 차후에는 다른 서비스를 이용하도록 만드는 원인이 될 가능성이 높다. 헬스케어, 교통, 복지, 에너지 등과 같은 공공 서비스에서는 다른 서비스를 선택할 수 있는 옵션이 없기 때문에 인간으로서의 경험을 제대로 존중하는 것이 더욱 필수적이다. 그러나 안타깝게도 많은 공공 서비스들이 정부 독점으로 운영되고 있어서 서비스를 향상시키려는 동기가 부족하고 최대한 비용을 절약하려는 압박에 있는 경우가 많다. 서비스 디자이너들이 홀로 세상을 변화시키는 것은 불가능하지만 서비스 시스템과 인간 가치 사이에 존재하는 갭을 줄이기 위한 방법이나 어프로치들을 제공할 수 있다.

벤의 딸의 혀 꿰매는 수술이 성공적으로 끝났고 앤디의 딸이 기브스를 하고 제노아Genoa에 있는 병원에서 나왔지만 그것이 두 가정에 미친 영향은 평생을 갈 것이다. 성공적으로 치료를 받은 딸들을 데리고 집으로 가는 것은 그 당시의 정신적 충격을 뒤로 하고 돌아올 수 있게 도왔지만, 만약 인간으로서의 경험에 대해 주의를 기울이지 않음으로 인해 조금이라도 잘못되었었더라면, 아주 큰, 어쩌면 영구적일 수도 있는 상처를 입힐 수도 있었음을 깨닫게 해 주었다.

이러한 서비스 시나리오들에서는 역할들이 분명하게 정의되지 않는데, 그것은 서비스 참여자가 서비스에 깊이 관여되어 있기 때문에 명백하게 고객이라고 정의되기가 어렵기 때문이다. 그러므로 서비스 경험을 디자인할 때, 개인적인 상황을 위한 서비스인지 글로벌한 상황을 위한 서비스인지에 대한 개념, 단기간이냐 장기간이냐는 기간의 개념으로 이를 생각해야 하는 것은 서비스 디자이너의 태도에 있어서 매우 중요하다.

고객 기대 vs 경험
Expectations versus Experiences_____

제품 경험은 보이는 것의 질에 대한 것이다. 서비스를 디자인할 때 근본적으로 받아들여야 할 컨셉은, **인지된 질**perceived quality은 사람이 무엇을 기대하느냐와 그것이 실제 어떻게 경험되느냐 사이의 갭에 의해 정의된다는 것이다.[3] 따라서, 서비스 디자이너의 주요 초점은 서비스의 각 상호작용에서 그 다음 단계 상호작용에 대해 알맞은 수준의 기대치를 가질 수 있도록 맞추는 것에 있다. 이것은 경험의 질과 그것의 본질적 특성이 지속적으로 여러 접점들을 걸쳐서 동일할 필요가 있음을 의미한다.

경험의 곡선이 평탄해야 한다는 생각은 '깨달음의 순간'을 강조하는 경향이 있는 일반 마케팅에서의 관습이나 궁극적인 경험 창조를 지속적으로 추구하는 디자이너들의 이상과는 종종 반대로 흘러간다. 그러나 실제로 어떤 포인트에서 일반적으로 가지고 있던 기대를 넘어서게 되면, 다음 인터랙션 단계에서 그 레벨 이상의 경험이 제공되지 않았을 때 고객은 실망하게 될 것이다. 어떤 경우는 서비스의 전반적인 경험의 질을 강화시키기 위해 어떤 특정 접점에서는 질을 낮추어야 할 필요가 있을 수는 있다. 하지만 일반적으로는 각 인터랙션에서 일관성 있는 기대를 가지고 또 그것이 다음 단계에서 충족될 때에 좋은 질의 서비스를 경험하게 된다.

사람들이 서비스를 접하는 방식이 완전히 선형적이고 예측 가능하다면 올라가고 내려가는 부분들을 영화나 테마 파크의 놀이기구에서처럼 조정하는 것이 가능할 것이지만 서비스에서 이렇게 되기는 매우 까다롭다. 고객들은 서비스 사용에서 자신들의 속도를 스스로 조절하고 선택할 것이기 때문에 기대와 경험 간의 간극은 일관성을 보장함으로만 최소화 가능하다. 이것은 언어, 시각 디자인, 인터랙션 디자인, 제품 디자인 모두에 적용된다.

더욱 중요하게는, 무대 뒤에서의 일관성이 성공의 열쇠라는 점이다. 예를 들어, 콜센터 직원이 사용하는 언어가 웹 고객이 접하게 되는 언어와 동일할 수 있도록 CRM 시스템이 디자인되어야 한다. 휴대폰 요금제는 고객이 온라

---

3 기대와 경험 사이의 갭에 대한 이론은 다음 서적에서 더 자세하게 설명되어 있다. Valarie Zeithaml, A. Parasuraman, and Leonard L. Berry, *Delivering Quality Service: Balancing Customer Perceptions and Expectations* (New York: Free Press, 1990).

인에서 구매할 때나 첫 청구서를 받을 때나 모두 동일하게 보여져야 한다. 은행 광고 게시판에서 설명된 내용은 고객들이 사용하는 모바일 앱에서의 실제 경험과 일치해야만 할 것이다.

좋은 서비스 경험은 모든 접점이 조화를 이룰 때와 사람들이 기대한 바를 항상 얻게 될 때 만들어진다. 이것은 기본이 되어야 한다. 어쩌면 조금은 지루하고 따분하게 들릴 수도 있을 것이다. 그런데, 우리가 여기서 주장하고자 하는 것은 이런 기본적인 수준을 성취하기 위한 디자인조차도 아주 어렵다는 것이다. 이것은 왜 그렇게 많은 서비스들이 끔찍한 경험들을 안겨주는지에 대한 이유이기도 하다. 거의 어떤 회사나 기관도 이 레벨을 만족시키는 곳이 없으며 그렇기 때문에 오랜 시간에 걸쳐 평가되고 수정되어야 하는 것이 필요하다(제8장을 참조).

기대와 경험 간의 갭을 최소화로 유지시키는 것은 마치 전차의 궤도 간 간격을 가깝게 유지시키는 것과도 같은데, 그렇다고 해서 뜻밖의 일이나 즐거움이 관여할 수 있는 여지가 없는 것을 의미하는 것은 아니다. 우리는 전혀 **예상치 못한** 것들을 만날 때 놀라기도 하고 즐거워하기도 한다.

아무리 인위적으로 경험을 치장하려고 노력을 쏟아부었더라도 어떤 한 접점에서의 기대-경험 간의 아주 작은 부조화 하나가 그것을 완전히 수포로 돌아가게 할 수 있다. 당신이 커다란 과일 바구니와 함께 친절하고 효율적인 직원이 있는 최고급 호텔에서 묵는다고 상상해보자. 그런데 욕실에 있는 유리컵에는 립스틱 자국이 남아 있고 침대 옆 테이블에는 먼지가 쌓여 있다고 상상해보자. 아마도 그 순간으로 그 모든 다른 '고급' 요소들은 뒷무대에서 일어나는 결함을 덮기 위한 겉치레에 불과하고 지름길을 택하려 한 것으로 여겨질 수밖에 없을 것이다. 마법은 풀리고 사이드보드 테이블에 있는 10불짜리 식수와 같이 모든 다른 것들이 단지 당신에게 돈을 더 뜯어내려는 수단으로만 보여질 것이다. 더 이상 고객을 생각하는 서비스로 여기지 않게 되고, 싸지만 깨끗하고 정직한 호텔에서 묵을 걸 하고 후회하게 될 것이다. 오히려 손으로 쓴 진실한 환영 노트와 같은 단순한 것이 예상 밖의 기쁨을 가져다 주는 효과가 있었을 것이다. 이러한 것은 개인적_{personal}으로 느껴질 뿐만 아니라 실제로 개인적이기 때문이다.

시간을 디자인 대상으로서 생각하기
Considering Time as an Object of Design

서비스 디자이너가 디자인하는 대상들은 시간에 걸친 경험들이라고 할 수 있다. 물론 서비스 디자인은 추상적인 활동이 아니기 때문에 이 말은 이상하게 들릴지도 모르겠다. 서비스 디자인은 사실 의자, 포스터, 건물, 기계, 인터페이스와 같은 눈에 보이는 재료들에 바탕을 두고 있기 때문이다. 하지만 미묘하지만 심각하게 고려해야 할 차이점이 있다. 이러한 눈에 보이는 대상들이 더 이상 디자인의 주체가 아니라 구성요소들일 뿐이라는 사고의 전환이 필요하다. 이것들은 고객들에 의해 사용될 수도 있고 그렇지 않을 수도 있다. 서비스가 진화함에 따라 독립적으로 혹은 상호의존적으로 바뀌게 될 것이다. 서비스 디자이너는 단기간 혹은 장기간에 걸쳐서 이러한 요소들이 어떻게 함께 합쳐지고 어우러질 것인가에 초점을 맞출 필요가 있으며, 그것들 간의 조합을 조정하고 지휘해야 할 필요가 있다.

더 좋은 경험을 디자인하려면 시간에 대해 두 가지 측면을 생각해야 한다. (서비스와 고객 간의)관계 맺기 시간과 빈도가 그것이다.

관계 맺기 시간은 고객 여정에서 표현될 수 있다. 관계맺기 시간을 고려한 디자인이란 고객이 서비스와 관계를 맺어가는 다양한 단계를 고려하여 적절하게 디자인해야 한다는 것이다. 어쩌면 당연하게 여겨질지도 모르지만, 어떤 사람들은 다른 사람들보다 서비스에 익숙해지는 것에 더 많은 시간이 걸릴 수 있다는 것을 서비스 제공자들이 간과함으로 인해 사람들의 기대와 맞지 않게 디자인되는 경우가 많은 것이 현실이다.

한 가지 예를 들자면, 오슬로 대학병원이 환자를 위한 더 나은 정보 디자인 개발을 진행했었는데, 환자들이 처음 그 병원을 방문했을 때 어디에 차를 주차해야 할 것인지를 찾는 것이 큰 이슈였다는 것을 초기에는 완전히 간과 했었다. 주차장을 찾는 것이 어떤 약이 처방되었는지 이해하는 것보다 더 모호하고 짜증나는 일이었다. 그런데 장기 방문 환자들의 경우에는 그와는 정반대였다. 이것이 왜 고객 여정과 서비스 청사진이 서비스에서의 시간에 따른 경험을 통합하기 위해 매우 중요한 도구인가를 잘 알 수 있게 해주는 예라고 할 수 있겠다.

서비스 내에서의 인터랙션 빈도는 서비스 디자인 시 고려해야 할 또 다른 점이다. 뉴스 서비스나 기차 스케줄과 같은 서비스 경험들에서는 잦은 빈도의 인터랙션이 중요하다. 세금 납부와 같은 서비스는 낮은 빈도와 가시성을 가질 때 더 성공적이다. 서비스 소통의 빈도는 자세한 디자인 명세서에서 설명될 필요가 있으며, 서비스에서 서비스, 접점에서 접점 간에 다양하게 달라진다. 우리가 자주 경험했다시피, 그다지 필요하지 않을 때 우리의 시간을 빼앗거나 가장 필요할 때 빨리 응해주지 못한 서비스들은 수도 없이 많이 있다. 적절한 서비스 빈도를 디자인한다는 것은 절묘함과 많은 시도, 그리고 오랜 시간에 걸친 모니터링을 요구하는 일이다.

서비스 경험 프로토타이핑
Why Prototype?

무엇이 프로토타입인가?

서비스를 개발할 때 그 서비스를 실제로 제공하는 데 필요한 과정들과 기술을 디자인하는 데 사용되는 리소스를 쓰기 전에 서비스 경험을 디자인하고 테스트한다면 시간과 돈을 엄청나게 절약할 수 있을 것이다. 그렇기 때문에 서비스 개발 과정에서 실제 사람들을 대상으로 그 서비스를 최대한 빨리 써보게 하여 서비스를 검증할 수 있는 환경을 만드는 것은 중요하다.

성공적인 서비스를 효율적인 방법으로 제공하려고 할 때, 서비스 제공자들에게 있어서 난제는 그 디테일들에 있다고 말할 것이다. 종종 작은 문제로 보이는 것들이 고객 경험에 엄청난 영향을 미칠 수 있기 때문이다. 정확하지 않은 설명서나 인터페이스에서의 일관성 없는 언어 등이 의도하지 않는 문제를 야기할 수 있으며 서비스 사용의 완전한 실패를 가져오기도 한다. 이러한 작은 문제점들이 사람들이 새로운 서비스로 돌아서려는 것을 막는 것에 있어서 큰 장벽이 될 수 있다. 여기서 문제는 경험은 합리적 혹은 추상적인 상황에서 설명하기 매우 어렵다는 점이다. 무엇이 작동되지 않는지, 무엇이 진정한 차별점을 만들어내는지 말할 수 있으려면 사람들이 서비스나 접점을 직접 경험해야 할 필요가 있다.

새로운 서비스는 이전에 경험해 본 적이 없는 경험을 제공하기 때문에 그 경험을 실질적이고 실재적으로 만드는 것이 중요하다. 만약 사람들에게 새로운 서비스를 상상해 보라고 한다면, 그들은 분석적이 되거나 문제 중심적으로 반응하는 경향을 보일 것이다. 그와는 반대로, 사람들에게 실제 작동하는 프로토타입—즉, 서비스 인터랙션의 접점과 흐름에서의 주요 요소들을 담고 있는 어떤 실재적인 것—을 경험하도록 하면, 그들은 추상적인 컨셉보다는 그것의 성능에 반응할 것이다.

프로토타이핑은 자발적인 역자 상의이다.

사람들이 자신의 손으로 만져서 어떤 느낌이 드는지 직접 경험할 수 있는 물건인 제품 프로토타입과는 다르게, 서비스 프로토타입은 다수의 접점에서 상호작용하는 경험들로 구성되어야 할 필요가 있을 뿐 아니라 그러한 경험들이 시간에 걸쳐 적절한 맥락에서 어떻게 펼쳐져야 하는가를 고려해야만 한다.

서비스 디자인은 청사진 만들기를 위해 연극 비유를 사용하기 때문에 서비스 경험 프로토타이핑을 극장이라고 생각하면 자연스럽게 이야기가 된다.

극장에는 일반적으로 무대가 있고 다양한 역할과 목표를 가진 배우들이 있으며 여러 가지 소도구들과 극본이 있다. 이러한 것들의 조합은 사람들로 하여금 시뮬레이션 된 상황에서 연기하도록 하지만, 그 결과에 있어서는 그럴듯할 뿐 아니라 종종 즐거운 경험이 된다.

새로운 서비스를 함께 디자인할 때에 경험 프로토타이핑을 사용할 수 있다. 이것은 프로토타입이 컨셉, 디테일, 아이디어를 만들어내기 위한 '라이브 스케칭 도구'인 동시에 서비스를 만들어내는 동안 가지고 있던 이론들을 확인하거나 부정하는 방법이 되기도 한다.

6장에서 언급하였던 3가지 질문을 확장하여 경험 프로토타이핑을 하는 동안 고려해야 할 질문들을 나열해 보자. 프로토타이핑 기간 동안 이 리스트의 각 부분을 향상시키기 위한 방법들을 항상 찾아야만 한다.

1. 사람들이 서비스를 이해하는가—즉, 새로운 서비스는 무엇이며 무엇을 하는가?
2. 사람들이 그들의 삶 속에서 서비스의 가치를 찾아내는가?
3. 사람들이 서비스 사용 방법을 이해하는가?
4. 어떤 접점들이 서비스를 제공하는 데 중심이 되는가?
5. 서비스의 시각적 요소들이 잘 작동하는가?
6. 언어 및 용어 사용이 적절한가?
7. 서비스 향상을 위해 경험 프로토타입 참가자들이 어떤 아이디어들을 가지고 있는가?

경험 프로토타입은 사람들을 관찰하거나 인터뷰하는 것만으로는 얻을 수 없는 더 깊은 레벨의 인사이트를 얻을 수 있도록 돕는다. 프로토타입을 통해, 서비스 디자인의 최종 디테일링과 구축에 직접적으로 연결될 수 있는 서비스 제안proposition의 디테일과 접점들에 대한 피드백을 얻을 수 있다.

네 가지 레벨의 경험 프로토타이핑

경험 프로토타입은 빠르고 대략적으로 만들어지는 레벨에서부터 장기간에 걸친 디테일을 단계 단계마다 상세히 설명하는 것까지 다양할 수 있다. 일반적으로 이러한 레벨들을 다음과 같은 네 가지 타입으로 분류할 수 있다. 1) 저렴하고 준구조화된 논의 레벨, 2) 워크쓰루walkthrough 참여, 3) 좀 더 상세화된 시뮬레이션, 그리고 4) 파일럿 테스팅(그림 7.2)으로 분류된다. 효과적인 프로토타입 테스팅을 위해 이러한 네 가지 타입의 요소들을 혼합하는 것이 보통이다. 물론, 각 레벨의 디테일이 증가할수록 더 많은 예산이 들어가며, 따라서 각 프로토타이핑 단계에서 그 다음 단계로 넘어가는 것에 대해 클라이언트로부터 승인을 받아야 할 것이다.

논의

논의를 위한 프로토타입은 사용자 인사이트 인터뷰와 매우 비슷할 뿐 아니라 일반적으로 가장 경제적인 옵션이기도 하다. 서비스 접점에서 활용될 일련

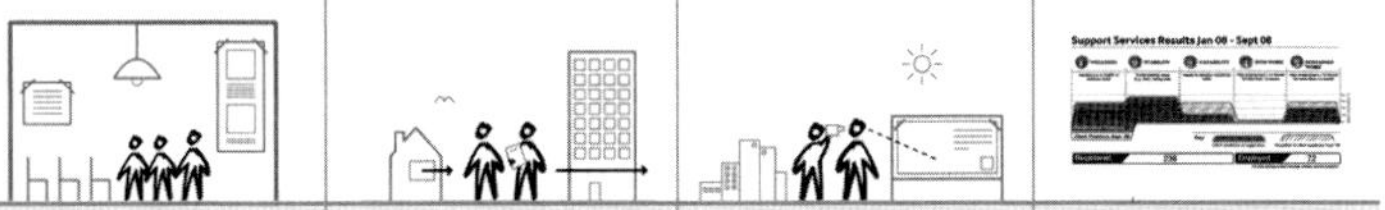

	논의	참여	시뮬레이션	파일럿
소요 시간	6~8시간	2~3일	몇 일~몇 주	1주일~1년
인터뷰할 사람비 수				
실제와 비슷한 정도				
효과	서비스 제안서에서의 가장 명백한 이슈들과 문제점들을 제거하는 것과 가장 중요한 위험요소들을 없애는 것	실제 상황에서 시간의 흐름에 따라 서비스 접점들이 서로 어떻게 잘 어우러질 수 있는가를 향상시키는 것	실제 서비스 경험을 증진시키고 알려지지 않은 요소들을 발견하는 것	사람들의 필요를 충족하는 지속 가능한 서비스를 실행하기 위해 무엇이 필요한가를 배우는 것
전달결과물	가장 좋은 10가지 인사이트	+ 가장 중요한 5가지 개선점	+ 주요 성공 요소들	+ 오랜 시간 후의 가능성
비용	≈ £5,000	≈ £7,000	≈ £10,000	

그림 7.2

4가지 레벨의 경험 프로토타이핑

의 목업mock-up들을 가져와서 작성된 사용자 여정에 대해서 1시간 정도로 계획된 인터뷰 시간에 논의하는 방법이다. 인터뷰에 응하는 사람들의 역할은 스스로 고객이 되어 각 서비스 접점에서 실제로 겪는 것처럼 반응하고 피드백을 제공하는 것이다.

논의의 효과는 서비스 제안서가 가지고 있는 가장 명백한 이슈들과 문제점들을 제거하는 것과 가장 중요한 위험요소들을 없애는 데에 있다. 전형적인 논의 프로토타입은 5명에서 10명 사이의 고객들을 참여하도록 하며 디자인 개선에 도움이 되는 인사이트들을 얻도록 돕는다. 이것은 서비스 제안서를 정의하는 과정에서 매우 유용할 수 있다. 예를 들어, 사람들이 여러 다른 제안서들에 대해 어떻게 반응하는가를 보기 위해 여러 가지 웹사이트 페이지들이나 마케팅 자료들을 목업으로 만들 수 있을 것이다. 사용자들은 사용료, 특정 서비스 요소들, 서비스의 핵심 요소에 대한 이해의 어려움 등에 대해 반응하게 될 것이고, 이 모든 것들이 컨셉 개발에 유용한 인풋이 된다.

참여

참여 프로토타입 역시 논의 프로토타입 활용과 비슷하게 인터뷰를 실행하는데, 다른 점은 실제 서비스가 일어나리라고 기대되는 장소, 환경에서 이 인터뷰가 이루어진다는 것이다. 실제 장소에서 실제 경험될 수 있는 것들을 고객에게 제공하고, 서비스 제공자로써의 직원들은 실제 서비스를 제공하는 업무에 참여한다. 예를 들어, 콜센터, 판매 부서, 안내 데스크, 오피스, 상점에 있는 다양한 곳에서의 직원들을 초청하여 그들이 프린트 자료들이나 스크린 프로토타입에 어떻게 반응하는지를 보는 과정이다.

참여 프로토타입의 목적은 실제 장소에서 시간의 흐름에 따라 서비스의 요소들이 펼쳐질 때 각 접점들이 서로 어떻게 잘 어우러질 수 있는가를 개선하는 것에 있다. 이를 통해 서비스에서 어떤 인터랙션들이 정말 중요한가를 더 배울 수 있게 되며 사람들이 각 상황에서 실제로 무엇을 하는가를 이해할 수 있다. 전형적인 참여 프로토타입은 2명에서 6명 정도의 고객들이 참여하게 되며 구체적인 인사이트들과 디자인 개선점들을 정의할 수 있도록 돕는다.

시뮬레이션

시뮬레이션 프로토타입은 앞의 두 가지 종류의 프로토타이핑을 조합한 형태인 동시에 좀 더 구체적이라는 특징이 있다. 시뮬레이션을 위해서는 더 적은 수의 고객들을 모집하게 되지만 좀 더 실제에 가까운 형태의 접점들과 실물 크기의 서비스 프로토타입을 제공하여야 한다. 이것은 더 많은 준비를 요구하며, 서비스가 무엇이냐에 따라 프로토타입을 실행하기 위한 통제된 환경이 필요할지도 모른다. 이것은 서비스 접점들을 준비할 때 실제로 그것들이 사용될 장소, 예를 들어, 백화점, 고객 정보 센터, 버스나 기차 안 등에서 진행되어야 함을 의미한다.

시뮬레이션은 다양한 기간을 두고 진행할 수 있다. 몇 일 혹은 몇 주에 걸쳐 고객들이 여러 일련의 인터랙션을 거쳐가는 과정에서 그들의 경험이 어떻게 만들어져 가는가를 볼 수 있다. 또한 접점들 사이를 옮겨갈 때 겪게 되는 경험들은 어떠한지, 서비스가 제공하는 것들에 대한 친숙함은 어떻게 형성되어 가는지 등을 테스트해 볼 수 있다.

시뮬레이션 프로토타입의 효과는 시간의 흐름에 따라 어떻게 서비스를 사용하며 각 접점들을 어떻게 개선할 수 있는가를 이해하는 것에 있다. 예를 들어, 사용 가이드 요소들이 처음에는 유용할 것이나 시간이 조금 지나 그 서비스에 익숙해지게 되는 순간부터는 그러한 요소들이 오히려 사용자들을 짜증나게 만드는 요소들이 될 것이다. 뿐만 아니라 디자인이 이 정도로 구체화되기 전에는 절대로 발견할 수 없는 한두 가지의 'X 요소들'을 발견하게 될 것이다. 어떤 경우에는 이런 것들이 서비스의 성공 여부를 좌우하기도 한다. 예를 들어 버튼에 씌여진 단어 선택이나 접점의 부적절한 배치 등이 그런 요소들일 수 있겠다.

앞서 설명했듯, 전형적인 시뮬레이션 프로토타입은 2명에서 6명의 고객들이 참여하게 되는 경우가 많은데, 예산을 생각할 때 2~3명이 가장 흔한 편이다. 하지만 예산이 허락한다면 더 모집할 수도 있다. 시뮬레이션 프로토타입은 개발팀과 함께 구체적인 인사이트들을 공유할 수 있도록 도우며 서비스 경험의 개선점들과 중요한 성공 요소들을 정의할 수 있도록 돕는다.

파일럿

기반 시설이나 인력의 여유가 된다면 파일럿을 착수할 수도 있다. 이 레벨의 프로토타이핑은 경험을 시뮬레이션한다기보다는 최종 사용자들에게 실제로 그 서비스를 제공하는 것이다. 곧 출시될 서비스의 사전 제공을 통해 실제 고객들의 요구 사항을 맞추기 위해서는 무엇이 제대로 된 것이고 그렇지 않은 것인지 배울 수 있다. 파일럿 프로토타입은 베타 서비스라고 볼 수 있으며 서비스의 전 과정을 통해 반복적인 개선을 서포트할 필요가 있는데 이것은 문제 해결을 위한 새로운 시도를 가능하게 하기 때문이다.

파일럿의 목적은 더 많은 수의 고객들을 위해 무엇이 적절한가, 그리고 서비스에 어떤 종류의 리소스들을 안배해야 하는가에 대해 좀 더 긴 시간을 통해 배우는 것에 있다. 고용 제도와 같은 공공 서비스들은 종종 몇 달 혹은 몇 년에 걸쳐 최종 사용자들에게 영향을 준다(9장의 "Make It Work" 사례가 그 예시). 파일럿은 새로운 서비스 디자인을 위한 체계적인 증거들을 만들어낼 수 있으며 해결책을 위한 좋은 비즈니스 케이스가 존재한다는 것과 고객들이나 사용자들이 서비스로부터 지속적이고 개선된 가치를 얻을 수 있다는 것을 보여줄 수 있는 증거를 모을 수 있게 한다.

경험 프로토타이핑을 위한 준비

목업들, 소도구들, 장소들, 사람들에 대해 요구되는 디테일의 정확한 레벨은 당연히 시간과 예산 정도에 따라 프로젝트마다 다양해질 수 밖에 없다. 그러나 그 모든 레벨에서 다음 3가지 스텝이 필요하다.

스텝 1-고객 여정

당신의 고객들이 경험해 볼 수 있는 상황들을 설명하는 한 개 이상의 고객 여정을 개발하라. 각 스텝에서 '관심'부터 '떠남'까지 고려하는 것이 필요하다 (그림 7.3). 이를 통해 새로운 서비스의 전체 사이클의 각 부분들에 대해 피드백을 제공받을 수 있다. 새로운 서비스가 이해하기 쉬운가? 어떻게 사람들이 그것을 구매하도록 만드는가? 사람들이 무언가를 바꾸거나 서비스를 그만 사용해야 할 필요가 있는 경우 그 상황이 어떻게 진행되는가?

사용자 여정은 프로토타입을 위한 극본 원고와도 같은 역할을 하며, 배우들과 필요한 소품들에 대해 서술한다. 여기서 전체 서비스의 청사진으로 돌아와서 그것을 사용자 조사를 통해 얻어진 인사이트와 함께 결합한다. 그것을 바탕으로 경험 프로토타입에서 만들어낸 구체적인 접점들을 활용하여 특정 사용자가 거치게 될 여정을 결정한다.

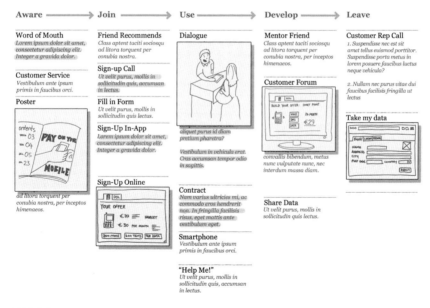

그림 7.3

주요 접점들이 강조된 기본 문자 청사진 예시. 프로토타이핑에 바로 활용될 수 있는 단계.

스텝 2-사람들

참가자들

프로토타입에 참가할 사람들을 모집할 때 먼저 서비스 제공자, 즉 클라이언트로부터 도움을 받아야 할 필요는 없는지 고려해야 한다. 회사, 제품, 서비스에 대한 특별한 기술이나 지식을 가지고 있는 직원의 도움이 필요하지는 않는지?

그 다음으로는 잠재적 고객들을 모집할 필요가 있다. 사용자 인사이트 인터뷰를 위해 리쿠르팅하는 방법과 같은 방식으로 모집하면 된다. 관련이 있는 모집단demographics으로부터 뽑아야 하며, 서비스 여정의 각 다른 단계마다 사람들을 모집함으로써 고객 여정의 서로 다른 단계에서 맡은 다른 역할을 수행해볼 수 있어야 한다(그림 7.4).

역할들

참가자들이 프로토타입을 적극적으로 활용할 수 있도록 하기 위해 참가자들의 역할을 명확하게 정의할 필요가 있다. 프로토타입을 그들 스스로 사용하도록 해야 하지만 그 상황에서의 그들의 역할이 무엇인지 분명하고 자세하게 설명해주어야 한다. 예를 들어 병원 환자에게 아프기 전의 자신을 연기해보도록 하거나 은행 고객에게 그 서비스를 여러 해 동안 사용해왔다고 상상해

그림 7.4

오슬로(Oslo) 프로젝트의 트랜스포트(Transport)를 위한 프로토타이핑: 새로운 표 판매기를 위한 인터페이스 스케치들이 아이패드를 통해 보여지는 모습(왼쪽)과 사인 포스터(오른쪽)

보도록 하라.

목적들

참가자들에게 설명할 때 기억해야 할 또 한 가지는, 서비스를 활용하는 목적과 기대되는 산출물이 무엇인지 알려주는 것이다. 예를 들어, 참가자들에게 버스와 새로운 지도를 가지고 도시를 구경하도록 하거나, 새로운 약을 의사로부터 처방 받도록 하는 업무들이 그런 것이 될 수 있다. 극장에서처럼 인물의 목적들은 재미있는 드라마를 만들어내는 데 필수적인 것이다. 참가자들이 수행하도록 요구될 목적들이 서비스의 잠재적 문제점을 드러낼 수 있도록 해야 한다.

스텝 3-소품들

참가자들이 수행하게 될 주요 인터랙션을 위해 실제 물건들을 만들어라. 그리고 어느 정도로 실제와 가깝게 만들어야 할 것인지를 결정하라. 어떤 프로토타입들은 손으로 그린 스케치 혹은 컴퓨터 프린트물 정도로 충분할 수 있다. 어떤 경우는 실제로 클릭이 가능한 컴퓨터에서 작동되는 프로토타입이어야 할 수도 있을 것이다. 프로토타입을 실제 상황에서 테스트하기 전에 프로젝트 팀 내에서 여정journey의 일부분을 소품들을 디자인하여 미리 테스트해보도록 하라. 참가자들은 디자이너를 위해 그들의 시간을 투자하는 것이다. 비록 어느 정도의 참가비를 지급받겠지만 프로토타입이 도저히 신뢰가 안간다면 참가자들을 싫증나게 만들 것이다.

　프로토타입의 목적을 기억하는 것이 매우 중요하다. 제대로 작동될 것임을 너무나 잘 알고 있는 상황들을 테스트하기 위한 프로토타입이란 별 유용성이 없을 것이다. 웹 서비스 등록에서의 표준화된 가입 신청서나 컨펌 이메일 포맷 등은 인사이트 조사에서 어떤 심각한 문제점을 발견한 경우가 아니라면 프로토타입을 꼭 해볼 필요는 없을 것이다. 프로토타입 테스트로는 실제로 시도해 보지 않고는 어떤 서비스 경험을 안겨다 줄 것인지 쉽게 짐작되지 않는 부분들을 중심으로 진행하여야 한다. 이러한 프로토타입들은 서비스의 다른 부분들보다 좀 더 충실도가 높은 형태로 만드는 것이 좋다(그림 7.5). 예를 들어, 표 판매기를 프로토타이핑할 때 스크린에서의 구매 플로우가 가장 중요하다고 하면 아이패드에 목업을 만들어 사용자 앞에서 들고 보여주는 형식이 상황에서 얼마나 잘 작동하는가를 가늠하는 좋은 방법이 될 것이다. 이와는 다르게, 표 판매기의 형태를 다시 디자인함으로써 접근성을 높이는 것이 더 중요할 수도 있을 것이다. 이 경우에는 목업으로 키오스크를 만드는 것에 더 많은 시간을 투자하여 그것을 휠체어 사용자가 실제 장소에서 사용해 볼 수 있도록 해보는 것이 필요할 수도 있을 것이다.

경험 프로토타이핑 시 활용 가능 탑들

서류 작업이나 프로토타입을 실행할 때 필요한 툴들을 고려해보라. 주로 사진을 찍거나, 휴대폰을 활용하여 메시지를 보내거나 전화 통화를 준비해야 하는 일들이 있을 것이다. 빠르고 효과적인 프로토타입을 디자인하는 유용한 트릭들이 여기 있다.

콜 센터 프로토타이핑

고객을 위한 스크립트와 재료들을 디자인하라. 고객과 함께 리서처 한 명이 붙고, 콜센터 직원 멤버와 함께 다른 리서처 한 명이 붙는다(그림 7.6). 각 사이드에서 대화가 어떻게 전개되는가를 관찰하는 것은 고객이 무엇을 원하는가 뿐 아니라 직원이 좋은 서비스를 제공하기 위해 무엇이 필요한가를 동시에 이해할 수 있을 것이다. 단, 이를 위해 고객에게 관찰하게 되는 콜센터 직원의 직통 전화번호를 주는 것을 잊지 말라.

마이크로소프트 엑셀로 웹사이트 만들기

웹사이트 양식 포맷을 테스트할 필요가 있다면 엑셀을 활용하여 쉽게 공식을 만들고 데이터를 시각화할 수 있다. 웹사이트 모습의 그림 프레임을 엑셀 바탕에 붙이고 단 몇 시간 안에 고급 웹 프로토타입을 만들 수 있다.

그림 7.5

새로운 보험 제도를 구입하는 프로세스를 1주
일 이상에 걸쳐 충실도 높은 양식, 편지지, 브로
슈어의 목업을 가지고 모의 실험하는 모습

그림 7.6

고객과 함께 하는 리서처와 콜센터 직원과 함께 하는 리서처가 세일즈 콜의 양쪽 상황을 관찰함
으로써 사용자가 제공된 프로토타입들에 어떻게 반응하는가를 알아낼 수 있다.

저렴한 모듈식의 가구

물리적 환경에서의 다양한 역학관계를 테스트할 필요가 있다면 다양한 레이아웃을 테스트해 보는 것이 가능한 IKEA와 같은 가구 매장에서 모듈식 가구를 구해 실제적인 레벨의 디테일까지도 구현해 볼 수 있다. 만약 재사용 가능한 여러 소품들의 콜렉션이 필요하다면 할 때마다 만드는 것보다 있는 것을 구입해서 쓰는 것이 더 저렴하다. 팀원 내에서 활용해보는 용도로는 가까운 가게에서 버려진 빈 박스들을 활용하는 것도 방법이다.

온라인 프로토타이핑 블로그들

워드프레스Wordpress, 텍스트패턴Textpattern, 무버블타입MovableType과 같은 블로깅 플랫폼들은 누구나 액세스해서 코멘트를 남길 수 있기 때문에 인사이트 재료를 준비할 수 있는 빠르고 쉬운 방법이다(4장의 "인사이트 블로그"를 참고). 이러한 플랫폼들은 빠르게 웹 프로토타입을 만들거나 서비스의 피드백을 모을 수 있는 유용한 방법이기도 하다. 당신 회사가 기업 내부 웹 개발 리소스를 갖추고 있다면 아무 것도 없는 상태에서 처음부터 손쉽게 만들어낼 수 있겠지만 대부분 기본 블로그 템플릿을 변형하여 만드는 것이 더 쉬운 경우가 많으며, 특정한 사용자 인터페이스나 그것의 사용성에 대해 초점을 맞추는 경우가 아니라 전반적인 서비스 제안에 대해 다룰 때는 더욱 유용하다(그림 7.7). 물론 프로토타입을 거의 베타 웹사이트 정도의 완성된 형태로 만드는 것도 가능하다.

베타 단계를 위해서는 정해진 기간 동안(대략 6주 정도) 사용자들을 모집하여 최종 개발의 초기 단계에서 서비스에 접속할 수 있도록 한다. 그 사용자들은 서비스 사용 후기를 블로그를 통해 피드백으로 제공한다.

온라인 프로토타이핑은 사용자 조사를 통해 얻는 인사이트를 넘어서는 새로운 인풋을 제공하는데, 디자이너에게 사용성, 명확성, 타당성에 대한 정보를 제공한다. 일단 개선이 진행되면 사용자들이 다시 그에 대한 피드백을 제공하도록 초청되며 반복되는 프로세스로 진행된다.

그림 7.7

블로깅 플랫폼을 사용하여 만든 슈어박스(Surebox) 웹사이트 프로토타입 전체 프로세스를 진행하면서 정기적인 간격을 두고 사용자들이 참여하고 필요한 정보를 제공하도록 계속적으로 컨택을 유지하라. 피드백이 제공될 때마다 현금이나 상품권 등으로 보상하는 것도 도움이 될 것이다.

이러한 테크닉은 사용성 문제를 발견하는 데 도움이 되며 웹이 주가 되는 서비스는 특히 제대로 된 사용성 테스트와 그것을 수행하는 전문성이 필요할 것이다. 하지만 초기 단계에서는 빠른 프로토타입으로 서비스가 무엇인지를 명확하게 하는 데에 도움을 받을 수 있으며, 기대하고 있는 사용 가능성 외에 어떠한 부가적인 사용 가능성들이 있는지 발견하는 데에 도움이 될 것이다.

Summary

서비스들이 서비스 접점들과 시간에 따라 일관적으로 디자인되었을 때 그 서비스들은 훌륭한 경험들을 제공하게 된다. 서비스 경험들을 디자인할 때 다음을 염두에 두자.

- 시간과 컨텍스트를 디자인하라.
- 접점들 간의 연결들을 접점 자체의 디자인에 기울이는 노력만큼 기울여 디자인하라.
- 각 인터랙션에서 일관된 기대들을 세우고 만족할 수 있도록 하라.
- 사용자들과 직원 모두의 경험을 디자인하라.

당신의 서비스 디자인이 일관성 있는 경험으로 함께 붙들어지고 있는가를 알아내기 위해서는 몇 가지 프로토타입들을 만들어야 한다. 많은 경우 서비스의 접점을 '느끼는 것'은 그것을 실제 사용해보지 않고는 불가능하다. 서비스를 프로토타이핑할 때 다음 단계를 포함시키는 것을 잊지 말라.

- 고객 여정을 정의하라.
- 참가자의 역할과 목적을 정의하라.
- 소품들과 접점들을 디자인하라.
- 부가적으로 필요한 툴들과 기반 시설을 제공하라.
- 실제 컨텍스트에서 서비스 경험 역할극을 활용하라.

Chapter

[08]

서비스
측정하기

[*Service*]

[*Design*]

서비스 디자이너와 서비스 제공자 모두는 디자인이 투자 대비 효과를 볼 수 있다는 점을 증명하길 원한다. 서비스는 금전으로 환산하여 비교하거나 향상된 고객이나 사용자 경험을 측정하거나 사회로의 가치 창조 또는 줄어든 환경 고갈로 측정될 수 있다.

우리는 서비스 디자인의 가치에 대해 견고한 증거를 제공해주는 간단하면서도 완벽한 측정 방법을 아직 발견하지 못했다. 하지만 새로운 디자인이 착수되기 전에 *몇가지* 측정 기준을 정의하는 것과 서비스의 가치를 증명하거나 향상시키기 위해 이러한 변수를 추적하는 일이 중요함은 알고 있다. 만약 당신이 항상 서비스 제안에 서비스의 성능 향상에 관한 기준치를 정의해 포함하고 있다면, 서비스 디자인 영역에서 훌륭한 제안을 하고 있다고 말할 수 있다. 정확하게 무엇을 측정하느냐는 각기 다른 새로운 서비스 디자인에 따라 다양할 것이다.

산업 디자인 시대에 들어서는 헨리 포드(Henry Ford)와 알프레드 슬로안(Alfred Sloan) 같은 리더들이 회사가 '수치에 의해 경영'될 수 있도록 해주는 과학적인 근거와 연합된 측정 시스템을 개발했다. 하지만 이러한 접근은 품질을 확증해주거나 지속적인 근거를 기반으로 향상된 성능을 보장하는 시스템적 접근이 부족했음이 드러났다.[1]

2차 세계대전 이후에 미국 통계학자이자 경영 대가인 에드워즈 데밍(W. Edwards Deming)은 좀 더 시스템에 기반한 접근 방식을 창시했으며 이는 일본 자동차 시장에서 그 효과가 증명되었다. 이는 1990년대에 제조 과정에서 모든 사소한 비효과성을 제거하는 것을 중심으로 한 'lean' 경영과 생산으로 알려졌다. 서비스 분야에 있는 많은 회사들은 자신들의 서비스를 향상시키기 위한 접근 방식으로 이러한 'lean' 경영을 활용하였다. 그러나 이 방법은 산업의 전통 안에서 성행하였고, 서비스 전달을 좀 더 효과적으로 만들었는지는 모르나 고객 경험을 향상시키기에는 다소 부족하였다. 아이러니하게도 데밍은 스스로 근시안적으로 효과성에 집중하는 것과 제품 결함의 제거만으로는 충분하지 않다고 주장했다. 대신에 기업들은 고객 기저에 있는 니즈를 예측하기 위해 어떤 제품이나 서비스가 지금으로부터 5년에서 10년 안에 필요로 할 것이고 미래를 위해 혁신할 수 있을지 시도해야 한다고 말하였다.[2] 비록 지속성 아젠다는 회사가 제품의 완전 수명 주기를 고려하도록 요구하더라도 제품의 효과성을 측정하는 것은 산업적인 측면에서는 일리가 있다. 그러나 서비스를 위해서 측정되어야만 하는 것은 소비, 즉 서비스를 제공

---

1 John Seddon, *Freedom from Command and Control: A Better Way to Make the Work Work* (Buckingham, UK: Vanguard Consulting Ltd, 2003).

2 W. Edwards Deming, *The New Economics for Industry, Government, Education*, 2nd ed. (Cambridge, MA: MIT Press, 2000).

하는 중개인과 사용자의 경험이다.[3]

문제를 측정하는 것을 기준으로 삼고, 서비스를 사람들이 사용할 때의 성공을 서비스 측정의 기준으로 한다면 당신은 고객 경험이 향상되는 동안에 서비스 전달을 효율적으로 하는 데에 더 나은 입지를 가질 수 있다. 당신이 고객 경험을 서비스 측정의 기준으로 사용하는 한 효율성과 경험들은 상충하지 않는데, 향상된 효율성은 좀 더 고객들을 행복하게 만들기 때문이다.

예를 들면 보험사 고객은 그들이 클래임했을 때 빠른 보상을 해주는 것을 높은 가치로 여긴다고 말할 것이다. 보험사가 이러한 고객 니즈를 마주할 때 그들은 이것이 많은 상호작용을 요구하지 않기 때문에 시간을 절약할 수 있다는 것을 알 수 있다. 또한 보험사는 빠른 보상을 통해 고객들의 클래임 수를 줄일 수 있다는 것을 안다. 도난 사고에 대해 보험사가 빠르게 고객의 클레임을 처리할 경우 사람들이 고객의 소리(Voice of Customer)에 불평을 전달할 확률은 줄어든다. 보험사도, 고객도 모두 행복하게 된다.

외부로부터 이익을 측정하는 것의 또 다른 장점은 회사가 그들 스스로를 경쟁사와 좀 더 정확하게 비교할 수 있다는 것이다. 그들은 경쟁자로부터 콜센터 응답시간 횟수를 얻을 수 없을 것이다. 그러나 자신의 고객과 이야기하는 것처럼 경쟁사의 고객과 이야기하기란 쉽다. 경쟁사 고객이 우리 회사의 고객보다 더 빠른 응답을 받고 있을까?

디자인을 하는 것 만큼이나 디자인을 측정하는 데에는 고객들과 함께 시작하는 것이 중요하다.

공동의 이익을 위한 측정
Measurement for the Common Good

서비스 측정은 전통적으로 관리자가 자신들의 사업을 제어하고 더 나은 사업을 계획하기 위한 수단으로 보여진다. 그러나 지난 10년간 디지털 시스템은 데이터를 좀 더 빠르고 저렴한 가격으로 얻을 수 있도록 해주었고 더 많은 관리

---

3   James P. Womack and Daniel T.Jones, "Lean Consumption," *Harvard Business Review*, March 2005, http://hbr.org/2005/03/lean-consumption/ar/1.

자와 대면 직원이 고객들에게 접근할 수 있도록 만들어 주었다. 이러한 데이터의 민주화는 간단하게 관리 툴을 제공하고자 하는 서비스 측정의 목적으로부터 멀어지고 있다는 것을 의미한다. 서비스에 대한 측정은 관리자와 직원과 고객들이 함께 협력하여 서비스를 향상시킬 수 있도록 참여시키는 방법이다. 측정이 투명해질 때 측정은 문제를 야기하는 것이 아니라 공공의 이익을 향상시키는 기회가 된다.

고객에게 유용한 피드백 채널은 그들로 하여금 서비스 제공자에게 서비스가 지닌 문제나 기회들에 대해 말할 수 있게 해준다. 고객 등급과 구매 패턴은 다른 사람들의 경험에 기반하여 고객이 더 나은 선택을 할 수 있도록 해준다. 동일한 조치는 관리자와 직원 모두가 부응하는 표준을 설정한다. 이것이 내부 비즈니스 데이터와 함께 만들어진다면, 관리자 및 직원들이 함께 고객의 요구를 충족시키고 효율성을 이끌어 낼 수 있다.

어떤 데이터가 측정하기 유용한지 보기 전에, 측정하는 행위는 그 자체로 강조할 만한 가치가 있다. 대부분의 관리자는 어떠한 것이 측정될 때 그것을 향상시키려고 할 것이고 사람들은 선택할 때 고객들로부터 얻은 증거를 신뢰할 가능성이 있다고 말할 것이다. 궁극적으로 측정된 것은 조직 내의 공유 문화를 높게 증진시키는 경향이 있다. 이것은 고객과의 장기적인 관계를 만들고 지속적인 성장을 가능하게 해 가치를 창조해낸다.

경영과 진리의 확립
Establishing a Truth With Management

최고 경영자의 구매 결정은 디자인을 실행하는 데에 중요하며, 이는 측정에도 똑같이 적용된다. 만약 리더가 측정 뒤에 숨겨진 전략적 추론을 보지 못한다면 결과를 진지하게 수용하고 실행하지 않을 가능성이 있다. 이것은 서비스 디자인 프로젝트에서 특히 그러한데 이유는 서비스 디자인 프로세스가 종종

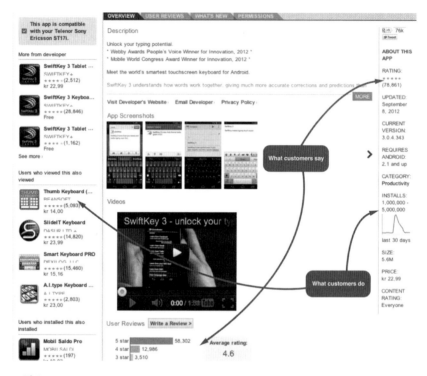

그림 8.1

안드로이드 마켓 인터페이스는 실시간 데이터를 서비스 제공자와 고객들에게 제공하여 어떻게
측정이 구매 경험과 통합되었는지에 관한 몇 가지 예를 보여준다.

조직 내의 문화적 사고 방식의 변화를 포함하기 때문이다. 사람들은 CEO가 그들의 목표를 보여줄 때 어려운 숫자들에 근거하여 제시하기를 기대한다. 그러나 고객 경험을 옹호하는 차원에 관해 헌신하는 관리자들은 스프레드시트의 결과에 따라 추론한 만큼 행동한다.

그러므로, 디자이너들은 무엇이 서비스를 성공시킬 것인지에 관해 그들 자신이 굳게 믿고 있는 결론에 이르도록 관리자를 도울 필요가 있다. 디자이너는 실제 사용자의 입장을 이야기할 때는 매우 적나라하게 말할 수 있다. 그러나 이들의 공감능력은 그들의 클라이언트와 이야기할 때에 사라져 버린다. CEO도 역시 사람이므로 그들 자신의 요구, 동기와 행동을 통해 디자이너는 CEO가 조직과 함께 공유할 간단하나 밝혀지지 않은 자명한 진리를 주고받으면서 도울 수 있다. 몇 가지 예는 다음과 같다.

- "우리는 우리 분야의 리더이고 우리의 이윤율을 증가시킴으로서만 성장할 수 있다. 그러므로 우리는 최고의 고객 경험을 제공할 필요가 있다."
- "우리는 시장의 새로운 진입자이므로 고객에게 적은 비용으로 좀 더 많은 것을 줄 필요가 있다. 그러므로 우리는 최고의 고객 경험을 제공할 필요가 있다"
- "시장은 포화되었고 우리는 새로운 고객을 확보하기보단 보유 고객에 집중할 필요가 있다. 그러므로 우리는 최고의 고객 경험을 제공할 필요가 있다"
- "우리 성공은 임계 질량critical mass을 빠르게 확보하느냐에 달려 있다. 그러므로 우리는 최고의 고객 경험을 제공할 필요가 있다"
- "새로운 기능을 개발하는 데에는 많은 비용이 드는 반면, 우리에게 중요한 경쟁우위를 제공하지 않는다. 그러므로 우리는 최고의 고객 경험을 제공할 필요가 있다"
- "고객은 우리 기술이 얼마나 놀라울 만큼 스마트한지 이해하지 못한다. 그러므로 우리는 최고의 고객 경험을 제공할 필요가 있다"

- "환자의 경험은 임상의 결과만큼이나 중요하다. 그러므로 우리는 최고의 고객 경험을 제공할 필요가 있다"
- "우리 회사가 시장을 독점하고 있기 때문에 고객은 우리를 싫어한다. 그러므로 우리는 최고의 고객 경험을 제공할 필요가 있다"
- "우리 제품의 명성은 방치된 고객 서비스로 인해 고통받고 있다. 그러므로 우리는 최고의 고객 경험을 제공할 필요가 있다"

상기 목록은 고객-서비스 제공자 관계뿐만 아니라 공공 서비스 기관에도 적용할 수 있다. 요점은 관리자들이 서비스 디자인에 투자하려는 간단하고 논리적인 이유가 필요하다는 것이며 이것은 디자이너가 서비스 측정을 통해 이러한 투자에 대한 결정을 지지해줄 필요가 있다는 것을 의미한다. 가장 단순한 접근은 고객 측면에서 가지는 서비스 경험이 서비스 성공에 있어 매우 중요하므로 어떻게 서비스의 향상 방법에 대한 측정을 실제적으로 수립하는 것이다. 논리가 올바르다면 고객 경험이 향상될 때 낮아진 수익이 올라갈 것이다.

우리는 이미 측정을 하고 있다. 그렇지 않은가?

We Do That Already, Don't We?

MBA에서 서비스 디자인을 설명하면 사람들은 이것이 이미 관리자들이 하고 있는 일이라고 말한다. 그렇다면 관리자들은 고객의 삶과 요구를 이해하기 위해 노력하며 고객을 위한 제품을 디자인하는가? 어떤 제품들이 만들어지는지 가이드하기 위해 이러한 인사이트를 이용하는가? 조직적인 자원을 특정 제품을 특정 시장 분야에 제공하기 위해 맞춤하고 있는가? 지속적인 개선에 초점을 맞춘 조직을 유지시키기 위해 서비스 상호작용을 통해 배운 것을 사용하는가? 조직은 이런 모든 것을 이미 하고 있다고 이야기할 것이다.

이러한 반응은 서비스를 디자인하는 데 있어 전문가가 직면한 문제의 핵심이다. 서비스 디자인이란 모든 조직에 있어 빵과 버터임에 확실하다. 이것은 그들이 해야 하는 것인 동시에 그들이 이미 하고 있다고 생각하는 것이다. 서비스를 디자인하는 것은 당면한 경영의 변화의 부분과 함께 운영 관리, IT, 시설 관리, 조직 설계, 인적 자원 등의 마케팅을 섞어놓은 것처럼 들린다.

실로 좀 더 들여다보면 경영 쪽보다는 디자인 같아 보인다. 그러나 다른 디자인 분야보다도 조직의 기본과 밀접하게 관련되어 있다. 서비스 디자인은 직원, 이해관계자, 고객, 사용자, 규제, 협력업체와 경쟁사로 정의된 바와 같이 사람, 기술, 제품, 프로세스와 가치 창조의 서비스에 있어 조직이 가진 일상 업무의 교차점이다.

서비스 디자인의 '무엇(what)'은 디자이너가 아니라 관리자의 업무 같이 보일지도 모른다. 그러나 '방법(how)'은 다르다. 어떻게(how)를 하는 데 요구되는 접근 방식, 방법과 기술은 '무엇'을 다른 무언가로 변화시킨다. 관리자들은 분석적이고 추상화되었다고 보는데 사실 이 일은 생성적이고 구체화 된다. 조직은 시간이 지남에 따라 많은 장소에 있는 사람과 물건, 다른 사람들 사이의 여러 상호작용으로 실시간으로 구성되어 드러난다.

서비스 디자인 사례는 다음의 세 가지 주요 특징이 있다. 이러한 특징은 사람들이 있고, 서비스를 제공하는 목적이 있는 어느 조직에게나 그들 스스로를 제공하는 서비스라고 생각하는지 아닌지에 관한 중요한 관점을 제공한다.

첫째, 서비스 디자인은 사용자 경험에 대한 신중함과 시간과 공간에 걸쳐 디지털 및 물질화된 제품의 상호 작용을 중심으로 이루어져 있다. 사용자들은 구조화된 디자인의 수동적인 수신인이 되기보다는 이러한 경험을 만들어가는 데 적극적으로 개입한다. 사용자를 위한 이러한 상호작용은 경험에 부차적이지 않고 조직을 구성한다. 그래서 어떤 접촉도 완전히 스크립트되거나 디자인될 수 없다는 이해를 동반한 특정 경로와 참여 형태의 디자인은 관리 작업의 중심이다.

둘째, 서비스 디자인은 사용자 여정 지도(journey map)와 청사진(blueprint)과 같은 도구(artifacts)들을 만들어 사용함으로써 진행된다. 이 도구들은 경계 객체(boundary objects)[4]로써 기능적이고 조직적인 팀들의 전공 내에서 공유되는 관심사를 다른 팀과 함께 개념화하고 탐험하도록 돕는다. 이를 통해 팀들은 조직이 모든 종류의 사람과 물건 사이의 상호작용으로 구성되었다는 것을 알게 된다. 이러한 청사진 문서는 여러 다른 팀들이 그들이 만들고 운영할 서비스를 하기 위해 필요한 일을 할 수 있게 해준다. 또한 실제 사용자를 포함하여 그들의 업무가 다른 사람들과 어떻게 관련있는지 이해를 돕는다. 이러한 조직적 도구를 만들고 사용하는 데 있어 특정의 조직적 정황과 목적에 맞도록 이러한 방법들은 고객화를 요구하는 관리자와 프로젝트 리드의 중점 고려사항이 되어야 한다.

셋째, 서비스 디자인의 실행은 물질과 디지털 세부 사항 간, 그리고 그 큰 그림 사이의 반복적인 확대 및 축소를 포함한다. 서비스 경험을 설명해주는 거대한 서사나 비전, 또는 가치 제안은 필수적이다. 그러한 이유로 컨설팅 룸의 레이아웃, 웹사이트의 탐색 또는 티켓의 정보 디자인과 같은 세부적인 사항을 설명하려는 시도는 반복된다. 서비스 디자인 접근방식은 차후의 개발 과정에 이르기까지 일상의 구체성을 넘어 마치 그리 중요하지 않은 듯 이리저리 이동하도록 요구한다.

일단 이러한 개념에 노출되면 내 수업을 들은 MBA 학생들은 그들 스스로 자신들의 일에 대해 다르게 말하고 생각하는 방법을 찾는다. 그들 업무의 핵심은 자신들이 생각한 것을 추진하는 새로운 방법을 얻게 되는 것이다. 그리고 그들 자신들의 업무를 생각하는 사고방식을 변화시킨다. 서비스 디자인은 그들을 성장시키고 경험 기반 디자인의 사례가 포함된 자신들의 팀 문화를 지속시키는 여정을 그린다.

이 책에서 설명하는 서비스를 디자인하는 접근 방식은 디자인 전문가들에게 영향을 미칠 수 있다. 여기에서 논의된 바와 같이 서비스 디자인은 새로운 디자인 변형 이상으로 스스로를 드러낸다. 이는 서비스를 디자인하는 조직적인 활동의 중심에 디자인적 사례를 둔다. 디자이너의 지식과 기술은 경계의 서비스를 디자인하기 위해 함께 일하는 팀 업무를 돕는 여러 객체들을 생성할 수 있는 권한이 있는 참가자들을 만든다. 이것은 디자인 전문가들에게 혁신적인 방법을

---

4 "경계 객체"라는 단어는 사회학자들의 과학 공부에서 비롯되었다. 자세한 내용은 S. L. Star and J. R. Griesemer, "Institutional Ecology, 'Translations' and Boundary Objects: Amateurs and Professionals in Berkeley's Museum of Vertebrate Zoology, 1907-39," *Social Studies of Science* 19 (1989): 387-420를 참고하라.

설명하고 오랜 시간과 장소에서 서비스 경험을 탐험하며, 운영할 수 있는 기회들을 제공한다.

또한 서비스 디자인은 디자이너를 편안하게 느끼지 않을지도 모르는 방향으로 몰고 간다. 디자인한 물질적 도구와 여러 종류의 디지털 사이에 좀 더 활동적이 되도록 그들의 관계 사이를 고려하도록 요청하고 네트워크된 조직적인 모델에 개입된 공헌자의 커뮤니티나 조직의 뒷무대(backstage) 운영에 대한 관계 또한 요청한다. 디자이너들은 자원의 여러 종류를 이해하고 설명하고 또한 가치 창조를 위해 구성되는 방법에 대해 좀 더 깊게 관여해야 한다.

그런 면에서 서비스 디자인은 친숙함과 동시에 참신하다. 서비스 디자인은 관리자와 기업가가 이미 실시하고 있을지언정 실제로 그들의 일을 다르게 만들어낸다. 이것은 어떤 디자이너가 이미 디자인한 것과 닮아 있다 하더라도 많은 다른 사람들을 변하도록 요구한다. 십 년 안에는 더 이상 서비스 디자이너라 불리어지지 않을지도 모른다. 하지만 현재로서는 서비스를 설계하는 그 누구에게라도 활용 가능한 자원에 특별한 무언가를 더하는 것을 대표한다.

— *Lucy Kimbell*

Lucy Kimbell은 옥스포드대학교 비즈니스 스쿨의 부교수이며 2005년도부터 MBA학생들에게 서비스 디자인을 가르치고 있다.

설계와 실행 이전에 기초 자료 정의하기
Define Baseline Data before Design and Launch_____

모든 사람이 좀 더 많은 책임을 갖고 업무에 집중하기 위해 무엇을 측정하고자 하는지, 언제 디자인 작업을 시작할 것인지 정의하자. 목표는 혁신적인 해결책이 나타나거나 전략이 바뀌거나 또는 경쟁이 예상치 못하게 나타남에 따라 바뀔지도 모른다. 그러나 출시에 근접할 때 측정할 수 있는 기초 자료를 구축하는 것은 필수적이다. 당신은 **이후**의 성공을 증명하기 위해서 숫자들이 필요하다.

대부분의 디자이너들은 포장 디자인 일을 하지 않는 이상 디자인적 입력으로부터 순수한 상업적 결과를 증명하는 숫자를 갖기 어렵다는 것을 경험한다. 많은 요인들이 디자인 결과에 영향을 미치지만 성공의 증거로써 현금만한 것은 없다. 프로젝트를 시작할 때 서비스 측정에 대해 정의한다면 디자인 작업의 효과에 대한 어려운 경제 지표의 기회는 훨씬 높아질 것이다.

투자 수익에 대한 사례 만들기
Making the Case for Return on Investment

서비스 제공자들은 서비스 디자인에 대한 투자에 대해 잠재적인 회수(수익)를 이해하기 위해 종종 고군분투한다. 서비스 디자인을 위한 비즈니스 사례를 만드는 열쇠는 당신이 고객의 행동을 변경하는 방법에 집중하고, 숫자의 비즈니스에 미치는 잠재적인 영향을 추정하는 것이다.

이러한 접근 방식의 예로 Forrester Research에 의해 발표된 향상된 고객 경험이 가지는 비즈니스 가치를 증명하기 위한 프로세스를 들 수 있다.[5] 이 모델은 변화된 행동에 근거하여 특정 산업 분야에서의 개선의 잠재적인 이윤과 비용을 포함한다.

서비스 디자인 프로젝트에서 언급되는 몇 가지 전형적인 행동들은 다음과 같이 설명할 수 있다.

- 새로운 판매: 신규 고객의 증가된 수집
- 더 오래된 사용: 증가된 충성도와 고객 보유
- 더 많은 사용: 모든 고객에 대한 수익 증가

---

5 Megan Burns, with Harley Manning and Jennifer Peterson, "Model the ROI of Customer Experience Improvement Projects: A How-To Guide," Forrester Research report, August 12, 2011, www.forrester.com/rd/Research/model_roi_of_customer_experience_improvement_projects/q/id/59070/t/2.

- 더 많은 판매: 같은 서비스 제공자의 다른 서비스의 판매 증가
- 더 많은 셀프 서비스: 비용 절감
- 더 나은 배달 프로세스: 비용 절감
- 더 나은 품질: 돈과 경쟁에 대한 가치 증가

서비스 디자인 프로젝트를 기획할 때 스마트한 전략은 핵심 목표를 바로 정한 후, 이를 이루기 위해 구체적인 목표를 정하고 그것이 상업적, 사회적 또는 환경적인 측면의 공헌을 갖게 하는 것이다. 이는 관리자들이 이 목표를 이루는 데에 동참할 수 있도록 도울 것이고 투자를 정당화justify하며 디자인 작업design work을 위한 방향을 제공할 것이다. 이것은 또한 당신이 영향을 미치는 부분들 중 실제로 영향을 끼치려고 의도한 부분들에 대해서 평가받을 수 있게 한다. 사과apple는 사과와 비교해야 한다는 것을 확인할 필요가 있다.

어떤 행위와 경험을 측정할지 결정했을 때 당신은 어떻게 모든 사람들이 지속적으로 서비스를 배우고 향상시키는 데 도움을 주는 결과를 얻을 수 있을지 추적하는 방법을 세워야 한다.

비록 위의 목록이 '고객'이라는 단어를 포함하지만 이러한 측정 전략은 상업적 사회적 벤처 기업의 경우와 비영리 및 공공 서비스 사업도 예외는 아니다. 사실, 긴축 경영을 필요로 하는 공공 기관들에서 서비스 디자인을 필요로 하는 경우가 더 많다. 우리 서비스 디자이너들은 서비스의 최종 사용자에 대해서만 생각할 것이 아니라 고객이 무엇을 필요로 하는지, 그리고 그들이 어떤 동기로 디자인을 의뢰하는지에 대해 이해하려고 노력해야 한다.

모델 측정을 위해 서비스 청사진 사용하기
Using the Service Blueprint to Model Measurement_____

디자인의 가치를 모델링하고 진정한 서비스를 측정할 수 있는 기본 방법은 무

엇인가? 서비스의 측정에 접근하기 위한 유용한 방법은 서비스 청사진으로 되돌아가는 것이다. 이미 서비스와 사용자의 상호 작용의 중요한 순간을 포착하는 데 서비스 청사진을 사용하였기에 당신은 당신이 디자인을 통해 무엇을 변화시키고자 하는지, 또한 그 과정에서 무엇을 측정해야 하는지도 알고 있을 것이다. 그러므로 당신은 청사진을 계획하여 서비스 디자인을 위해 사용할 뿐만 아니라 어디에서 비용과 수익이 발생하는지 분석하기 위한 운영 도구로 사용할 수 있다.

서비스 청사진은 서비스의 소프트한 경험의 측면과 하드한 비즈니스 메트릭hard business metrics을 함께 묶을 수 있으며, 경영, 직원, 디자인 팀-모든 직원이 같은 단계에 있는지 확인할 수 있다. 아래를 보면 서비스 경험과 서비스 제안의 디자인에 대해 생각할 때 우리가 그랬던 것처럼 시간과 접점 채널에 걸쳐 측정하기 위해 구한 메트릭을 볼 수 있을 것이다.

돈에 대한 이야기
Momey Talks

사람들의 삶과 경험에 대한 디자인의 가치에 대한 우리의 관점과는 관계 없이 비즈니스에 중요한 활동으로써 서비스 디자인을 논하기 위해 우리는 어떻게 수익이 시스템상에서 흐르는지와 어떻게 디자인 결정에 의해 직접적으로 수익이 영향을 받는지 확인할 수 있는 간단하고 유용한 모델이 필요하다. 서비스 제공의 두 가지 특징은 디자인 프로세스를 통합하는 비즈니스 모델을 위한 프레임워크를 제공한다.

1. 서비스는 시간이 지남에 따라 사람들의 변화하는 요구에 적응해야 한다.
2. 사람들은 다수의 서비스 접점touch point을 통해 상호 작용한다.

비용과 수익 지점으로의 변환. 이러한 서비스의 특징은 우리에게 비즈니스 사례를 모델링하고 결과를 측정할 수 있는 진정한 서비스 고유의 방식으로써 제공된다.

1. 고객 여정을 통한 비용과 수익: 고객 여정의 단계에 걸쳐 비즈니스 모델을 분해함으로써 비용이 감소하고 고객을 위한 가치가 창출되는 지점에 관련되어 수익 생성이 가능한 지점을 모델링할 수 있다.
2. 접점 전반의 비용과 수익: 접점에서의 비즈니스 모델을 분해함으로써 채널 비용을 감소시키며 고객에 대한 가치를 만드는 동안에 수익이 될 수 있는 모델링이 가능하다.

서비스 청사진을 활용하여 고객 한 명과의 상호작용으로 확대하거나 서비스의 큰 그림 밖으로 축소해 나가는 것은 관리자가 어떤 상호작용에 투자해야 하는지에 관한 우선순위를 정하는 데 도움을 주며 전체적인 서비스 제안이 투자에 대한 회수를 제공할 수 있을 것인지에 관한 분석을 가능하게 한다(그림 8.2).

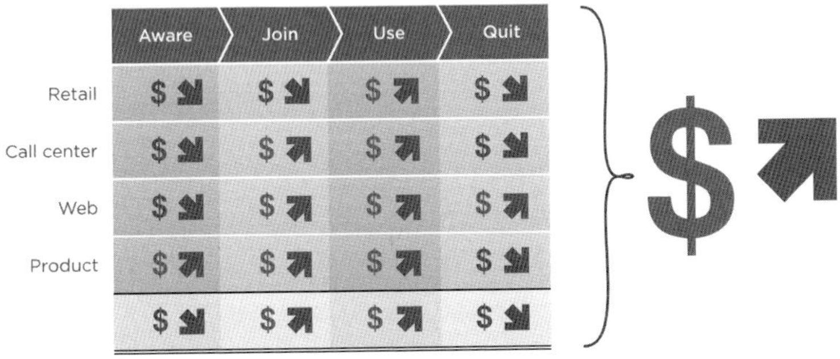

그림 8.2

비즈니스 사례로 변화한 서비스 청사진. 디자인 세부사항을 설명하는 대신 우리는 같은 프레임워크를 활용해 전체 여정의 비용과 수익을 계산한다. 이러한 도구는 다른 채널이나 다음 단계에서 수익을 얻을 때에 상호작용의 좋은 경험을 만들어 투자를 받는 데 도움이 된다.

서비스 측정 시 일반적인 실수 방지
Avoiding Common Mistakes When Measuring Services_____

시간에 따른 경험 측정하기

서비스 경험을 측정할 때 조직이 전형적으로 저지르는 첫 번째 실수는 고객이나 사용자와의 대화를 단 한 번에 마무리하는 것이다. 고객 여정의 각각 다른 단계에서 사람들의 경험을 측정하는 것은 매우 중요하다. 서비스를 처음 사용할 때와 그것을 한동안 사용했을 때를 비교하면 고객이 서비스에 대해 이해하는 것과 서비스에 거는 기대치는 각 단계별로 상당히 다를 것이다. 예를들어 처음 암 진단으로 병원에 입원하는 경우 고객들은 왜 의사가 하나의 치료법을 다른 것보다 중요시하는지에 대해 이해하는 능력이 부족하다. 환자는 간단한 해결방법을 원하고 "내가 생존할 가능성은?"과 같은 의문들을 가지고 있다. 그러나 화학 요법 3개월 후에 환자는 간호사가 올바른 복용량을 관리하고 있음을 충분히 확인할지도 모르며, 담당 의사가 읽는 것과 유사한 저널의 기사를 읽기에 충분할 만큼 의학 용어를 이해할 수 있을 것이다.

무엇이 측정되어야 하는지는 서비스의 여러 단계에서 사람들의 기대에 부응하는지의 여부에 달려 있다. 만약 사람들이 첫 구매를 했을 때 좋은 경험이 있다면 매일 사용하는 기대에도 부응하는 것일까? 고객들이 서비스를 사용할 충분한 자신감이 있을 때 간단하게 시작하는 서비스는 더 나은 깊이의 경험을 줄 수 있을까? 언제 사람들은 서비스 공급자를 바꾸는가? 고객들이 서비스를 떠나는 것이 얼마나 어려운가? 이러한 궁금증들을 해결하기 위해 개별 고객들을 유지하면서 시간이 지남에 따른 그들의 경험을 측정하거나 어떻게 고객의 기대와 충족이 변화하는지를 이해하기 위해 여러 명의 고객과 여러 서비스 단계에 참여할 수 있다. 대부분의 회사들은 고객을 획득하고 보유하는 데 있어 잘 해내기를 원한다. 고객 여정의 여러 단계에 따른 서비스 측정은 회사들이 이 둘을 더 개선할 수 있게 한다. 증가된 수익과 높아진 이윤은 자연스럽게 따라온다.

서비스 접점에 걸쳐 측정하기

조직이 자주 하는 두 번째 실수는 단 하나의 서비스 채널을 사용해 본 고객과 대화하는 것이다. 단 하나의 접점("우리 웹사이트를 어떻게 생각하나요?")의 품질을 이해하기 원한다면 좋다. 그러나, 이는 전체 서비스 경험 품질에 대한 가치 있는 데이터를 제공하지는 않을 것이다.

따라서 접점 간의 이동에 따른 고객의 경험을 측정할 필요가 있는데 이는 기대와 경험 사이 관계를 드러내기 때문이다("웹사이트는 좋아요. 그런데 실제 직원하고 이야기할 때는 정말 실망했어요. 다른 은행으로 바꿀 예정이에요").

서비스 접점에 걸친 측정에 있어서 찾아야 할 부분은 고객의 기대치를 너무 높게 만들어 다음 상호작용에 불편을 끼치거나 고객의 기대치에 너무 못 미치는 경험을 제공하는 접점들이다. 이런 접점들이야말로 서비스 경험을 파괴하는 주범인 것이다.

직원과 고객 만족도 측정 공유하기

대부분 회사의 직원들은 그들 평가와 임금 협상의 부분으로 형성되어 있는 핵심 성과지표에 의한 측정에 익숙하다. 이러한 지표는 흔히 직원과 생산성과 효율성을 중심으로 대화하는 많은 관리자들을 돕기 위해 개발되었다. 그러나 다른 일반적 실수는 이들의 수직적인 관점에 의한 측정에만 집중되어 있다는 점이다. 조직이 직원과 지속적으로 고객 만족도 측정 데이터를 공유하는 것은 가치가 있다. 몇몇 조직은 매번 고객과 직원의 상호작용 후의 만족도를 측정하여 개별 직원들에게 이러한 고객 데이터를 보고한다. 직원들은 고객들의 기대에 자신들이 제공한 서비스가 얼마나 부응했는지 여부를 볼 수 있다. 동료들은 부서의 다른 사람들과 그들의 수행도를 비교할 수 있고 다른 부서에 비해 그들 부서가 얼마나 고객 서비스를 만족스럽게 제공했는지도 볼 수 있다.

이러한 고객 만족도 측정이 처음에는 위험한 제안처럼 보일지도 모르지만 실제로 적용되었을 때 이는 직원들에게 영감을 주는 피드백이라는 것을 알 수 있을 것이다. 이것은 직원들이 생산성보다 더 많은 것에 집중할 수 있게 하는 도구가 될 뿐 아니라 그들 스스로 고객에 대한 서비스 전달 시 품질에 초점을 맞추도록 돕는다. 또한, 직원들이 양질의 서비스를 제공하는 데에 걸림돌이 되는 시스템 문제를 식별할 수 있도록 하며, 고객 경험을 향상시키기 위해 할 수 있는 것들에 대해 동료들과 이야기를 나눌 수 있는 기반을 마련해 준다.

실로 좋은 고객 서비스야말로 대면 직원이 가장 관심을 가지고 있는 부분일 것이다. 그들의 대부분은 고객들과 대화하기를 즐기며 웃는 얼굴로 고객의 일을 돕는 것을 좋아하기에 대면 업무를 보고 있다. 서비스 경험을 측정할 때, 직원 모두에게 투명한 자료를 배포하고 지속적으로 개선할 점들을 찾아낼 수 있도록 서비스 경험의 형태를 갖춘다면 좋은 결과를 만들어낼 것이다.

연구에 따르면 고객 만족 점수가 고객이 서비스를 구입하고 서비스 제공자에 대한 충성도를 유지하는 것과 직접적인 연관이 있다고 한다.

측정 프레임 워크
Measurement Frameworks

순 추천 점수

만족도를 측정하기 위한 방법에 있어 광범위한 분야 중에 한 가지 인기 있는 프레임워크는 순 추천 점수이다. 이 방법의 가장 큰 장점은 단순하다는 것이다. 고객들에게 간단하게 "친구나 동료들에게 우리 회사를 얼마나 추천하고자 하는가?"라고 묻는다. 이러한 종류의 설문을 수행하는 것은 상대적으로 간단하고 회사와 산업에 걸쳐 가능하다. 이것은 경쟁사와 수행도를 비교하기 쉽게 해주며, 좋은 순 추천 점수는 비지니스 성장에 직접적으로 연관되도록 문서화되어 있으므로 새로운 서비스 디자인의 효과를 측정하는 데 유용하다. 이 방법의 단점은 서비스가 더 나아지기 위해서 무엇이 더 필요한지에 대해서 많은 것을 말해주지는 않는다는 점이다.

기대 간극

고객 만족 측정을 위한 좀 더 정교한 방법은 어떻게 서비스가 고객의 기대를 충족시키거나 초과하는지에 관해 더 자세히 살펴보는 것이다. 고객들에게 얼마나 만족하였는지를 묻고 그들이 활동한 시간과 장소 컨텍스트를 포함하면 새로운 디자인이 실제로 서비스 차이를 만드는 곳, 개선을 위한 가장 큰 잠재력이 자리하고 있는 곳에 대해 점수를 체계화할 가능성이 좀 더 크다. 이 방법의 문제는 시간이 지남에 따라 고객 만족도 측정으로의 체계적인 접근을 요구한다는 것이다. 당신은 서비스 측정을 서비스의 디자인에 구축할 필요가 있다.

측정을 통해 가장 큰 영향을 받는 조직은 고객에게 조직과의 상호작용에서 얼마나 만족했는지를 반복적으로 확인하는 조직이다. 이 조직들은 서비스 상호작용 후에 설문을 하게 하는 소프트웨어를 개발하고 채널마다 데이터를 집약하여 시간이 지나면 그 데이터를 관리자에게 보고한다. 또한 이들은 반복적으로 만족도 결과를 확인하고 결과에 따라 행동한다.

조직의 고객 만족에 대한 노력은 디자인의 가치를 제공하는 이상의 서비스 측정에 대한 목표를 확장시켜준다. 또한 지속적으로 서비스를 개선하는 일이 가능하도록 조직 내의 문화를 형성한다. 고객이 이러한 기업의 노력을 진지하게 받아들일 때 서비스 측정 설계는 서비스 자체를 디자인하는 데에 통합된다.

우리가 1장에서 설명한 바와 같이, 노르웨이의 최대 민간 보험사인 Gjensidige는 고객 만족이 주요 전략 방향이 될 것이라는 생각으로 측정 시스템을 구입했다. 조직으로서 주요 성능지표에 초첨을 맞추었는데 그들 목표에 숫자를 넣을 필요가 있었다. '극단적 고객 지향' 프로그램을 설립한 Gjensidige는 개별 개선 프로젝트를 넘어 전사全社적 전략을 시작할 필요가 있었다. 그들의 새로운 전략을 구체화하기 위해서는 고객 경험에 초점을 맞춘 새로운 측정 시스템을 도입해야 했는데, 그 목표는 두 가지였다. 첫째는 그들의 새로운 고객중심 철학을 전 조직에 주입시킬 만한 구조를 설립하는 것이었고, 둘째는 이런 상징적인 노력을 통해 재정적인 측정만큼이나 경험 측정이 중요하다는 것을 보여주기 위해서였다. 고객 만족도 데이터를 수집하기 위해 만들어진 몇몇 시스템이 있기는 했지만, Gjensidige는 그들만의 측정 시스템을 만들기로 했다. 이는 비용 면에서 효과적일 뿐 아니라 그들이 기존에 가지고 있던 재정적 성과 측정 시스템과 고객 만족도 데이터를 통합할 수 있게 하였다. 측정 시스템의 핵심 아이디어는 '개별 고객 만족 점수'를 도입하여 모든 대면 직원이 고객과 가졌던 모든 상호작용에 대한 직접적인 피드백을 얻을 수 있게 만들었다. 2010년부터 Gensidige는 전화 및 방문 고객과 있었던 모든 판매 및 서비스 상호작용을 측정하기 시작했고, 이후에는 모든 클레임 상호작용까지 측정에 포함시켰다. 이를 통해 그들은 보험사에서 고객이 가지는 세 가지 주요 경험—"나는 보험이 필요해", "나는 무언가를 고칠 필요가 있어", 그리고 "나는 사고를 당했고 도움이 필요해"—에 대한 만족도를 측정할 수 있었다.

고객들은 각각의 접촉 후에 바로 웹사이트 질문에 답하였다. 질문들은 Gjensidige의 철학, 고객 접점과 고객이 가진 상호작용의 종류에 맞춰졌다. 일반적인 집중 영역은 '첫 번째 수정사항'을 경험하는지와 고객들이 만족하는 좋은 조언을 서비스를 통해 받았는지에 관한 여부이다. 0에서 6까지 크기로, 만약 고객이 3 이하를 준 경우에 Gjensidige는 고객이 상황을 개선하기 위해 서비스에 다시 접촉할 수 있는지를 묻는다. 2년 동안 회사에서 만든 모든 전략은 그들 스스로를 좀 더 고객 중심의 서비스 제공자로 전환하게 했다. 그 측정 시스템은 고객 경험에 가장 영향력을 가지면서 단일 영향을 주었던 하나의 프로젝트이다.

직원에게 어떤 의미인가

관리자는 처음에 고객 만족을 측정하기 위해 사용자들이 반응하는 방법에 대해 두 번 생각하였다. 직원들은 두 팔 벌려 피드백을 받아 수용하였다. 고객들이 한 응답은 즉시 그들이 접촉했던 직원으로 간다. 이것은 매일 고객을 대하는 직원들이 그날 있었던 대화에서 무엇이 괜찮았고 무엇이 잘못됐는지를 생각해볼 수 있게 하며, 원하는 것을 얻지 못한 고객들을 다시 찾을 수 있도록 돕는다. 관리자는 데이터를 분석하고, 팀과 공유할 수 있는 교훈을 도출하여, 낮은 점수를 준 고객에게 다시 전화를 한다. Gjensidige는 현재 고객 만족도 점수를 근거로 직원에게 재정적인 보상을 한다. 연간 보너스는 부분적으로 팀의 고객 만족도 점수에 기반한다. 팀의 노력을 통해 고객을 행복하게 만드는 일을 실현하는 것이다.

고객에게 어떤 의미인가

Gjensidige의 설문에는 놀랍게도 25%의 고객이 응답하는 높은 응답률을 얻었다. 이 비율은 Gjensidige가 높은 수준의 품질을 달성할 수 있게 고객들이 인식할 수 있는 유용한 방식으로 설문을 디자인했음을 의미한다. 2011년에 받은 70,000 회신 중 소수의 고객만이 그들의 피드백이 자신이 이야기를 나눈 직원에게 부정적인 결과를 야기할 수 있다는 것에 대한 우려를 표명했으며, 압도적인 숫자는 설문이 가치 있는 고객 참여 채널이었음을 보여준 셈이다. 고객들은 자신이 가진 보험서비스에 대한 의견을 개진함으로써 결국 고객 스스로를 돕게 된 것이다.

경영에 어떤 의미인가

측정 시스템이 설립된 이후, 이 회사는 사람들이 자신의 서비스를 경험할 방법에 대해 엄청난 금액을 투자하면서 데이터를 축적하고 있다. 이를 통해 새로운 접근으로 분석을 시도해 볼 수 있으며 특히 측정 시스템이 재정적인 결과와 상관관계를 가지고 있음을 보여준다(그림 8.3).

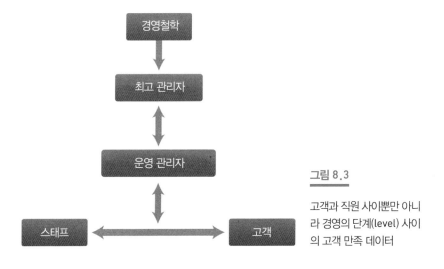

그림 8.3

고객과 직원 사이뿐만 아니라 경영의 단계(level) 사이의 고객 만족 데이터

우선, Gjensidige는 지난 2년 동안 개별 접점에 대한 고객 만족도에 상당한 개선을 보여주었다. 고객이 보고한 만족도가 70%~80% 정도인 업계 표준과는 달리, Gjensidige는 지금 측정한 상호작용에 대한 85% 이상의 점수를 보유하고 있다. 향상된 서비스 접점 만족도는 회사의 전체 고객 만족도 평가에 반영된다. 회사와 접촉했던 고객은 접촉이 없었던 고객보다 더 높은 만족도 점수를 주었는데, 이는 Gjensidige에 대해 더 많이 경험한 고객이 최종적으로 더 만족하였음을 나타낸다.

또한, 더 많은 교육을 받은 직원이 더 나은 서비스를 수행하여 더 많은 고객을 만족시키는 등 고객 만족과 충성도 사이에서의 명확한 상관 관계를 보여주었다. 마지막으로, 관리자는 '제품 판매'라고 하기보다는 '좋은 충고'의 상호 작용을 경험한 고객이 Gjensidige에 참여할 가능성이 있다는 증거를 얻었다. 관리자는 고객 지향에 초점을 둔 전략이 더 많은 이익을 생산할 수 있음을 증명할 수 있는 확실한 계량적 데이터를 얻었다. 이 자료는 제품 공급 업체보다는 오히려 조언자 역할로 직원들 교육을 위한 예산을 지출하는 데 있어 재정적인 근거가 되었다.

전략이 유효하다는 증거를 얻은 것은 관리자들에게 매우 가치 있는 이야기였으며 그들은 직원, 고객 및 주주에게 이러한 증거를 공유할 수 있었다.

SERVQUAL과 RATER
SERVQUAL and RATER

1980년대에 마케팅 리서처인 Valarie Zeithaml, A. Parasuraman와 Leonard Berry는 SERVQUAL이라는 서비스 품질 프레임워크를 개발했다.[6] 서비스에 대해 가지는 사람들의 기대와 서비스의 실제 경험과의 차이, 조직이 전달하고자 하는 것이 무엇인지와 조직이 실제로 전달하는 것이 무엇인지 사이의 차이

---

6   Valarie A. Zeithaml, A. Parasuraman, and Leonard L. Berry, "SERVQUAL: A Multiple-Item Scale for Measuring Consumer Perceptions of Service Quality," *Journal of Retailing* 64 (1988): 12-49; *Delivering Quality Service: Balancing Customer Perceptions and Expectations* (New York: Free Press, 1990).

를 측정함으로써 서비스 품질을 관리하는 방법으로 창안되었다.

SERVQUAL은 서비스 측정과 디자인에 있어 뛰어난 도구가 될 수 있다. 특히 일반적으로 RATER라는 약어로 알려진 단순화된 버전은 사람들의 기대와 경험의 차이에 대한 다음의 다섯 가지 주요 서비스 정도를 측정한다.

- **신뢰성(Reliability)**: 믿음직하고 정확하게 서비스를 수행하는 조직의 능력
- **확실성(Assurance)**: 직원의 지식, 신뢰와 자신감을 고무할 수 있는 능력
- **유형성(Tangibles)**: 실제적인 시설의 형태, 장비, 인력과 커뮤니케이션 자료
- **공감(Empathy)**: 고객에 대한 이해와 고객 요구를 인정하기
- **반응성(Responsiveness)**: 고객을 돕는 자발성, 신속한 서비스 제공과 문제 해결

서비스 디자이너에게 있어 RATER의 가장 좋은 점은 프로젝트에 사용될 수 있는 디자인 원칙에 이러한 차원이 쉽게 적용될 수 있다는 점이다.

예를 들어 콜 센터의 디자인 원칙으로 "고객의 문제를 이해하고 있는지 항상 확인하세요"라는 형태로 적용될 수 있다. 디자인 해결은 직원에게 "제가 고객님의 이야기를 정확하게 이해했는지 확인해 보겠습니다"로 시작되는 한 문장의 스크립트를 포함할 수도 있다. 다른 해결책은 "고객이 제기한 문제를 고객의 언어로 설명하라"고 시작하는 이메일 템플릿이 될 수도 있다.

RATER를 기초로 사용하면 서비스 측정 기준을 정의하는 것으로 디자인 프로젝트를 시작하는 것이 가능하다. 여기에서부터 디자인 원칙을 발전시키고 나아가 디자인 해결 방법을 강구하고 마지막으로는 디자인 효과를 측정할 수 있다. 이러한 프로세스는 서비스 측정의 루프loop를 완료하여 서비스를 디자인하지만, 때로 디자인 결과는 서비스 자체를 뛰어넘어 사회와 환경에 영향을 미친다. Triple bottom line과 같이 측정의 광범위한 프레임워크를 적용해야 할 시점이다.

The Triple Bottom Line
The Triple Bottom Line

디자인의 방향성과 결과를 측정하는 데에 유용한 측정 프레임워크에 Triple Bottom Line이라는 것이 있다. 이는 1990년 후반에 지속 가능성 분야에서 시작된 컨셉으로 John Elkington이 용어를 만들었다.[7] Triple Bottom Line 의 기본적인 개념은 조직이 제품의 재무적 성과뿐 아니라 생태적, 사회적 결과물에 의해 측정되어야 한다는 것이다.

이 모델은 회사가 그들의 주주의 이익에만 책임이 있다는 통념을 반박하고 모든 조직은 그에게서 직간접적으로 영향을 받는 이해관계자에 대한 책임 또한 지녀야 한다고 주장한다. Triple Bottom Line은 특히 공공 부문과의 업무 진행에서 유용하나, 민간 부문에서도 최근 그 실용성을 인정받고 있다. 교통, 의료, 에너지 산업은 새로운 서비스가 디자인될 때 그 일부분에 환경·지역적 사회의 책임이 반드시 고려되어야 함은 명백한 현실이다.

디자인 프로젝트의 목표를 정의할 때 triple bottom line은 실제적으로 유용한 도구이다. 이것은 생각의 범위를 넓히는 데 도움을 주는데, 가끔은 고객이 그들의 일을 더 큰 야심을 갖고 바라보도록 도움을 주기도 한다. Streetcar 의 예로 돌아가면, 기존의 제안이 편리와 경제성에 맞춰져 있었지만 자동차 공유의 생태적 효과 또한 판매를 위한 핵심요소라는 것을 알게 된다. 자동차 공유는 이동성의 사회적 요구를 나타낸다. 이것은 사람들을 일하게 하고 가족과 친구를 만나게 해주며 IKEA에서 쇼핑하도록 돕는다(여러분은 이동성 연구에서 IKEA가 얼마나 자주 등장하는지 놀랄 것이다). Triple Bottom Line이 Streetcar의 결과를 측정하는 데에 사용되었을 때, Streetcar는 이미 세 가지 차원(경제, 사회, 생태)에 걸쳐 결과물을 내는 커다란 시장 제안이 되어 있었다.

---

7 John Elkington, *Cannibals with Forks: The Triple Bottom Line of 21st Century Business* (Oxford, UK: Capstone Publishing, 1997).

Streetcar ROI: Triple Bottom Line

	Economic	Environmental	Social
Streetcar	Announced profitability within 18 months of launch. Largest club of its kind in the United Kingdom.	Takes an average of 6 privately owned cars off the road per Streetcar. Users drive 69% less.	Expands mobility options of individuals and connectivity between transport modes. Reduces congestion and local pollution.
Customer	A car owner spends on average £4,281.72 per year vs. Streetcar users at £2,523.20 per year. (Royal Automobile Club figure)	63.5% of car club members either give up their cars or don't buy a private vehicle.	Rethinks a behavioral norm (hassle-free mobility). Supports a new social status.

그림 8.4

Streetcar는 회사와 고객 모두를 위한 결과를 생산했다. Streetcar는 고객이 돈을 절약하게 하고 거리의 차량을 줄여 온실 가스를 줄이며, 사람들이 차량 사용과 대중 교통을 결합하기 쉽도록 만드는 것에서 수익을 창출해 낸다.

이것은 또한 전적으로 숫자로만 결과를 평가할 필요는 없다는 점을 중요하게 상기시킨다. 환경적, 사회적 영향의 관점에서 때로는 인간과 지구적 가치에 대해서는 계량적 수치보다 말로써 더 나은 묘사를 할 수 있다. 서비스가 사람들에게 익숙해지면 사람들이 파생시키는 가치에 숫자를 매기는 불필요한 작업은 많은 시간을 앗아간다. 그렇지만 특별한 그들의 이야기를 해줄 수 있다면 그러한 서비스는 그들 삶의 질을 향상시킨다고 강력히 설파할 수 있다.

Summary

- 서비스 디자이너와 서비스 제공자 모두 디자인이 투자에 대한 수익을 제공함을 입증할 필요가 있다. 당신이 서비스를 출시하기 이전에 '이전' 데이터를 모으는 것은 중요한데 이는 출시 이전의 데이터와 비교함으로써 디자인 활동이 유효했는지 아닌지를 보기 위함이다.

- 통계는 임의의 하향식 통계보다는 개선하려고 노력하는 서비스 접점 경험과 관련이 있어야 한다. 반면 당신은 사과(apple)를 사과와 비교하지 않는다. 서비스 청사진은 당신에게 어떤 서비스 접점과 고객의 상호작용이 어떤 방법으로 측정되어야 하는지 정의할 수 있는 프레임워크를 제공한다.

- 고립된 개인의 서비스 접점에 대한 경험뿐만 아니라 채널에 걸쳐서 고객 여정의 시간이 지남에 따른 서비스 측정이 중요하다. 개인의 서비스 접점은 높은 고객 만족도 평가를 줄 수 있지만 다른 서비스 접점으로의 *전환*에 대한 기대를 만들어내기도 한다. 이러한 전환은 서비스 경험*의 큰 부분을 차지하고 있기 때문에 중요하게 고려된다.

- 서비스 측정 데이터는 성과지표로써 직원과 공유될 수 있는데 이는 직원과 고객의 이익을 맞추어야 한다. 이는 또한 조직의 직원에 대해 동기부여한다.

- 서비스 측정은 경제, 환경, 사회적 영향인 triple bottom line*을 고려한다.

역자 주 경제, 환경, 사회적 가치가 지속가능경영의 3대 축(TBL · Triple Bottom Line), (신조어) 기업 이익, 환경 지속성, 사회적 책임이라는 세 가지 기준으로 기업 실적을 측정하는 비즈니스 원칙

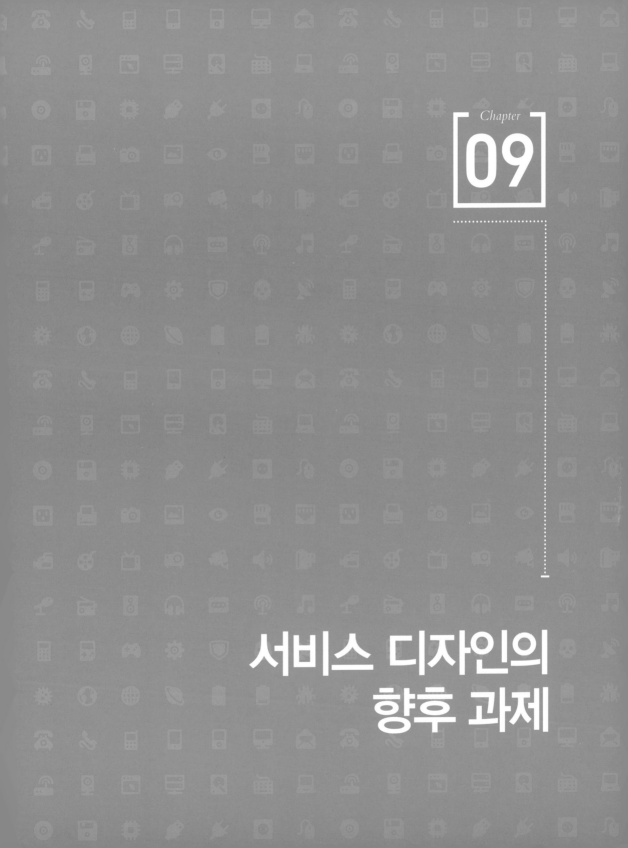

서비스 디자인의
향후 과제

[*Service*]

[*Design*]

세계화 시대에 인류는 전례 없이 큰 규모와 복잡성을 띤 경제, 환경 및 사회적 문제들을 마주하고 있다. 여러 기업들이 환경, 사회, 경제의 세 가지 평가의 축(Triple bottom line)을 기존의 전통적 재무 측정 지표에 더하여 받아들이고 있다.

기술의 발전과 전환이 디자이너들로 하여금 서비스의 디자인에 대해서 곰곰이 생각하게 만들었을 지 모르지만, 거시적인 경제, 환경 및 사회의 추이 역시 디자이너들이 기존에 다루지 않았던 과제들에 초점을 맞추게 하고 있다. 이러한 변화는 디자이너들에게 기존의 영역을 확장하고, 디자인 스튜디오를 박차고 나와 더 의미 있는 작업에 참여할 수 있는 기회를 제공해준다. 이 장에서는 디자인이 고객 및 사용자 경험에 집중하여 경제적으로 성공적인 조직을 만드는 것과 더불어, 사회 및 환경에 대한 도전 과제들을 해결하는 사례들을 소개할 것이다. 이는 향후 서비스 디자이너들이 계속 일궈나가야 하는 영역이다.

이 장에서는 이렇게 얽히고설킨 거시적 문제들을 디자이너들이 어떻게 접근할 수 있는지, 그리고 그 해결을 위해 어떻게 기업, 커뮤니티, 정부 기관들이 디자인을 통해 그들의 '운영 체제'를 다시 설계할 수 있을지를 살펴본다.

경제적 과제
-제품 기반에서 서비스 기반 사업으로의 전환
Ecomomic challenges
-Moving Businesses from Products to Services_____

서비스 디자인의 성과를 측정하는 것은 고객 유지, 충성도 제고 및 선호 고객 확보와 같은 전통적인 서비스 목표에 디자인 작업이 어떻게 영향을 미치는가를 보여줌으로써, 기존 조직이 서비스 디자인과 새로운 서비스 혁신 과제에 대한 원활한 투자를 집행하는 것을 가능하게 해 준다. 하지만 서비스 디자인이 해낼 수 있는 역량을 경제, 사회 및 환경적 측면으로 연계하여 보다 장기적으로 지속 가능한 변화를 도모하는 것 역시 중요하다.

서비스 디자인은 특정 '사물'을 가치 있게 바라보는 관점에서, 특정 '편익'을 가치 있게 바라보는 경제적 관점의 변화를 시사하고 있는데, 이러한 변화의 핵심은 행동의 변화를 통해 나타난다. 이 변화에는 두 핵심 주체가 있다. 조직들은 그들의 제공물, 경제 구조 및 운영 구조를 과거의 단일 제품을 제공하는 모델에서 접속과 편의를 제공하는 방향으로의 변화의 필요성을 느끼고 있다. 고객들은 그들의 구매 의사결정 시에 어떤 것의 소유가 아니라, 접속과 편의성을 더 고려하는 방향으로 변화하고 있다. 이는 조직과 고객 양쪽 모두에게 그들이 그동안 익숙했고, 의지해왔으며, 신뢰했던 기존의 모델을 버려야 한다는 것을 의미한다. 이러한 변화는 기업에게 있어서 전체의 비전 및 조직원들의 동기부여 요소의 재편이 요구되는 중대한 과제이다.

디자인은 기존에 신뢰받던 규범에 '바람직한 대안'을 제시함으로써 비전을 설정하고 사람들에게 변화에 대한 동기를 부여할 수 있는 능력이 있다. 서비스 디자인은 특히 이러한 작업에 적합한데, 그 이유는 서비스 디자인이 서비스 제안에서 중시되는 비즈니스적 사고를 사람들이 실제 사용하는 접점의 창출과 연결시켜주기 때문이다.

힐티(Hilti)

제품 기반 사업에서 서비스 기반 사업으로의 전환을 보여주는 좋은 사례가 전동공구 제작 회사인 힐티Hilti이다.[1] 힐티는 전통적으로 공사장 작업자들이나 건설업 관리자들에게 프로젝트 수요에 따라 구매 및 소유가 필수적일 것이라고 생각되는 도구들을 제작 판매하는 사업을 영위해 왔다. 건설사와 직원들의 입장에서는 항상 사용되지는 않는 도구들을 늘상 소유하고 있고, 이에 따른 물류를 관리하며, 보유하고 있는 총 자산들을 최적의 조건으로 운용하

---

1 Mark W. Johnson, Clayton M. Christensen, and Henning Kagermann, "Reinventing Your Business Model," *Harvard Business Review*, December 2008, www.hbr.org/2008/12/reinventing-your-business-model/ar/1.

는 것에 대한 부담을 느껴왔다. 힐티는 이러한 부담을 제거할 수 있는 기회를 포착하였다. 공구 제조업체로서 이들은 제품에 대한 철저한 이해를 바탕으로 다량의 재고를 건설업체에 비해 매우 유연하게 운용할 수 있는 위치에 있었다.

힐티는 제품의 판매 모델 대신, 고객들이 필요한 도구를 적시적소에서 제공하며, 도구들을 최적의 상태로 관리해주고 필요할 경우 신속히 교체하여 주는 서비스 모델을 고안했다. 일견 이것은 매우 쉽고 명백한 조치로 보일 수도 있지만, 힐티 입장에서는 사업을 영위하는 완전히 새로운 접근을 개발해야 하는 것이었다. 공사장의 작업자들에게 직접 도구를 판매하는 대신, 힐티는 이제 건설사 혹은 인력 업체의 재무관리자를 상대로 서비스 계약을 체결해야 했고, 그들 고객의 수요에 따라 공구를 제공하는 서비스 사업을 운영해야 했다. 이러한 변화는 힐티의 비전 설정과 기업 및 고객 모두에게 있어서 변화에 대한 동기가 있었기에 가능했다.

해당 사례에서 서비스 디자인은 두 가지 측면에서 관련되어 있다. 첫째로, 서비스 디자이너들은 고객의 니즈와 불편사항을 이해하고, 이들을 시각화하고 실제 경험할 수 있는 것들로 제작하는 디자인적 접근을 통해 이러한 변화에 대한 비전을 창출해 낼 수 있다. 둘째로, 서비스 디자이너들은 이런 새로운 서비스가 고객들에게 바람직하게 적용되는지에 대한 여부를 무대 연출 기법과 같은 프로토타이핑 및 파일럿 운영 등을 통해 파악함으로써 거대한 전체 시스템 차원의 변화 이전에 의미 있는 결론을 도출해낼 수 있다. 서비스 디자인은 변화에 내재되어 있는 위험 요소들을 완화시키고, 경험 요소들을 디자인해 냄으로써 관련 조직 및 사람들에게 동기를 부여할 수 있다.

환경적 측면에서 힐티는 더 적은 자원을 활용해서 더 많은 가치를 창출할 수 있게 되었는데 이는 새롭게 채택한 서비스 모델이 새로운 공구를 제작할 때 더 튼튼하고 오래가며 잔고장을 최소화하는 방향을 요구하면서, 가치 창출 시스템 내에서의 폐기물을 감소시켰기 때문이다. 더 중요하게, 힐티는 새로운 서비스 모델하에서 사용되고 있는 공구가 전체 제품 및 서비스 생애 주기에 있어서 최대의 가치를 창출할 수 있게끔 사업 모델을 재구축했는데, 이는 단순히 매 시기의 매출을 최대화하기 위해 제품을 개발하고 양산했던 모델과는 큰 차이가 있는 것이다. 힐티의 사례에서는 환경적 측면의 편익이 경제적 편입과 부합한다. 힐티는 더 적은 제품을 제조함으로써 더 큰 수익을 창출하고, 힐티의 고객은 더 적은 비용으로 필요한 도구의 접근 권한을 가지게 되면서, 모든 도구들을 소유하고 유지 관리하는 데에서 오는 불필요한 자원을 절약할 수 있게 되었다.

환경적 과제
-서비스 디자인과 자원 절약 및 보존
Ecological Challenges
-Service Design and Rewources

1972년도 로마 클럽이 〈성장의 한계 Limits to Growth〉 보고서를 발간한 이래, 지구 상의 유한한 부존 자원, 그리고 인류가 배출하는 폐기물을 감당할 수 있는 지구의 수용도에 대한 관심이 증가해왔다.[2] 해당 이슈에서 가장 널리 알려진 주제는 기후 변화에 대한 것으로, 온실 가스가 지구의 기후 변화에 심각한 영향을 미치고 있으며 그 결과 홍수, 가뭄, 흉작과 같은 형태로 인류에게 피해가 발생하는 것에 대해 과학계의 의견은 일치하고 있다. 또한 사막화의 폐해가 다른 생물 종에 미치는 영향에 대해서 인지하게 되었으며, 방글라데시나 파키스탄과 같은 지역에서의 무분별한 벌채가 강수를 흡수할 수 있는 삼림 지역을 축소시켜 극빈층 밀집 지역에 홍수와 같은 폐해를 끼치고 있다는 점 역시 알게 되었다.

이러한 생태학적 과제들에 대한 상세한 서술은 이 책의 주제를 벗어나는

---

2 Donella H. Meadows, Dennis L. Meadows, Jørgen Randers, and William W. Behrens III, *The Limits to Growth* (New York: Universe Books, 1972).

것이지만, 우리는 디자인, 특히 서비스 디자인의 역할이 이러한 과제를 해결하는 데에 어떤 역할을 할 수 있는가에 대해서 탐색해보고자 한다.

대부분의 생태학적 이슈들의 기반에는 산업화 시대의 조직 운영과 사고방식이 깔려 있다. 산업 혁명이 가져다준 물질적 풍요는 화석 연료 에너지를 통해 이루어졌다. 사람들의 소비사회는 이런 석탄, 가스 및 석유와 같이 바로 사용이 가능한 천연자원들에 의존해왔다. 부와 가치의 개념은 실체가 있는 물질 문명에 근거하여 설립되었고, 한 국가의 부는 국내 **총생산량**GDP에 의해 측정되었다. 주요 기업들은 지속적으로 더 많은 제품을 판매하는 것에 의존하고 있다. 일례로 자동차 산업의 경우, 2011년에 지구 상의 자동차는 10억 대를 돌파하였지만 여전히 글로벌 차량 제조업체들의 당면 목표는 더 많은 차를 판매하는 것이다. 이를 위해서 차량 제조사들은 새로운 시장을 끊임없이 개척해야 하는데, 이는 생태학적 관점에서 명백히 지속 가능성을 해치는 일이다. 이와 같이 아직도 지배적인 경제 모델은 유한한 자원을 가진 지구 상에서의 계속적이고 무한한 성장에 기반해 있다.

이러한 상황에서 희망의 불씨는 증가 추세에 있는 서비스 경제 주체들과 소비자들의 수요가 어떤 것을 직접 소유하는 것에서 벗어나, 어떤 것을 이용하는 것의 가치와 그 유용성을 더 잘 이해하는 방향으로 전환하는 데에 있다. 서비스 디자인은 천연자원을 더욱 효율적으로 활용하는 경제 모델로의 변화를 가속하는 데에 그 역할을 할 수 있는데, 이 모델에서 서비스는 어떤 것의 가치를 투입 자원과 구분해서 생각하는 수단으로 활용된다. 한 개인으로서 우리는 차량을 소유하는 것보다 더 바람직한 형태로 이동성을 확보하는 방법을 탐색하기 시작했고, 집안에 한 번 보고 다시 보지도 않을 DVD를 구매하여 쌓아놓는 대신 넷플릭스와 같은 구독형 서비스를 이용하기 시작했다. 자주 쓰지도 않을 도구들(평생 드릴을 사용하는 평균 시간은 12분에서 13분 사이라고 한다)을 이웃들과 공유하는 Neighborgoods.net과 같은 서비스를 활용하기도 한다. 우리가 정말로 필요한 것은 경험, 혹은 유용성이다. 우리가 필요한 것은 A라는 장소에서 B라는 장소로 이동하는 것, 영화를 보는것, 혹은 벽에 구멍을 뚫는 것이지, 제품이 필요한 것이 아니다.

이러한 협력 소비 및 자원 재분배 모델에서 개개인이 느끼고 향유하는 가치는 소유에서 오는 부담이 아닌 접속의 편의성에 있으며, 가치의 총합은 생태계, 그리고 대부분의 경우 우리가 속한 사회에 영향을 준다.[3]

어떤 서비스가 특정 제품을 대체하기 위해서는 그것이 형태가 있어야 하며, 유용하고, 바람직해야 한다. 서비스 디자인은 이러한 것을 만들어 낼 수 있는 사고와 도구를 제공한다. 생태학적 이슈의 해결책들 중에는 사람들에게 대안을 제시하지도 않고 어떤 행동을 삼가라고 하는 경우가 많은데, 진정한 변화를 위해서는 사람들에게 그저 어떤 것을 당위적으로 포기할 것을 요구하는 것보다는 대안을 제공하는 편이 훨씬 수월하다.

물론 모든 제품들이 완전히 사라진다는 것은 아니다. 대부분의 서비스들은 제품-서비스-시스템의 형태로 서비스의 요소와 제품의 요소를 연계하고 있다. 하지만 기회는 더 적은 것으로 더 많은 것을 해내는 데에 있다. 한 조직이 제품들을 어떤 서비스의 일부로 제공하는 경우에 단순히 한 대의 차량, DVD 혹은 전동 드릴을 판매하는 것보다 더 많은 수익을 낼 수 있는데, 제품들이 결국 더 많은 사람들에게 총체적으로 더 많은 가치를 제공해 줄 수 있기 때문이다. 서비스는 제품의 원제작자가 만들어낸 가치에 부가가치를 발생시킨다. 네트워크를 활용하여 사람들이 상호 연계하에 배수의 효과를 내도록 하는 서비스는 자원 사용의 관점을 전환하게 하고, 사람들에게 더 배가된 변화를 가져다 줌으로써 미래 행동의 변화에 영감을 준다.

---

3 협력 소비에 대한 더 많은 자료들은 다음에서 찾아볼 수 있다. www.collaborativeconsumption.com/ the-movement/snapshot-of-examples.php, the companion website for Rachel Botsman and Roo Rogers, *What's Mine Is Yours: The Rise of Collaborative Consumption* (New York: HarperBusiness, 2010).

디자인의 변화가 효과적인 행동의 변화를 불러 일으키는 한 사례가 노르웨이의 전력 제공 업체인 Hafslund의 고지서 재편 사례이다. Hasfslund의 콜센터에는 고지서의 내용을 제대로 이해하지 못한 수많은 고객들의 전화가 걸려왔었다. 고지서 재편 디자인의 주된 목적은 고객들이 내용을 쉽게 이해할 수 있도록 하여 고객의 경험을 제고하고 콜센터의 문의량을 축소하는 것이었다.

고지서를 새롭게 디자인하여 사람들이 에너지 소비를 절감하도록 유도하는 것 역시 프로젝트에 고려되었다. 고지서에 색상별로 분류된 상자는 고객들이 전년의 같은 시기 대비 에너지를 더 많이 사용하고 있는지, 혹은 더 적게 사용하고 있는지를 명료하게 나타내 주었다. 이렇게 새로운 디자인 요소를 고지서에 도입하면서, Hafslund는 고객들에게 그들이 단순히 벽에 붙어 있는 소켓을 통해 전기를 제공함으로써 수익을 창출하는 것에만 관심을 갖는 조직이 아니라, 고객을 배려하는 서비스를 제공하고 있다는 것을 보여주었다. 환경을 생각함에 있어서 고객과 Hafslund가 함께 책임 있는 자세를 견지해야 한다는 자세를 촉진하는 것 역시 서비스의 일부이다(그림 9.1).

이 경우 환경, 사회, 경제의 세 가지 평가의 축을 고려한 사고방식은 고객들이 기꺼이 받아들일 수 있는 새로운 요소를 도입하는 데에 도움이 되었다. Hafslund의 고지서 개편은 조직 입장에서 비용 절감의 효과를 가져다 주었는데, 고객들에게 에너지를 절약하여 환경에 긍정적인 영향을 끼칠 수 있는 정보를 제공함으로써 새로운 가치를 더하고, 이것이 콜센터의 문의 전화 감소로 이어졌기 때문이다. 향후에는 Hafslund의 고객들이 충성 고객이 되고, 전기 공급 업체와 공동으로 환경에 대해 책임 있는 태도를 취하는 것이 서비스에 대한 추가 요금 지불 의사를 발생시키는지를 측정하는 것을 목표로 하고 있다.

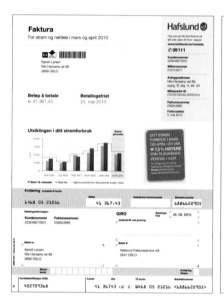

__그림 9.1__

오른쪽 그림 중간의 그래프 옆 상자 안에는 "당신의 올해 3월 및 4월 전력 소비는 작년 동 기
간 대비 13%가 낮습니다. 어떻게 에너지를 더 절약할 수 있는지에 대한 조언을 무료 상담 전
화를 통해 구해보세요"라고 기재되어 있다. 왼쪽 그림 중간의 오른쪽 상자는 에너지 소비의 증
가를 나타낸다.

사회적 과제
–사회 개선을 위한 서비스 디자인
Social Challenges
–Service Design for Improving Society_____

초기부터 서비스 디자인계는 디자이너들이 공공 서비스와 관련된 작업에 더 치중하는 것을 지향해 왔다. 이것은 시장의 관점에서 볼 때에도 큰 파이를 놓쳐서는 안 된다는 의식 때문이기도 하다. 공공 서비스에 대해 더 많이 배워가면서, 서비스 디자인계는 더 많은 다른 디자인 분야, 그리고 디자인의 확장된 역할을 긍정적으로 평가하는 사람들과 협업하면서 현재 공공 서비스가 당면하고 있는 핵심 과제의 해결에 스스로의 역할을 어느 정도 찾을 수 있게 되었다. 비록 서비스 디자이너들은 해당 분야의 정책 전문가, 사회과학자, 경제학자들에 비해서 사회 문제 이해와 해결에 있어서는 신참자이긴 하지만, 그렇기에 더더욱 공공 서비스 분야에 색다르고 가치 있는 어떤 것을 제안하여 기존의 공공 서비스를 다시 생각해 보고 이를 변화시킬 수 있는 위치에 있기도 하다.

교육, 복지, 건강과 같은 공공 서비스 분야에 있어서 산업화시대의 사고방식의 산유물은 공장에서의 대량 생산 라인과 같은 모델이 어디까지 갈 수 있는가를 보여주고 있다. 이러한 산업화시대 사고방식은 서비스의 본질을 생각해 볼 때에도 적합하지 않고, 오늘날의 사회적 문제를 해결하는 데에 있어서도 부적합하다.

선진국에서는 공공 서비스와 복지 제도가 각기 다른 시대에 각기 다른 요구에 의해 수립되었다. 고령화되고 있는 인구나 증가하고 있는 만성 질환과 같은 중요한 사회적 문제들은 이와 관련된 서비스들을 완전히 다시 생각해 보아야 한다는 점을 우리에게 시사하여 준다. 가장 실질적인 문제는, 공공 서비스들이 정작 필요한 사람들이 그 혜택을 받지 못하는 상태가 되어 버리는 것이다. 영국의 공공 서비스 혁신 회사인 Participle(www.participle.net)은 21세기의 이러한 사회적 문제 해결을 위해서는 복지 제도에 대해서 근본적으로 다른 사고가 필요하다고 주장한다.

예를 들어 영국 공공 서비스의 두 축은 국가건강보험National Health Service*과 포괄적인 교육 시스템이다. 이 둘은 모든 영국 국민들에게 그간 훌륭한 교육과 의료를 제공해 왔다. 1942년 영국 수상을 역임했던 윌리엄 베버리지는 사회의 두 가지 큰 악은 바로 질병과 무지(다른 '악'들에는 빈곤, 불결, 나태가 있다)라고 역설한 바 있다.[4] 영국 국민들은 이런 공공 서비스가 마치 세탁기 같은 산업화 제품들과 같이 혁신되어 지속적으로 그들의 삶의 질을 높여주고, 계속적으로 국민들의 감사를 받을 것이라는 것을 당연시하고 있다.

하지만 이렇게 기념비적인 공공 서비스 역시 산업화 시대의 마인드로 운영되고 있는데, 지식 습득과 교육 및 질병의 제거를 대량 생산의 규격에 맞추고 있다는 점이다. 병원과 학교들은 마치 공장처럼 보이기 쉽고, 사람들은 이러한 기관들로부터 인간적인 대우를 별로 기대하지 않는다. 더 중요하게는, 이런 기관들이 문제해결 역량 측면에 있어서 한계에 도달하고 있다는 것이다.

의료 서비스의 예를 들자면, 현재 우리는 1940년대의 사람들이 겪었던 질병을 두려워하지는 않지만 당뇨병이나 고혈압과 같은 만성 질환들의 위험에 직면하고 있다. 이런 만성 질환에 소모되는 비용은 이미 미국의 전체 의료 관련 지출의 75%를 차지하고 있다.[5] 단언컨대 최첨단 기술로 무장한 거대 병원들은 이러한 만성 질환에 대한 해결책이 아니다.

교육의 경우, 비록 학교들이 대부분의 학생들에게 읽고 쓰는 교육을 제공해주기는 하지만, 일부 학생들은 기존의 학교 시스템에 잘 적응하지 못해

---

4 윌리엄 베버리지에 대해서는 그에 대한 위키피디아를 참조: http://en.wikipedia.org/wiki/William_Beveridge.

5 미국 질병 관리 및 통제국 인용. "Chronic Disease Prevention and Health Promotion," www.cdc.gov/chronicdisease/overview/index.htm; and Chronic Disease Indicators database, http://apps.nccd.cdc.gov/cdi/.

저자 주 영국은 의료 서비스가 국유화되어 있다.

학교에서 시간을 낭비하고 있다고 여기고 있다. 그들은 전통적인 학교 시스템 내에서 자신들의 전망을 별로 발견해내지 못하며, 최악의 경우에는 학교 시스템 안에서 성과를 내지 못한다는 점이 그들의 자신감에 큰 상처를 남기곤 한다. 이런 학생들에게는 현재의 교육 시스템이 제공하지 않는 다른 무언가가 필요하다.

의료와 건강 서비스 양쪽 모두 산업화 모델이 지배적이다. 병원에서 환자들은 한 지점에서 다른 지점으로 계속해서 이동하는데 이는 마치 건강 조립 공장의 생산 라인을 연상시킨다. 병원 관리의 지배적인 관리 원칙은 효율성을 제고하고 비용을 절감하는 것이다(특히 이 책을 집필하고 있는 시점의 영국에서 더더욱 그러하다). 환자의 건강을 관리하는 것은—비록 정부의 정치적 수사와는 달리—우선순위에서 후 순위이며, 환자들의 의료 경험, 혹은 이를 제공하는 직원들은 도외시되고 있다.

교육 기관들 역시 비슷한 문제를 겪고 있다. 규격화된 공공 교육의 대량 배급이 산업혁명과 맞닿아 있는 것은 우연이 아니다. 당시의 가족들은 공장에서 일하기 위해 지방에서 도시로 이주하였다. 어른들이 일할 때 어린이들은 가 있을 곳이 필요했고, 무엇인가를 배워야 했다(비록 어떤 어린이들은 공장에서 일을 해야만 했지만). 이러한 대량생산 교육시스템 내에서 행해지는 교수법은 어린이들이 졸업 후 주로 갖게 되는 공장에서의 직업들과 연관이 있었는데, 정숙을 유지하고, 바르게 앉으며, 시키는 대로 행동해야 하고, 암기와 반복에 의해 과업을 학습하는 방식들이 그런 것들이다. 책상의 오와 열이 가지런히 맞춰져 있는 교실들과, 직물 공장에서의 재봉틀 작업장의 모습이 유사한 것은 결코 우연이 아닌 것이다.

비용 절감과 효율성을 중시하는 접근은 학생들이 가질 수 있는 긍정적인 교육 경험과는 상충되는 측면이 있다. 교육의 성과를 측정하기 위해 사용되는 지표들은 대부분 측정 그 자체가 쉬운 수치들로 대부분 특정 과목의 시험 성적들이다. 모두가 알다시피, 학교에서 얻는 경험은 성적 외적으로 무수한 것들이 있다. 대부분 학생들의 성적은 시간이 지남에 따라서 무색해지지만, 선생님과의 교감 및 공유된 경험들이나 지혜롭고 따뜻한 조언 등은 평생 동안 지속된다. 하지만 이러한 경험들을 계량화하는 것은 힘들기에 성과를 측정하는 체계에서 벗어나 있다.

산업화 모델에서의 고등 교육 역시 상황은 비슷하다. 신입생들은 마치 공장에 입고된 원재료와도 같아서 특정 전공이라는 상표가 찍힌 채로 졸업을 한다. 회계사, 의사, 변호사, 디자이너, 사회복지사들은 모두 이러한 생산 라인의 끝부분에서 학위와 빚을 손에 든 채 놓여 있다.[6]

정치인들이나 정책 전문가들이 이러한 거대 과제들을 해결하기 위해 수고를 들이고 있는 것은 분명하다. 물론 서비스 디자인이 이러한 문제들을 마치 만화 속 영웅들처럼 모두 다 해결할 수 있다는 것은 아니라는 점을 밝힌다. 중요한 것은, 서비스 디자인이 발견하고 제공하는 해결책은 조직의 정치적 문화적 수준에서 크나큰 변화를 불러일으키는 과정을 수반하며, 새로운 변화를 실제로 정착시키기 위해서는 서비스 디자이너들이 정책 전문가나 다른 유관 전문과 함께 일해야 한다는 것이다. 이런 형태의 협업 관계는 관여하는 모든 전문가들이 양측에 대해 겸손함과 배려를 유지할 때에만 가능하다.

좋은 사례로 영국 기반의 사회 혁신 단체인 The Young Foundation(www.youngfoundation.org)이 있다. 이 단체는 학자, 인류학자, 정책 전문가, 일반 실무자들, 과거 경영 컨설턴트들이 함께 구성하고 있으며, 서비스 디자인 접근을 통해 Care 4 Care(http://care4care.org)와 같은 새로운 사회적 기업을 설립하는 노력을 하고 있다. Care 4 Care는 시간 은행의 원칙을 적용해서 사람들이 다른 고령자들이 더 쾌적한 삶을 살 수 있고, 그들의 집에서 편안한 시간을 보낼 수 있도록 돌봄을 제공하는 서비스이다.

이 단체는 저렴한 부동산 업체인 Metropolitan(www.metropolitan.org.uk)과 함께 노인들의 집에 찾아가 친구가 되어주는 서비스를 디자인하기도 하였

---

6 해당 주제에 대해서는 Ken Robinson 경(http://sirkenrobinson.com/skr/)이나, Seth Godin (www.squidoo.com/stop-stealing-dreams)의 자세한 서술을 참고해 볼 수 있다.

고, People Can(www.peoplecan.org.uk)과는 영국 내 People Can이 운영하는 호스텔에서 사람들이 더 좋은 체류 경험을 할 수 있도록 디자인하는 프로젝트를 진행하기도 하였다.

Make it Work 프로젝트

시간의 흐름에 따라 성과를 측정하고 접점을 전개한다는 서비스 디자인 모델의 개념은 사실 비교적 단순한 것이지만, 이것이 복잡한 사회 문제에 적용된 사례들이 있다. 그중 하나는 영국 잉글랜드의 북동부 지역에 위치한 선더랜드시에서 실시한 실업률 감소를 위한 프로젝트이다. 선더랜드시는 특히 심각한 상황에 처해 있었는데, 37,000명의 실직자들 중에서 단지 5,000명만이 구직 활동을 하고 있었다. 일터가 없는 상태에서 일터로까지의 여정은 다시 디자인될 필요가 있었다.

공공 서비스 디자인과 혁신 프로젝트에서 그 성과는 경쟁우위로 측정될 수 없고, 사회에 기여하는 가치로 측정될 수 있다. 이는 특히 다양하고 복잡하게 연결망을 형성하고 있는 커뮤니티를 대상으로 하기에 측정이 힘들다. 하지만 선더랜드시에서 프로젝트 팀은 서비스 시범 운영에 대한 투자의 타당성을 설득해낼 수 있었고, 그 후에 서비스의 시범 운영 결과를 측정하여 새로운 서비스의 대규모 실행 시에 적용할 수 있었다.

선더랜드시는 영국의 중공업 산업 쇠퇴의 영향으로 불황에 시달려왔다. 조선 산업과 탄광에서의 일자리들이 축소되면서 도시는 영국에서 가장 실업률이 높은 지역 중 하나가 되었다. 많은 사람들은 실직 상태에 처했고, 그들은 안정적인 고용이 보장되지 못한 가정을 꾸려갈 수밖에 없었다.

이러한 상황이 2005년도에 시의회로 하여금 프로젝트를 시작하게 하였다. 지역사회 개발 업체인 One NE의 지원으로 시작된 해당 프로젝트의 요점은 장기 비고용자들이 다시 일하기까지의 여정을 다시 디자인하는 것이었는데, 특히 건강 악화나 약물 중독 및 부양가족에 대한 책임과 같이 복합적인 사유에 의해 비고용 상태가 된 사람들을 대상으로 하였다. 이들에 대한 총체적인 여정을 살피고 최종 사용자의 니즈에 우선적으로 기반한 해결책을 개발하는 것이 특히 필요했다.

현장 작업으로 시작하기

초기 리서치는 선더랜드의 특정 지역에서 소규모의 프로젝트 대상자와 함께 진행하는 심도 있는 현장 작업을 포함하였다. 서비스 디자인 팀의 연구자들은 참가자들의 일상을 참여 관찰하면서 그들이 어떻게 생활을 영위하는지를 이해하였다. 이때 중점을 둔 부분은 대상자들이 다양한 공공 서비스—의료, 사회복지, 취직 지원 및 봉사활동 그룹 등—와 어떻게 상호작용하는가에 대한 부분이었다. 이 작업을 통해 현실에 맞닿아 있으면서 동시에 이상적인 상황을 묘사하는 서비스 청사진을 구성할 수 있었으며, 여기엔 프로젝트의 대상자들이 다시 일터로 돌아가기 위한 여정에 필요한 사항들이 포함될 수 있는 공간이 배치되었다. 이 여정을 생각하는 데에는, 대상자들이 여러 장애를 극복해 내야 한다는 인사이트, 그리고 그들의 삶을 압박하는 건강 및 주거문제와 같은 여건들이 개선되지 않는 한 대상자들이 재고용에 대한 생각을 하기 어렵다는 인사이트가 근간이 되어 주었다.

사용자의 니즈에 기반하여 구성된 서비스 청사진은 해당 리서치 단계 이후에 프로젝트의 모든 참여자들이 작업을 진행하고 조정해 나가는 데에 있어 공유하는 프레임워크가 되었다. 건강 쪽을 담당한 팀은 대상자들의 건강 회복이 어떻게 재고용에 도움이 될 수 있는지를 고민하였고, 동시에 재활 프로그램이 재고용 프로그램과 연계될 수 있는 가능성을 모색하기도 하였다. 모든 서비스들은 대상자 개개인들이 스스로 다시 일할 수 있는 충분한 조건을 갖추는 것을 지원하는 방향으로 응집하였다.

프로젝트의 서비스 청사진은 고용 지원 서비스의 사용자 경험을 명백하게 개선해 주었을 뿐 아니라, 해당 서비스 관리자들이 그들의 자원을 가장 효과적인 부분에 배치할 수 있도록 도움을 주었다. 하지만, 서비스 디자인 팀 입장에서는 모든 활동들, 그리고 각각의 활동들이 어떻게 효과적인 비용 구조를 갖는지 역시 설명할 필요가 있었다. 서비스 청사진이 제안하는 모델이 재정적으로 실현 가능하다는 것을 보일 필요가 있었다.

투자의 필요성

프로젝트에 필요한 투자의 사업적 설명은 프로젝트의 첫 단계에 기반하여 기획되었다(그림 9.2).

한 명의 실직자가 얼마의 사회적 비용을 발생시키는지에 대한 명쾌한 수치는 없지만, 서비스 디자인 팀은 국가가 한 명의 실직자에게 연간 1만 파운드에서 4만 파운드의 비용을 실업 급여 혹은 사회적 비용으로 지출한다는 수치를 확인할 수 있었다. 팀은 선더랜드의 실직자 비율, 고객 여정에 따라 제공되고 있는 서비스들, 그리고 새로운 서비스를 다시 디자인해내는 데에 들어가는 비용을 알고 있었다. 즉, 서비스 디자인 팀의 디자인 제안에 대한 가치를 계량할 수 있는 기본 지표들을 확보한 것이다.

팀은 현실적인 목표를 산출했는데, 이는 매 1파운드가 투자될 때 2파운드 씩 공공의 용도를 위한 저축이 된다는 개념으로, 100% 투자에 대한 환수를 의도하였다. 만약 이 규모가 커질 때 얻을 수 있는 총 편익 역시 거대해지는데, 백 명의 근로자가 최소 연간 백만 파운드의 저축을 해낼 수 있게 된다. 선더랜드시는 37,000명의 실직자가 있다는 점을 상기하자.

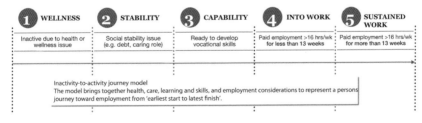

그림 9.2

재고용이 되기 위해 필요한 다섯 단계는 Make it Work라는 이름의 서비스 청사진을 마련해 주었다.

선더랜드시 의회는 이 프로젝트의 잠재적 파급력에 신뢰를 보냈고, 현장 조사에서 얻은 인사이트와 서비스 컨셉은 200명이 넘는 시의회의 운영 위원회 직원들에게 워크샵을 통해 전달되어 각기 맡은 서비스를 개선할 수 있도록 하였다.

Making It Work

서비스 청사진은 서류상으로는 그럴듯해 보였고, 개별 서비스 활동들은 적절한 비용-편익 구조에 맞춰 설계되었다. 하지만 실행 시 이를 제대로 구현해 내는 것이 중요하다. 서비스 디자인 팀은 어떻게 각기 다른 시의회의 부서와 조직들이 함께 일할 수 있을지에 대한 고민이 필요했고, 이는 소규모의 경험 프로토타입 제작 단계를 넘어서, 비록 그 규모는 작더라도 최대한 많은 관계자들이 참여하는 프로젝트의 실행으로 이어졌다(그림 9.3). 이러한 접근을 통해 서비스가 전 도시에 적용되기 전에 서비스 개별 활동들을 평가해 볼 수 있었다.

서비스 시범 운용을 위해서 공공 분야와 사회 봉사 섹터의 다양한 상호 보완적 서비스들이 서비스 청사진을 테스트하기 위해 위원회를 형성하고 실행에 착수하였다. 모든 참가 그룹은 고객의 여정을 실행의 근간으로 삼고, 서비스 청사진에 기술된 내용들을 바탕으로 개별 여정이 대상자들의 니즈를 충족시키는지에 대한 여부를 점검해 가면서 서비스를 제공하였다.

서비스 시범 운용 기간 중에 추상적 수준에 그쳐 있던 지식은 현장에서 적용할 수 있는 수준으로 명백해졌다. 실직자들이 다시 고용되기까지 걸리는 기간에 대한 것이 그중 하나인데, 어떤 사람들은 재취업에 성공하는 경우도 있었지만 어떤 사람들은 그저 재취업으로의 여정을 시작하기에 급급한 경우도 있었다—대상자가 건강 문제와 같은 다른 장애 요소들을 극복하느라 실제로 직접적인 구직 활동을 벌이지 못하는 것이다. 이것이 장기적으로 보았을 때에 가치 있는 활동임은 명백했으므로 초기 서비스 시범 운용 기간 동안 지출되는 비용 편성에도 영향을 주었다. 하지만 이러한 내용들은 프로젝트의 후

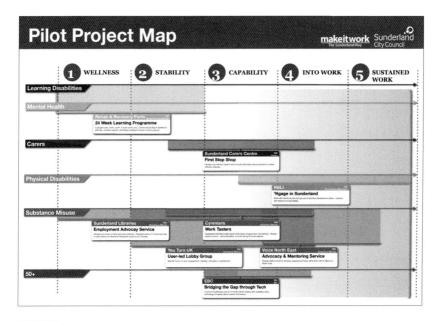

그림 9.3

서비스 시범 운용을 위한 프로젝트 도해는 어떻게 여러 서비스들이 고객의 여정에 따라서 구성
되었는지를 보여주며, 각기 다른 관계자와 협력자들이 그들이 제공하는 것을 이에 따라서 지속
적으로 조정해갈 수 있도록 하였다.

원자들에게 적절히 커뮤니케이션될 필요가 있었다. 이처럼, 모든 비용과 편익들이 서비스 청사진에 따라서 재조율되었다. 이 과정을 거친 후에, 노숙자들이나 약물 중독을 방지하는 단체에 할당된 액수들을 해당 프로젝트의 개별 사례에 적용시켜 볼 수 있었다. 서비스 디자인 팀은 서비스 시범 운용에 참여한 모든 파트너사들의 개별 인건비 역시 알고 있었기에, 고객의 여정 단계별로 서비스 시범 운용을 실행하면서 비용-편익 구조를 지속적으로 계산해 낼 수 있었다(그림 9.4).

투자에 대한 사회적 및 경제적 회수

9개월에 걸쳐서 선더랜드시의 다양한 조직들이 여러가지 서비스 컨셉을 시범 운용하기 위해 238명의 실직자 '고객'들과 함께 일했다. 이들 중 19명이 서비스 시범 운용 도중 다시 고용되어 직장에서 지속적으로 근무하였다. 이들만큼이나 중요한 38명은 다시 일할 수 없는 여건에서 구직이 가능한 여건이 되었고, 72명은 안정적인 직업을 찾을 수 있었다. 이 결과는 새롭게 디자인된 서비스가 커뮤니티에 큰 편익을 가져다 줄 수 있다는 것을 보여준다(그림 9.5).

잠재 수익 창출에 대한 전망

시범 운용 완료 이후 수집된 정보들은 새로운 서비스를 디자인하는 데에 필요한 비용과 성공율을 추산하는 데에 사용되었다. 잠재 수익 창출을 모델링하기 위해 서비스 디자인 팀은 서비스 사용자 일인당 사회가 보전하는 비용을 다섯 분류의 상세한 문서로 분석하였다. 이 모델은 다음과 같은 경제적 비용들을 포함한다.

- 예상 편익: 선더랜드시가 더 이상 실직자 개개인의 복지 비용을 지출하지 않을 때에 얻을 수 있는 편익
- 예상 세금 손실과 이득: 실직자가 재고용되었을 때 국가에 지불하는 세금
- 경제적 산출에 대한 손실과 이득: 실직자가 재고용되었을 때 고용자를 위해 창출하는 가치

Case Study 1

Substance Misuse

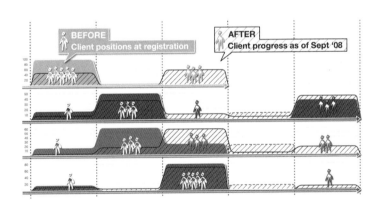

1 WELLNESS **2** STABILITY **3** CAPABILITY **4** INTO WORK **5** SUSTAINED WORK

MakeitWork

RBLI 'Ngage

Foundations 4 the Future

a b c d e

Mainstream

Data
Jobcentre Plus

James

Background
James had an involvement with organised crime and drugs that spanned 20 years.

He approached Voice NE after serving a prison sentence and gained support in developing motivation & skills for employment.

9 months

a **Approached Voice NE**
Released from prison Oct '07. Became aware of Voice NE through social network.

b **Trained as Employment Support Worker (ESW)**
Mentoring training to become ESW in the Foundations 4 the Future project.

c **RBLI motivational training**
Attended motivational/goal setting course entitled 'Ngage.

d **Fork lift truck training**
Jobcentre Plus identified high demand for skill.
Voice NE sourced the provider and funded the training.

e **Employed by Vantec**
Vantec provide warehousing services for Nissan in Sunderland.

그림 9.4

개별 대상자들의 여정을 추적하여 그들이 어떻게 재고용에 이르기까지 각기 다른 서비스와 연계되어 있는지를 보여준다. 이들 중 한 명인 James는 수감 생활 이후 Nissan의 지게차 운전사로 다시 일할 수 있었다.

BEFORE
Client positions at registration

AFTER
Client progress as of Sept '08

그림 9.5

Make it Work 서비스의 시범 운영은 각기 다른 사유로 실직 상태에 놓인 사람들을 포함하였다. 정신 건강에 문제가 있는 사람, 약물 중독 문제가 있는 사람, 가족 구성원을 돌보아야 하므로 직장에 나갈 수 없는 사람, 50세가 넘어 지역의 노동 시장에 적합하지 않은 사람들과 같이 다양한 사람이 참여하였다. 이 표는 각기 다른 그룹의 사람들이 9개월의 서비스 시범 운용 기간 동안 어떻게 기존 상태에서 진일보하였는지를 보여준다.

- 의료 및 사회적 외부 효과: 실직자의 건강이 회복되고, 실직자들로 인해 야기되는 사회 문제가 개선되는 것과 유관한 가치들

실직자 개개인에 대한 비용과 그 효과는 해당 내용의 추산이 힘들거나 관례상 집계하지 않더라도 역시 모델에 포함되었다. 한 개인이 실직하여 지불해야 하는 비용은 사회적 소외감에서부터 사망률에 이르기까지 그 범위가 넓을 수 있다.

고객 여정 단계별 비용 절감

실직자들이 완전히 정규직으로 고용되었을 때만 투자에 대한 회수가 일어난다고 생각하기 쉽지만, 이는 전체 그림의 일부분에 해당된다. 비즈니스 모델링을 통해 선더랜드시가 어떻게 하면 실직자들이 다시 고용되기에 이르기까지 겪는 여정의 매 단계별로 비용을 절감할 수 있을지를 묘사할 수 있었으며, 이는 단지 실직자들이 최종적으로 구직에 성공한 마지막 단계만을 포함하는 것은 아니었다.

예를 들어, 정신 건강 문제를 극복하고자 하는 한 실직자가 다시 구직 활동을 벌이게 되는 과정에서, 단순히 다시 일할 채비와 여건을 갖추게 됨으로써 지역 커뮤니티에 4,000파운드의 비용 절감 효과를 가져다 줄 수 있다. 만일 해당 실직자가 완전히 고용되어 지속적으로 근무하게 된다면 비용 절감 효과는 2만 파운드까지 상승할 수 있다(그림 9.6).

시범 운용을 바탕으로, 서비스 디자인 팀은 서비스 제공물의 어떠한 비용이 고객 여정상 어디에서 발생하는지에 대한 정보, 그리고 각기 다른 타겟 집단에 대한 정보를 갖게 되었다. 서비스 디자인 팀은 새로운 서비스 디자인의 성공률 및 그것이 가져다 주는 비용 절감 효과 역시 확보하였다. 이를 통해 팀은 새로운 디자인이 시 전체에 적용되었을 때의 전체 투자에 대한 회수를 계산할 수 있었다.

서비스 시범 운용은 총 18만 파운드(약 3억 원)의 비용 지출을 통해, 지역 사회가 총 43만 5천 파운드(약 7억 5천만 원)의 비용을 절감할 수 있다는 결

Substance use: average savings per user

- Personal costs
- Health and social externalities
- Economic output losses
- Estimated Exchequer losses
- Estimated benefits cost

그림 9.6

한 개인 실직자가 지속 가능한 고용 상태에 돌입했을 때 증가하는 비용 절감분

Mental Health

	Wellness	Stability	Capability	Into work	Sustained work	Total	Estimated costs	Cost per person
Opening	39	1	0	0	0	40	£33,750	£844
Closing	18	0	22	0	0	40	Estimated savings	Saving per person
Net change	-21	-1	22	0	0		£79,335	£1,983

Substance users

	Wellness	Stability	Capability	Into work	Sustained work	Total	Estimated costs	Cost per person
Opening	5	23	9	0	0	37	£58,750	£1,588
Closing	1	6	22	0	8	37	Estimated savings	Saving per person
Net change	-4	-17	13	0	8		£102,792	£2,778

Carers

	Wellness	Stability	Capability	Into work	Sustained work	Total	Estimated costs	Cost per person
Opening	21	65	1	0	50	137	£43,750	£319
Closing	14	55	7	3	58	137	Estimated savings	Saving per person
Net change	-7	-10	6	3	8		£193,855	£1,415

Over 50s users

	Wellness	Stability	Capability	Into work	Sustained work	Total	Estimated costs	Cost per person
Opening	4	0	20	0	0	24	£43,750	£1,823
Closing	2	2	17	0	3	24	Estimated savings	Saving per person
Net change	-2	2	-3	0	3		£58,834	£2,451

Totals

	Wellness	Stability	Capability	Into work	Sustained work	Total	Estimated costs
Opening	69	89	30	0	50	238	£180,000
Closing	35	63	68	3	69	238	Estimated savings
Net change	-34	-26	38	3	19		£434,817

그림 9.7

Make it Work 시범 운용 프로젝트의 총 비용 절감 효과

과를 보여주었다(그림 9.7). 서비스가 시 전체에 적용되었을 때 140%의 투자 회수를 보이는 것이다.

결론

Make it Work 프로젝트는 광범위한 이해관계자 집단과, 서비스의 성과가 단순히 몇몇 수치로만은 표현될 수 없는 복잡한 서비스 디자인의 사례를 보여준다. 이 사례는 서비스 청사진 골격의 사용을 통해 순수 서비스 기반 사업을 모델링하고, 그것을 디자인 프로세스와 연계하는 과정을 보여주었다. 또한 디자인, 경제, 그리고 사회 정책 간의 공동 작업이 가능하다는 것을 묘사해 주고 있다.

악제惡題 해결하기
Tackling Wicked Problems

사회 문제들은 악제惡題에 해당된다.[7] 악제는 복잡하며, 다른 숱한 문제들과 얽히고설켜 있고, 아마도 우리가 생각하는 일반적인 방식으로는 문제해결이 안 될 수도 있다. 하지만 선진국들에서 이러한 사회적 문제들을 접근하는 방식에는 두 가지 측면이 있다. 이미 정의되어진 목표를 해결하고자 하는 측면과 제한된 수단과 방법 내에서 해결하고자 하는 측면이다.

민주주의하에서 사람들은 이러한 목표에 대하여 최대한의 의견 일치를 달성하고자 하고, 그것에 적절하다고 여겨지는 자원을 활용한다. 그 예로 선생님들은 한 학급이 해당 학기에 달성하고자 하는 학업 목표 성취를 위해 수업을 진행하지만, 이를 30명의 학생 개개인에게 쏟을 수 있는 관심과 시간의 한

---

7 악제(惡題: wicked problem)에 대해서는 Jon Kolko의 *Wicked Problems: Problems Worth Solving* is a good resource for designing for "wicked problems."를 참고해 보자. www.wicked-problems.com에서 무료로 열람 가능하다.

계 내에서 수행해야 한다. 학생의 수가 곧 교육의 예산 요소가 되는 것이다.

서비스 디자인을 사회적 맥락에 적용하는 것은 이러한 공공의 목표 및 제한된 자원이라는 두 가지 측면을 이해하고, 모든 관련자들의 니즈를 이해하는 것을 뜻한다. 공공 정책 담당자들은 목표 설정 시 사회적 재화 차원에서 목표를 설정하며(상기 사례에서 '학업 목표'에 해당된다), 동시에 공공 서비스를 전개하는 데에 있어 가용한 자원은 한정적이라는 것을 이해하고 있다. 서비스 디자이너들이 사회 문제 해결에 참여하기 위해서는 이런 공공 정책 담당자들과 함께 작업하는 것이 필요하다.

사회적 맥락의 서비스들에 있어서 주로 당면 과제가 되는 것은 이미 정의된 목표에 대한 것이다. 비록 그 목표들은 민주적으로 정의되었을 수는 있겠지만, 서비스의 수혜자, 그리고 서비스를 제공하는 사람들의 목표와 쉽게 동떨어질 수 있다. 서비스 디자인은 이 둘 간의 간극을 살펴보고 사람들이 목표를 성취하고 제한된 자원에 대한 요구 수준을 낮출 수 있는 새로운 방법을 제안하고 있다.

사회적으로 이득이 되는 서비스들은 상업적인 서비스들과는 다른 역학 관계를 갖고 있다. 고객이 서비스 이용을 위해 비용을 지출하는 구조인 상업 서비스는 상대적으로 단순한 구조라고 볼 수 있다. 전화를 하기 위해서 고객은 통화 시간에 따라 요금을 지불한다. 회사의 목적은 가능한 많은 통화를 판매하는 것이다.

사회적 맥락에서의 서비스에는 상기 상업 서비스와 같이 '고객'이 특별히 따로 존재하지 않는다는 것을 이해할 필요가 있다. 학교 수업의 사례에서 학생, 학부모, 선생님 모두는 '고객'이라고 보기 힘들다. 이는 곧 공공 서비스 추진의 원동력은 주로 정책 목표를 수립하는 정부 기관이며, 이 정책 목표는 연관된 사람들의 목표들과 부합할 수도, 그렇지 않을 수도 있다는 것을 뜻한다. 선생님들은 교육의 참된 의미와 가치에 대해서 이미 정의된 학습 목표와는 다른 생각이 있을 수 있다. 학부모들은 그들의 자녀들과는 또 다른 교육에 대한 생각을 갖고 있고, 아이들 역시 학업 일과에서 다뤄지는 내용들과는 다른 어떤 것을 원할 수 있다. 서비스 디자인 접근은 사람들과 그들의 관계를 이해하여 각기 다른 주체들의 목표와 동기부여 요소 간 끊어진 지점들을 발견해 낼 수 있다.

사회적으로 편익을 가져다 주는 서비스들은 개개인에게 가치가 있을 뿐 아니라 사회 전체의 건강에 공헌할 수 있는 광범위한 사회적 가치를 창출한다. 공공 의료 서비스, 교육, 복지 보험과 같은 서비스들은 국가의 안위와 경제를 뒷받침한다. 경찰, 교도소 및 교화 서비스들 역시, 비록 특정 개인들에게는 직접적이고 물리적인 편안함이나 이득을 주지는 않지만, 공공 안전의 측면에서는 사회 전체에 기여하고 있다. 각각의 서비스들이 내재하고 있는 관계 요소들은 모두 다르다. 우리가 이러한 사회적 서비스의 직접적인 고객이라면, 그러한 사회적 서비스 제공 조직은 우리에게 단순히 서비스를 더 많이 판매하는 데에서 동기부여를 받지는 않을 것이다. 실상은 그와 반대로 사람들의 서비스 사용을 축소시키려고 하거나, 의료 서비스의 용어로는 서비스로부터 사람들을 '퇴원' 시키려고 할 것이다.

의료 서비스와 같이 우리가 개인적으로 직접적인 편익을 얻는 몇몇 서비스의 경우에는, 서비스를 전혀 사용하지 않는 것이 이상적이다. 우리가 단순히 계속 건강한 상태를 유지한다면, 의료 서비스 제공자와 보험 업체들 역시 행복할 것이다. 교도소 서비스의 경우에도, 우리는 분명히 그 서비스를 사용하고자 하지 않는다. 이상적으로는 감옥 역시 수감자들을 교화시킴으로써 사회에 편익을 되돌려 준다. 이와 같은 경우는 분명 발생하기는 하지만, 일반적으로 흔하지는 않다.

동기와 관심사가 어긋나는 경우는 어떤 경우인가? 의료 서비스와 같은 경우에는 해당 서비스가 내 질병을 치료하고 건강을 회복하는 것에 지대한 개인적 관심이 있을 수 있다. 서비스의 편익이 사회 구성원 개개인의 미시적인 관심사와는 동떨어진 것일 수 있지만 결국은 전체 사회에 이득이 될 때도 있다(세금 징수가 좋은 사례이다). 어떤 서비스의 경우, 서비스의 편익이 그 사용자가 경험 당시에는 파악하기 너무 먼 위치에 있을 수도 있는데, 유아에 대한 교육과 같은 것이 그것이다.

서비스 디자인의 기회는 인사이트 리서치를 활용해 관계의 본질을 이해하고 관련된 사람들의 동기를 포착하여 각기 다른 집단이 그들의 목표를 성취하는 새로운 방법을 찾도록 돕는 데에 있다. 서비스 디자인 도구들 중에는 공공 서비스를 다시 생각해 보는 데에 매우 유용한 접근들이 포함되어 있는데, 이는 디자이너들이 공공 서비스의 문제점을 산업화 시대의 관점에서 벗어나 관계의 복잡성과 복합적인 이해관계자들을 아우를 수 있는 총체적 관점으로 재접근할 수 있도록 도와준다.

더 좋은 세상을 위한 서비스 디자인
Service Design for a Better World

영국에는 Participle(www.participle.net)과 같이 공공을 위해, 그리고 그들과 함께 새로운 형태의 공공 서비스를 개발해 가는 회사들이 있고, Demos(www.demos.co.uk)나 The New Economics Foundation(www.neweconomics.org)과 같이 새로운 정치 및 경제적 관점에 대한 연구소들이 있다. 이들은 앞서 언급한 복합적인 사회 문제를 다시 생각하고 해결의 단초를 찾아내기 위해 분투하고 있다.

서비스 디자인 접근법은 세계평화와 안보 및 개발도상국 지원 사업 등 세계적 차원에서도 적용되고 있다. The Policy Lab(www.thepolicylab.org)이나 무장 해제를 위한 UN 연구소(http://unidir.org)와 같은 기관이 그 사례이다. 이러한 조직들은 국제 개발과 안보 정책의 최상위 수준에서 작업을 진행하고, 세계에서 가장 위험한 국가에서 생과 사를 넘나드는 시나리오를 검증하기도 한다. 이런 분야에서는 과거의 '베스트 프랙티스'(최고의 결과)가 문제해결에 충분하지 않다는 인식이 있으며, '베스트 프로세스'(최고의 과정) 추구로의 전환을 통해 디자인 분야의 참여를 촉진하여, 위험 국가에서의 국제적 수준

해결책을 모색한다. 동시에 이러한 안보, 평화 및 국제 개발 전문가들은 디자이너들에게 그들이 가져오는 결과물이나 주장들에 대해 더욱 엄밀해질 것을 요구하기도 하는데, 이는 그 적용 결과물이 완전히 다른 수준이기 때문이다. 잘 디자인되지 않은 웹사이트는 나쁜 구매 경험을 의미할 뿐이지만, 잘 디자인되지 않은 개발 사업이나 무장 해제 프로젝트는 사람들의 생과 사를 가르는 문제가 될 수도 있다.

서비스 디자인은 사회 피라미드의 저층부를 대상으로 하는 사회적 기업 프로젝트에서도 활용되고 있다.[8] 저소득층을 대상으로 하는 프로젝트들은 2.5달러보다 적은 돈으로 매일 매일을 연명하는 50억 인구에 초점을 맞추는 과제들이다. 개개인으로 보면 미약한 경제력이지만, 이를 집산하면 거대한 경제력이 될 수 있는 가능성이 있다. 이러한 과제들은 단순 원조에 대한 것이 아니며, 극빈층 인구 집단에게 그들의 삶을 개선할 수 있는 제품과 서비스를 제공하는 지속 가능한 비즈니스 모델을 심사 숙고하여 실천하는 작업이다. 프로젝트의 성과는 사회적인 변화뿐 아니라 사업적인 성공으로도 측정될 수 있는데, 이 두 기준은 모두 지속 가능하며 장기적인 변화에 매우 중요하다.

뉴욕의 Reboot(http://thereboot.org)과 같은 회사들은 서비스 디자인 접근을 전통적인 개발 사업의 방법들과 통합 사용하여 국제 개발 및 거버넌스에 대한 새로운 접근을 시도하는 프로젝트들을 진행하고 있다. 서비스 디자인은 현장에서 길어낸 사람들의 삶의 모습, 니즈, 그리고 행동들을 다루는 리서치 결과를 디자인, 개발, 그리고 실행을 수행하는 사람들에게 생생하게 전달하여 준다. 서비스 디자인은 기존의 하향식 관점, 타국의 관점에서 개발되고 실행되어 왔던 정책 개발을 현지에 이식하는 과정(어떤 국제 원조 대행사의 관리자들은 그들이 한 번도 방문해 보지 않은 국가에 수백만 달러를 지원하는 업무를 맡기도 한다)에 상향식 관점과 현장 중심의 관점을 제공하여 준다.

---

8 C. K. Prahalad, *The Fortune at the Bottom of the Pyramid: Eradicating Poverty Through Profits*, rev. 5th ed. (Upper Saddle River, NJ: Wharton School Publishing, 2010

서비스 디자인은 문제의 구성 요소들을 분해하되, 그 전체의 맥락을 보존함으로써 복합적인 문제를 잘 다뤄낼 수 있다. 물론 다른 여러 분야에서도 이러한 접근을 취하고 있다. 하지만 서비스들과 서비스 가치의 교환들은 우리의 삶, 그리고 우리가 대면하고 있는 복잡한 사회적, 환경적, 경제적 문제에 중심이 되어 주며, 이를 제대로 접근하기 위해서는 서비스 마인드셋이 필요하다. 서비스 디자인은 이런 문제들을 다른 방식으로 생각하는 법을 제공해줄 뿐 아니라, 디자인, 실행 및 측정을 통해 이를 직접 해결할 수 있는 도구와 방법을 제공하여 준다.

산업 사회의 모델은 상대적으로 작은 규모의 인구를 150년간 번영시켜왔지만, 우리가 현재, 그리고 장차 마주할 여러 문제들을 야기시키기도 하였다. 분명히 서비스 디자인이 만병통치약은 아니다. 서비스 디자인의 미래는 이 책에서 기술한 실무 사례와 관련 조직들의 예에서 보여진 바와 같이, 다양한 분야의 팀, 그리고 다양한 이해관계자들의 협업에 있다. 서비스 디자이너들이 경제, 그리고 비즈니스의 다양한 측면을 이해하는 것이 중요한 만큼, 기후 변화의 복합적인 원인과 여파, 혹은 국제 개발의 역사와 같은 주제에 친숙함을 갖는 것 역시 중요하다. 이러한 분야의 전문가들과 함께 일하는 법을 학습하는 것이 더 중요해질지도 모른다. 우리가 더 바람직하고, 포괄적이며, 사려 깊은 미래를 디자인하기 위해 필요한 여러 접근들에, 서비스 디자인은 강력한 또 하나의 관점과 활동을 더하여 준다.

Index

찾아보기

앤디 폴라인은 1990년 초부터 인터랙션 디자인 작업을 해 왔으며, 영국 런던의 뉴미디어 회사인 Antirom의 공동 설립자였다. 그는 영국의 디자인회사 Razorfish의 크리에이티브 디렉터였고, 그 후에는 호주 시드니에 위치한 Animal Logic의 인터랙티브 디렉터로 일했다. University of New South Wales, School of Media Arts의 선임 강사 및 학장을 맡은 바 있고, 호주 University of Technology, Sydney에서 연극과 상호작용성 간의 관계를 고찰하는 연구를 통해 박사 학위를 받았다. 지금은 독일에 살고 있으며, 스위스의 Lucerne School of Art and Design에서 연구 강사로 재직 중임과 동시에 독립 서비스 및 인터랙션 디자인 컨설턴트이자 작가로 활동 중이다. 개인 웹사이트는 www.polaine.com/playpen이며, 트위터 계정은 @apolaine이다.

***

라브란스 로이빌은 1994년부터 디자인 컨설턴트로 일해왔다. 런던의 live|work사를 크리스 다운즈 및 벤 리즌과 함께 설립하였고, 그 전에는 노르웨이와 덴마크에서 인터랙션 디자이너로 일했다. live|work사의 파트너로서, 라브란스는 소니 에릭슨, 소니, 삼성전자, Aviva/Norwich 조합, BBC, 노르웨이 오슬로 대학 병원, Johnson & Johnson, 영국 Design Council, Orange, Vodafone과의 서비스 혁신 프로젝트에서 수석 디자이너로 일했다. 그녀는 또한 영국의 서비스 디자인 표준 위원회의 멤버로도 활동하였다.

　　라브란스는 Interaction Design Institute Ivrea(이탈리아), Köln International School of Design(독일), Oslo School of Architecture(노르웨이), Institute of Health and Society at the University of Oslo, University of Art and Design Helsinki(핀란드), the Estonian Academy of Arts, 그리고 Cranfield

School of Management(영국)에서 강의와 세미나를 진행한 바 있다. 노르웨이 Design Council의 이사회 멤버로 활동 중이기도 하다.

***

벤 리즌은 live|work사의 공동 설립자이다. 벤은 리버풀의 Liverpool John Moores University에서 예술학 학사를 받았으며(1994), University of Bath에서 Responsibility and Business Practice 석사를 마쳤다(2000). 벤은 상호 연결된 서비스들의 디자인 및 혁신 분야에서 일해왔고, live|work 재직 이전에는 웹 디자인 대행사인 Razorfish와 Oyster Partners에서 일했다.

벤은 영국 건강 의료 서비스(National Health Service), BBC, 영국 내무부(UK Home Office), Johnson & Johnson, 런던 교통국(Transport for London)과의 프로젝트에서 전략 수립과 프로젝트 관리를 수행했다. 그는 2009년 IKON 매거진이 뽑은 가장 영향력 있는 디자이너 20인에 선정되었으며, 이탈리아의 Interaction Design Institute Ivrea, 런던 Goldsmiths 대학, 그리고 Royal College of Art 에서 강의를 진행한 바 있다.